Foundations of Evidence Law

“十三五”国家重点出版物出版规划项目

法学译丛·证据科学译丛／丛书主编　张保生　王进喜

证据法的根基

[美] 亚历克斯·斯坦（Alex Stein）著

樊传明　郑　飞等　译

中国人民大学出版社

·北京·

献给雪莉！

致 谢

先说最重要的：我非常幸运拥有这样一些朋友，他们无条件的友谊与他们的学者品质相配。埃亚勒·本韦尼斯蒂（Eyal Benvenisti）读过我全部的手稿，并提出了许多重要建议。佐哈尔·戈申（Zohar Goshen）读过第五章并且给出了评论。与我合作写过几本侵权法著作的阿里埃尔·波拉特（Ariel Porat），曾是我的讨论伙伴，我们的讨论验证或者推翻了我的许多想法。阿隆·哈雷尔（Alon Harel）与我进行了一场长达十年的法律理论对话，这些法律理论延伸到本书所讨论的许多议题中。阿隆还反复催问我是否真的**打算**写这本书，从而督促了本书的完成。

我初识证据法，是在以利亚·哈农（Eliahu Harnon）的证据法课堂上。我在耶路撒冷希伯来大学读书时修了这门课。几年后，我加入希伯来大学法学院执教，以利亚成为我的朋友和同事。我希望本书没有辜负他的期待。

本书阐述了一个一般性的观点：证据法是在不确定状态下分配错误风险，而不是促进发现真相。我最初提出这种观点，是在我的伦敦大学学院博士学位论文中。我非常感谢威廉·特文宁（William Twining）指导了这篇论文，也非常感谢他提供了一个良师榜样。本书写于叶史瓦大学本杰明·N. 卡多佐法学院。在这里，我找到了一个非常好的学术环境，十分有益于学术研究和写作。因此我要感谢大卫·鲁登斯坦（David Rudenstine）院长以及卡多佐法学院全体成员。我也要感谢参加了一次教师工作坊的同事们，在这个工作坊中我提交了本书第三章。尤其感谢保罗·舒派克（Paul Shupack）、斯图尔特·斯特克（Stewart Sterk）和马丁·斯通（Martin Stone），他们提出了自己的评论和建议。

最后——但并非最不重要，我很感激佩宁阿·佩特鲁克（Peninah Petruck）博士所做的优秀编辑协助工作，这极大地改善了本书的文体和内容。

证据法为何而设？(中文版序言)

《证据法的根基》[1] 出版于十年前。在这十年间，本书被多次评论和讨论过。[2] 大多数批评者都同意我的以下核心观点：证据法规则——所有的证据法规则，而不仅仅是证明责任和证明标准——在诉讼双方（民事诉讼中的原、被告，或刑事诉讼中的控、辩方）之间分配着事实认定错误风险。这一观点维护了传统的普通法系证明制度，该制度使用各种可采性规则和补强要求为审判预先筛选证据。如果证据法规则是在分配错误风险，那么谁应当决定如何分配这种风险，以及由此导致的对自由或权利的不当否

[1] ALEX STEIN, FOUNDATIONS OF EVIDENCE LAW (Oxford University Press, 2005). (以下简称 "FOUNDATIONS")

[2] 参见 Donald Nicolson, 26 LEGAL STUDIES 294－98 (2006) (书评); Roger C. Park & Michael J. Saks, 47 BOSTON COLLEGE LAW REVIEW 949, 1018－24 (2006) (讨论); Amit Pundik, 25 CIVIL JUSTICE QUARTERLY 504－28 (2006) (评论性文章); Mike Redmayne, 26 OXFORD JOURNAL OF LEGAL STUDIES 805－22 (2006) (评论性文章); Deirdre M. Dwyer, 5 LAW, PROBABILITY & RISK 75－85 (2006) (评论性文章); Roderick Bagshaw, 123 LAW QUARTERLY REVIEW 168－172 (2007) (书评); David Hamer, 70 MODERN LAW REVIEW 319－39 (2007) (评论性文章); Michael S. Pardo, 5 (2) INTERNATIONAL COMMENTARY ON EVIDENCE 1 (2007) www.bepress.com/ice/vol5/iss2/art1 (评论性文章); Dale A. Nance, 13 LEGAL THEORY 129－64 (2007) (评论性文章); Rafael Encinas de Munagorri, 2－2007 REVUEINTERNATIONALE DE DROIT COMPARE 457－60 (书评; 法语); Denise Meyerson, 31 SYDNEY LAW REVIEW 507, 512－31 (2009) (讨论); Ronald J. Allen, 29 LAW & PHILOSOPHY 195－230 (2010) (评论性文章); Alec Walen, 76 LOUISIANA LAW REVIEW 355, 377－410 (2015) (讨论)。尤其是，美国第十一巡回上诉法院采纳了我的以下核心观点：所有证据规则都在分配错误风险。参见 *Hill v. Humphrey*, 662 F. 3d 1335, 1355 (11th Cir. 2011)。("所有的规则都服务于对错误裁决风险的分配——确定谁能参与提交证据和论证的程序规则，确定事实裁判者能够考虑哪些证据的证据规则，以及诸如证明标准等裁决规则。") (引自 Alex Stein, *Constitutional Evidence Law*, 61 VANDERBILT LAW REVIEW 65, 67－8 (2008)。)

决？为什么允许审判法官和陪审员们按其所好分配这种风险？为什么不将这种权力授予公开透明的、负有政治责任的主体，如最高法院和立法者？另外，为什么不允许以个人的宪法性权利对抗错误风险？[3]

这些基本的问题，没有被边沁和当代的普通法证据制度批评者们注意到。边沁及其追随者们曾经论述道：如果立法者废除所有的证据筛选规则并让事实认定者评价所有相关的证据，结果会更好。这种废除论指出了一系列优点，包括发现真相、简易化、节省成本和一致性。据称：通过考虑所有相关的证据，事实认定者会最大可能地发现真相；不存在证据规则的审判，也会变得不那么繁复和昂贵；最后，废除证据筛选规则将会使美国的审判制度与世界上其他大部分地方的制度相一致。[4]

本书反驳了这种废除论，证明了这些优点不实。边沁关于增加相关信息会提高发现真相之可能性的主张，受到了证据法学者几乎一致的认可。然而，这种观点是否正确，只能取决于认识论和逻辑的原则。这些原则表明，"信息越多，真相越可能"的主张，显然是错误的。[5] 单纯增加相关信息，而没有其他方面的改善，不会使事实认定者更接近真相。只有当他接收的信息是可信赖的，而不仅仅是与其决策相关的，事实认定者才会更接近真相。因此，事实认定者在不确定条件下接受的任何（一阶）信息，都需要伴以关于该信息之可信性的补充性（二阶）信息。这些二阶信息也应当是可信的，这又需要另一些补充性的（三阶）信息；以此顺推。为了避免这种无限的、徒劳无果的调查，事实认定者必须预先筛选他的证据。他必须考虑这样一些证据：即使忽略了所有其他的证据，这些证据也可能改善其决策。[6] 任何这种对证

〔3〕 FOUNDATIONS，118－33.

〔4〕 同上，107－16。

〔5〕 同上，122－4。

〔6〕 同上。

据的选择，都将错误风险以及由此引发的不当剥夺自由或权利的预期可能性，分配给了诉讼中的某一方。如何分配这种风险是一个政治道德问题。[7] 作为个人的法官和陪审员不应享有按其所好决定该问题的权力。[8] 在现代民主的正常权力结构中，这类问题应当由普通法先例、成文法和宪法决定。[9]

"自由证明"的简易性也是错觉。去掉了证据法规则的审判，本身不会转化成一个简易的事情。只有符合以下条件时，它才会变得简易：诉讼当事人不会提出关于证据不确定性的主张，以及由此引发的要求以此种或彼种方式分配错误风险的主张。然而，不存在合理的理由去抑制这类主张。司法中的事实认定从性质上来说就是不简易的。佯装它是简易的，会将关于如何分配错误风险的问题掩盖，但不会使这个问题消失。

就成本而言，废除主义者对证据法规则所产生的成本的特殊强调，也是固执己见的。正如所有现代经济学家所熟知的那样，解决成本问题不应只考虑一个人付出的东西，还应考虑一个人因此而得到的东西。当一个证据法规则促进法律制度并按照社会所欲的方式分配错误风险的时候，政策制定者应当将这一收益与该规则的成本相权衡。当收益大于成本的时候，该规则就是为社会所需的，即使它本身的成本很高。更为根本的是，该事实认定制度可能很好地降低了错误与避免错误的总成本。授权作为个人的法官和陪审员按照自己的偏好去分配这种错误风险，难以实现这一目标。

在废除主义者的主张中，一致性主张可能是最脆弱的。相信这一主张的人，含蓄地认为智力上的垄断好于智力上的竞争。本书将英美法系对待证据、不确定性和错误风险的方式理论化。将这种方式（贬损地）称为"美国式特例"，无助于推进这种对话。我的理论解释、证成和认可了普通法系的事实认定制度。不过这一理论并不主张说：不可能存在比这更好的制度。如何分配错误

[7] FOUNDATIONS，118—33.
[8] 同上，133。
[9] 同上。

风险以及由此引发的剥夺人们自由或权利的预期可能性，关键取决于一个社会的偏好和价值。这些偏好和价值未必是普适的。

我的批评者们主要攻击了我提出的关于风险分配的具体主张。〔10〕也有些批评者批评了我的以下大胆主张：在司法事实认定中，认识论应当只发挥有限的作用。〔11〕不适合在这篇序言中回应对我的理论的具体批评。我已经吸收了某些批评意见，将在修订本书、出版第二版时予以采纳。然而，关于认识论的主张，我仍未动摇和改变。认识论是一个富有洞见且非常重要（尽管太技术性）的学科。然而，对于如何在民事和刑事裁判中分配错误风险，认识论难以置喙。如何恰当地分配这种风险，是一个政治道德问题。重复一个本书所杜撰的格言：在司法的事实认定中，认识论罢手处，政治道德接手〔12〕——而认识论经常罢手。

在出版了本书后，我撰写了一系列文章，进一步发展我的理论并回应批评者们。〔13〕这些文章探讨了证据法中错误风险分配问题的经济、哲学和宪法维度。通过采取纯粹的经济学视角，我已经说明了，一个法律制度应当抑制所有那些带来负面产出—成本计算的证据。通过确立规则而系统性地排除这种无效证据，能够促进法律制度的规模效益；反之，如果未能排除这种无效证据，会导致严重的规模负效益。为了实现这种理念，我提出了一个“信噪比（signal-to-noise)”方法，这个方法是从统计学、科学和工程学

---

〔10〕参见 Ronald J. Allen，*Laudan，Stein，and the Limits of Theorizing about Juridical Proof*，29 LAW & PHILOSOPHY 195，217 – 30（2010）；Michael S. Pardo，*The Political Morality of Evidence Law*，5（2）INTERNATIONAL COMMENTARY ON EVIDENCE 1（2007）；Dale A. Nance，*Allocating the Risk of Error：Its Role in the Theory of Evidence Law*，13 LEGAL THEORY 129（2007）.

〔11〕参见 Nance，前注〔10〕；Pardo，前注〔10〕。

〔12〕FOUNDATIONS，65.

〔13〕Alex Stein，*Constitutional Evidence Law*，61 VANDERBILT LAW REVIEW 65（2007）. 该论文的中文版发表于：《法律方法》第 15 卷，第 312 页（郑飞、樊传明译）。Alex Stein，*Inefficient Evidence*，66 ALABAMA LAW REVIEW 423（2015）；Alex Stein，*The New Doctrinalism：Implications for Evidence Theory*，163 UNIVERSITY OF PENNSYLVANIA LAW REVIEW 2085（2015）.

中借来的。该方法关注某个具体证据种类所产生的概率幅度。具体说来，它比较了与某个特定证据相关联的平均概率（即“信号”），与两边的差额（即“噪音”）。这种比较使得政策制定者能够针对不同种类的证据，而确定信号—噪音的比率。当证据的信号强于噪音，法律制度应当采纳该证据；相反，当证据产生的噪音淹没了信号时，该证据就是无效的，法律制度排除这样的证据是正确的。[14]

我的其他文章探讨了本书核心观点的宪法维度。尤其是，它揭示了美国宪法中一个令人迷惑的不对称之处，并且指出了它的原因和后果。[15] 在事实认定的三个方面——证据、程序和裁决规则——中，只有两个受到了严格的宪法审查。宪法规制着程序和裁决规则，但不包括关于事实认定者所使用的证据是否充足（adequacy）的规则。通过程序和裁决规则（表现为证明责任）分配错误风险，受制于宪法审查。然而，通过证据充足性规则进行的错误风险分配，没有受到这种审查。这种宪法上的不对称性令人困惑，因为所有的错误风险分配都会影响法院的裁决，进而影响到一个人是否被错误地剥夺了自由或财产。我在非正式的证据法宪法化现象中解释了这种不对称性。证据法的宪法化现象，指向了三种权力和结构力学。首先，各州的证据规则通常与联邦最高法院的风险分配方案一致。其次，当这些规则偏离联邦最高法院的方案，从而促进地方性利益的时候，各州会秘密地而非公然地这么做。最后，一个州的证据规则与相应联邦证据规则的一致性，确保了它的合宪性。这种非正式的秩序，反映了州法院和联邦最高法院之间含蓄而可靠的默契。[16]

---

〔14〕 *Inefficient Evidence*，前注〔13〕。对这篇文章的批评分析，参见 Andrew L. T. Choo，*Evidence*，(*In*) *efficiency*，*and Freedom of Proof*：*A Perspective from England and Wales*，66 ALABAMA LAW REVIEW 493 (2015)；Mark Spottswood，*Signal vs. Noise*：*Some Comments on Professor Stein's Theory of Evidential Efficiency*，66 ALABAMA LAW REVIEW471 (2015) .

〔15〕 *Constitutional Evidence Law*，前注〔13〕。

〔16〕 同上，105—23。

我在证据法领域最近的著作，重新思考和提炼了本书中提出的以下证据法的组织性原则："个案具体化"（case specificity）、"成本最小化"（cost minimization）以及"平等最优"（equal best）。[17] 我认为这三个原则解释和证成了证据法中所有的可采性与充分性要求。个案具体化原则要求：事实认定者将其裁决建立在描述当事人权责关系之故事的相对似真性（relative plausibility）上。成本最小化原则要求：事实认定者使错误的成本和避免错误的成本之总和最小化。平等最优原则要求：事实认定者提供给每个人防范错误风险的最大保护，与此同时使这种保护普遍平等。[18] 该原则对于证据法有很多影响，其中包括对政府按比例降低刑事定罪证明要求的权力的重要限制。一项使控方更容易将被告人定罪的证据规则，应该普遍地适用，并且使所有的刑事被告人面临相似的错误定罪可能性。政府不能挑选出个别的被告人（其中某些人是无辜的），使他们面临更大的定罪风险。除了维护平等保护之外，这一限制在法律制定者的成本—收益分析中也发挥着重要作用。因为削弱对被告防范错误定罪的保护，将会影响众多的被告人，所以政府只有在极端的情况下才应被授权这样做。例如，当严厉的证明要求会使非常多的罪犯逍遥法外且危害社会时。

我最近的著作将这些原则与法律原理的第二人称（second-personal）结构相关联。这种第二人称结构是不可简化的，它源于斯蒂芬·达沃尔（Stephen Darwall）对道德证成要求的著名解释。[19] 在这种结构中，原告从被告处获得赔偿（或控方要求惩罚被告）的权利，关键取决于个别化的——而不是统计性的——违法行为主张之可信性；该主张使被告个别性地对原告（或控方）

〔17〕 *New Doctrinalism*，前注〔13〕。

〔18〕 同上，2088，2093—94。

〔19〕 STEPHEN DARWALL，THE SECOND-PERSON STANDPOINT：MORALITY，RESPECT，AND ACCOUNTABILITY (2006) .

负责任。证据法规则只有在促进个案具体化、成本最小化或平等最优的时候，才契合这种第二人称结构。倡导其他规则的改革方案，不可避免地会脱离这种结构，因此是有问题的。〔20〕

基于这种观察，我批评了三种对证据法的有力阐释，它们分别基于经济学、概率论和道德论。这三种阐释包括路易斯·卡普洛（Louis Kaplow）的证明责任理论〔21〕，丹尼尔·卡内曼（Daniel Kahneman）和阿摩司·特韦尔斯基（Amos Tversky）认为事实认定者对数学概率的背离是非理性的观点〔22〕，罗纳德·德沃金（Ronald Dworkin）对偶然施加的错误风险和刻意施加的错误风险的区分。〔23〕 这些阐释背离了我们的第二人称权利责任制度，因此它们制造了一个在方法论上失当的证据规则与实体法之间的分离。〔24〕

本书意图开启（而非终结）关于证据与证明之性质和理想规制方式的论辩。如果学者同行们和法院认为我的论证具有说服力，我感到很幸运。但我也欢迎批评。出版中译本将使持有不同视角和新颖观点的人们读到本书。这也会加深对证据法作为审判程序与整个司法制度之核心要素的理解。我很幸运能请樊传明博士组织翻译本书。他对美国证据法及其概念基础的熟识，使他成为这一工作的理想人选。我要感谢他和郑飞等各位译者担当此任，且

---

〔20〕 *New Doctrinalism*，前注〔13〕，2094—2107。

〔21〕 Louis Kaplow，*Burden of Proof*，121 YALE LAW JOURNAL 738（2012）. Ronald Allen 和我较早之前对卡普洛理论的批评，参见 Ronald J. Allen & Alex Stein，*Evidence*，*Probability*，*and the Burden of Proof*，55 ARIZONA LAW REVIEW 557，588—93（2013）. 对该理论的进一步批评，参见 Edward K. Cheng & Michael S. Pardo，*Accuracy*，*Optimality and the Preponderance Standard*，14 LAW，PROBABILITY & RISK 193（2015）.

〔22〕 DANIEL KAHNEMAN，THINKING，FAST AND SLOW（2011）. 我对卡内曼和特韦尔斯基的行为概率阐述的全面分析和批评，参见 Alex Stein，*Are People Probabilistically Challenged*？111 MICHIGAN LAW REVIEW 855（2013）.

〔23〕 Ronald A. Dworkin，*Principle*，*Policy*，*Procedure*，in A MATTER OF PRINCIPLE 72（1986）.

〔24〕 *New Doctrinalism*，前注〔13〕，2094—95。

勤勉、热衷地完成这一工作。我也非常感谢张保生教授，他是中国和比较证据法领域的著名学者。张保生教授认为我的这本书值得翻译，且督促本书的出版进程。我非常期待与中国的学者、学生和法律人展开新的对话。

亚历克斯·斯坦

2017 年 12 月

英文版序言

一个富有声望的出版社提出忠告说，一项图书出版计划“应当回答可以称之为‘逾越节问题’的这个问题：是什么让这本书不同于其他所有的书?”[1] 虽然我的出版商并不宣扬这种粗糙的工具主义，但本序言仍试图回答这个“逾越节问题”。

《证据法的根基》不是一本教义学著作。与许多杰出的著作不同，它并不提供对那些构成了特定证据法制度的司法规则和原则的描述性阐释。本书在一般性的层面上为读者讲述证据法。书中首先指出了英美证据法制度的核心特征，包括该制度的目标以及实现这些目标的机制。由此浮现出来的宏大画面，揭示了证据法的根基之所在。该画面也标示出我的论述从描述性转为规范性之处。

这一画面构成了本书为发展一个规范性证据法理论而采用的宏观框架。[2] 本书在这个框架之内发展该理论。与这种内生性理论不同的是，有人可能考虑从零开始（“外生地”）建构证据法。为什么要将规范性悬置于描述性之上，并且冒着被指责将“应然”

---

〔1〕 参见 http://www.hup.harvard.edu/editors_page/author_resources/manu_submit.html。（在逾越节这一犹太节日里，犹太人需要唱诵祈祷书里的一首诗歌，诗歌首句为：“是什么让这个夜晚不同于其他所有的夜晚?”——译者注）

〔2〕 这种规范性的讨论不考虑证据规则的历史和未来。对这些议题感兴趣的读者，可以参阅：James Bradley Thayer，*A Preliminary Treatise on Evidence at the Common Law* (1898)；John H. Wigmore，*Evidence in Trials at Common Law* Vol. 1 (Tillers edn，1983)，§ 8a；Edmund M. Morgan，The Jury and the Exclusionary Rules of Evidence (1937) 4 U. Chi. L. Rev. 247；Stephan Landsman，The Rise of the Contentious Spirit：Adversary Procedure in Eighteenth Century England (1990) 75 Cornell L. Rev. 497（这些文献通过陪审团审判制度、对抗诉讼模式或者同时用两者来描述证据规则的发展）；Mirjan R. Damaska，*Evidence Law Adrift* (1997)（预测到对抗制陪审团审判的消失以及向多阶段诉讼模式的转变，将会推动对现有证据规则的废除）。

源于“实然”的风险呢？与本书所讨论的其他问题相比，对这一问题的回答没有什么争议。一些无可争议的基础性因素，是关于证据法的有意义的规范性讨论的一个先决条件。这些因素包括了该法律制度的目标及其制度性设置。如果对这些因素存在争议，则不可能就证据法原理达成任何合意。

在英美法系，中立的（impartial）裁决是基础性的。对司法裁决的理性（rationality）和正当（justification）要求，也是基础性因素。除此之外，基础性的因素还包括事实认定的不确定性（uncertainty）问题和错误风险（risk of error）。这些因素表明，不确定性问题是不可避免的，错误风险是无处不在的。因此，对司法事实认定错误风险的分配也是一个基础性因素。事实认定者必须以理性、中立和正当的方式在双方当事人之间分配这种风险。在做这一工作的时候，他们需要考虑：分配该风险将关乎哪些事情？事实认定者需要顾及可能被错误裁决的权利、义务和责任。依赖证据法而实施的实体法，对于任何关于证据法的规范性讨论来说，也转变成一个基础性因素。这些以及其他的基础性因素，确定了对证据法的规范性分析必须采取的方向。它们也确定了对这种分析的限制。

本书提出了一种新颖、全面的对证据法的规范性分析。我的分析聚焦于美国和英国法庭上的事实认定程序和裁决。这一分析发展出一个革新性的、跨学科的证据法理论，它应用了认识论、概率论、经济学和政治道德。根据这一理论，证据法的关键功能是在不确定条件下分配错误风险，而不是促进对真相的发现。本书用七章的篇幅建构这一理论。为了恰当地理解本理论，读者需要按照顺序依次阅读第一至五章。第六、七章将这一理论分别应用到刑事和民事审判中，对这两章可以不按顺序阅读。

第一章界定了真正属于证据法的那些规则和原则，使之区别于那些促进外在于事实认定的目标的、与证据有关的规则和原则，从而描绘出证据法的领域。这一讨论拣选出三类真正的证据法规则和原则：（1）通过提高事实认定准确性而将错误风险最小化的规则和原则；（2）减少事实认定程序和裁决所引发的成本的规则和原则；（3）在诉讼双方之间分配错误风险的规则和原则。第一章还分析了证据法与实体法之间的手段一目的关系。

第二章界定了司法事实认定的特征（即上文所谓的基础性因素）。这一讨论指出并且分析了两个基本的问题——不确定性和正当化。它强调了最佳证据原则作为一个规制证据筛选的认识论工具之重要性。这一讨论也指出了在根据被预先筛选过的证据而裁决相关事实版本之概率的时候，所使用的认识论标准。这些标准是经验性的，它们包含常识、逻辑和一般经验。

随后，第二章分析了对这些标准的怀疑论挑战。这些挑战源于不同的学科——分析哲学、认知科学或行为法经济学；它们指出，不可能做出理性的和正当的事实认定。第二章强调了这些挑战在方法论和操作上的不恰当之处。哲学怀疑论不适合应用于实践理性，而司法事实认定属于实践理性。在方法论上，这种理论也不如常识性世界观。认知科学成功地证明了，普通的推理者会系统性地错误估算概率。然而，这些发现只是证明了认知表现欠佳，而非认知能力欠缺。

第三章分析和解决了两个认识论悖论——抽彩（*Lottery*）悖论和前言（*Preface*）悖论，以及它们的法律衍生品——逃票者（*Gatecrasher*）悖论、蓝色公交（*Blue Bus*）悖论、两个证人（*Two Witnesses*）悖论和院中囚犯（*Prisoners in the Yard*）悖论。这一分析将证据法的基本功能界定为：在不确定状态下分配错误风险。这里放弃了传统的将证据法看作旨在促进发现真相的观点。尤其是，第三章发展出了可以消除悖论的最大个别化原则（the principle of maximal individualization）。这一原则具有许多特征，它们在民事和刑事司法中有不同的应用。第三章指出，这些特征分布在两个维度上：认识论的维度和道德的维度。在认识论的维度上，最大个别化原则促进了事实认定。在道德和政治的维度上，这一原则分配着错误风险。该原则在完成第一个角色后就会承担第二个角色：认识论罢手处，道德接手。在这一维度上，最大个别化原则与功利主义的错误风险分配相竞争。第五、六、七章将分析竞争结果，该结果是多样化的。

第四章讨论这一问题："证据法：目的何在？"这一章分析了传统的证据学说，并批评其不足以规制司法事实认定。这一讨论提出了一般性的对自由证据评价或自由证明的反对。这种观念是有问题的，但是在实务人士、法律改革者和法学家中富有影响。正是法律改革者对该观念的秉持，才导致了目前的证据规则废除趋势，以及事实认定自由裁量权的扩张趋势。《2003 年刑事司法法》（*Criminal Justice Act* 2003）是这一趋势在英国的最激进表现。第四章论述了证据法恰恰应当往相反的方向发展。对司法事实认定的法律规制，应当强化而不是减缩。证据法应当规制司法事实认定中的错误风险，这种规制针对两个方面：在当事人之间的错误风险分配，以及事实认定错误成本和旨在避免这些错误的事实认定程序成本之间的权衡。授权个体裁判者（例如法官）按其所好分配该错误风险，缺乏道德、政治或经济上的正当性。

本书的主要问题是："什么样的证据规则是我们想要的？"我并不讨论以下制度问题："谁应当制定这些规则？立法者还是普通法法官？"在普通法模式中，法官制定规则，而立法者可以废除或修改这些规则；这种模式有一些优点。在联邦规则体系中，司法机关发布的证据规则受制于最高的立法权，这可能是最好的普通法证据规则模式。但是直接的民主立法模式也有其优点。这个问题不是本书拟讨论的。第四章所建构的理论仅仅给出一个制度性的观点：分配事实认定中的错误风险是一项绝不允许留给个体裁判者（例如法官）的任务。

第五章包含了一个对证据法的经济分析。这一分析得到了一个有点绝对化的功利主义假定（后面的第六章和第七章使之变得更温和）：证据规则和原则导向成本—收益目标。成本—收益目标要求裁判者使促进准确性的程序成本和事实认定错误的成本之总量最小化。第五章检验了用于实现这一目标的证据机制。这些机制通过消除私人信息问题以及私人诉讼方的动机和社会福利之间的偏差，从而促进了成本—收益目标。这些机制包括：确定证明责任和标准的裁决规则，以及确定什么证据可采和什么事实认定方法可被允许的各种程序规则。裁决规则通过向理想的方向倾斜错误风险（例如，相比于消极错误，更偏好积极错误；或者相反），而将准确性和错误的总成本最小化。程序规则以不同的方法使准确性和错误的总成本最小化。这些规则为某些裁决配置了更谨慎、更耗费的事实认定方法，因为这些裁决的错误成本相对更高。错误成本相对较低的裁决，则被配以更简约、因此也不那么耗费的事实认定方法。导向成本—收益目标的机制还包括可信性规则。这些规则通过调整奖惩，而从持有私人信息的当事人那里引出可信的信号。

第六章和第七章从功利（utility）转向公平（fairness），并且相应的，从经济（economics）转向道德（morality）。这两章分别审视了刑事和民事审判中的事实认定错误风险分配，它们分别指出和分析了两个基础性的规则：控制民事诉讼中错误风险分配的平等原则，和在每个刑事案件中为了判被告人有罪所需满足的“平等最优”标准。这些规则源自政治道德。它们也附属于第三章建构的最大个别化原则。这些规则使英美法系中的许多证据规则和原则得以正当化并得到解释。第六章和第七章对这些证据规则和原则进行了概要性的阐述。本书的这种阐述比对证据规则的传统描述更有吸引力：传统观点将证据规则描述为自由证明的零散和孤立的例外，本书则为传闻规则、品格证据规则、规制专家证言可采性的规则以及现行证明责任和标准提供了新的基础原理。

目 录

第一章 基本理论 …… 1
一、引论 …… 1
二、在道德和认识论之间 …… 14
三、证据法包含什么? …… 29
四、独立的证据权利? …… 36
第二章 认识论推论 …… 40
一、基本原理 …… 40
二、最佳证据原则 …… 46
三、概率和证据分量 …… 48
四、怀疑主义与理性主义 …… 67
第三章 通过理性信念悖论理解证据法 …… 77
一、概论 …… 77
二、概括和悖论 …… 78
三、论证的概要 …… 83
四、抽彩悖论和前言悖论 …… 88
五、证据分量与个案具体化 …… 97
六、最大个别化原则 …… 109
第四章 证据法:目的何在? …… 127
一、废除主义浪潮 …… 128
二、分离认识论和道德 …… 138

三、打破分离：错误风险的分配 …… 141
四、通过证据法分配错误风险：证明责任、排除、优先、补强、成本—收益 …… 159
第五章 成本—收益 …… 168
一、成本—收益原则：使准确和错误的总成本最小化 …… 168
二、裁决规则 …… 171
三、程序规则 …… 183
四、可信性规则 …… 186
五、证据损害原则 …… 198
第六章 刑事审判中的错误风险分配 …… 204
一、“平等最优”标准 …… 204
二、证明责任 …… 211
三、证据排除 …… 216
四、优先 …… 232
五、补强 …… 244
六、自由裁量 …… 245
第七章 民事诉讼中的错误风险分配 …… 251
一、公平与效率 …… 251
二、证明责任与平等 …… 256
三、作为矫正平等的证据排除 …… 263
四、平等和优先 …… 278
五、作为矫正平等的补强 …… 283
六、平等和自由裁量 …… 285
索 引 …… 287
译后记 …… 297

第一章 1

基本理论

一、引论

第一章界定了整本书所要讨论的证据法的领域。本章在以下两者之间做出了基本的划分：法律的事实认定目标，以及法律通过规制证据而促进的外在于事实认定的目标。这一划分要求区别各种规制证据问题的法律规则：只有那些促进内部事实认定目标的规则才真正地属于证据法；促进其他目标和价值的规则虽然关涉证据（evidence-related），但不属于证据法领域。

在这一框架下，促进以下目标的规则属于证据法：（1）提高事实认定的准确性，换言之，使错误风险最小化；（2）使事实认定程序及裁决所引发的成本最小化；（3）在诉讼双方之间分配错误风险以及由此引发的错案风险。举例而言，一个坚定的功利主义者会断定，在司法事实认定中存在两种社会成本：错误的成本，即“实体成本”；用于减少错误的程序的成本，即“程序成本”。所有的证据规则都是为了将实体成本和程序成本的总量最小化。[1] 这一功利主义的基本信条涉及上述第（1）和第（2）个目标。并且，坚定的功利主义也会以错误及避免错误之总成本最小化的方式来分配错误风险。根据这种方法，任何一方当事人都没有权利要求为了降低（更不用说消除）私人成本——实体成本和程序成本被等同视之——而忽视社会福利。只有在废弃或限制功利性动因的法律制度中，这样的要求才会被重视。在这种制度中，

〔1〕 参见第五章。

证据法会产生与前述不同的对事实认定准确性与其成本的平衡。
2 这一平衡取决于该制度的诸多非功利性目标和价值，以及它们的相对重要性。该制度根据这些目标和价值分配错误风险。

非功利主义的风险分配机制可以很好地催生超越社会福利的个人权利。在功利主义方法中，对错误风险的分配总是附属于以下目的：减少错误成本和为避免错误而产生的成本之总量（即实体成本和程序成本的总量）。而权利本位的法律制度颠覆了上述手段—目的关系。在权利本位的法律制度中，事实认定的成本附属于正确的错误风险分配，而不是相反。这样的制度依赖于非功利主义的政治道德（political morality），该政治道德转化成了个体权利。这些权利不仅不受制于功利运算，而且实际上胜过功利。〔2〕因此，当事人所享有的、涉及风险分配的权利，不会与它们所引发的实体和程序成本相比较。因为普遍的政治道德支持这些权利，所以它认为值得承担这些权利所产生的成本。

个人和社会之间的这种紧张关系是本书的主题之一。在目前的引论部分，读者只需注意到：这种紧张关系依附在上述三个证据法目标中的每一个上。读者也暂不需要接受我对这些目标的描述（尽管我最终的工作是要证明其正确性）。目前，只要读者承认这些目标貌似是合理的就可以了。事实认定的准确性，是约束性的实体法得以恰当实施的一个逻辑前提。然而，准确性是有昂贵代价的：它耗费当事人及其代理律师以及法官和陪审团的人力。错误风险能够被降低的程度，既取决于私人、也取决于社会在事实认定程序上的投入。这种观点来自经验，而且实际上是没有争议的。因此，应该明智地使用事实认定中的人力和投入：不管人们对功利主义持何种一般态度，应该都不愿意花费 100 英镑去解决一个关于 90 英镑的纠纷。绝对的确定性在目前是得不到的——该命题已被经验和归纳哲学确证，因此，司法中的事实认定

---

〔2〕 参见 Ronald Dworkin, Rights as Trumps, in Jeremy Waldron (ed.), *Theories of Rights* (1984), p. 153。

正如任何其他事实认定一样，必然是在不确定的状态下进行的。它必然会停留在盖然性而非确定性上，并因此包含错误风险。法律制度必须选择如何分配这种风险。

可以将这种风险全部强加给一方当事人，比如刑事诉讼中的
控方或民事诉讼中的原告。或者，法律制度可以设计出某种风险
分担规则，在对抗双方之间分配错误风险。另外，法律制度也可 3
以放任风险随机分配——这种方式的规范性会受质疑，但它是可
能的。不过总是无法回避这一问题：决定如何分配司法事实认定
中的错误风险。[3]

关涉证据的规则不仅促进上述事实认定目标。关涉证据的规则也可能促进与事实认定完全不同、甚至相对立的目标。这些规则并不真正地属于证据法。它们最普遍的一个特征是表现出这样的动机：为了其他目标和价值而抛弃事实认定的准确性。例如，为了保护个人隐私或救济受侵犯的隐私而限制证据的规则，属于隐私法而非证据法。加强个人隐私权的证据性救济（evidential remedy），与附属于该权利的赔偿性救济（compensatory remedy），在功能上是等价的。这两种救济都纠正同样的错误，因此属于同一个法律分支，即关于隐私的法律分支。如果可以将对隐私的证据性救济归入证据法，就可以将赔偿性救济归入"金钱法"，这是同样合适的。附属于非证据权利，或者促进与事实认定无关的目标的证据性制裁和救济，不属于证据法。本章将这些非证据法的内容排除在我后续的讨论之外。[4] 将本质上的证据法规则与

---

〔3〕 参见 Alex Stein, The Refoundation of Evidence Law (1996) 9, *Can. J. Law & Jurisp*. 279。

〔4〕 如此界定本书的写作计划，并不表明这些非证据法的内容不重要。正如 Chris Sanchirico 所论证的，通过对特定种类证据的举证或缺失施以相关法律制裁，能够有效调整在法庭外发生的主行为（primary activities）——例如，事故。参见 Chris Sanchirico, Games, Information and Evidence Production: With Application to English Legal History (2000) 2 *Am. L. & Econ. Rev.* 342; Chris Sanchirico, Relying on the Information of Interested—and Potentially Dishonest—Parties (2001) 3 *Am. L. & Econ. Rev.* 320; Chris Sanchirico, Evidence Tampering (2004) 53 *Duke L. J.* 1215。这些直接激励机制属于相关的实体法部门：侵权法、合同法和刑法等。

关涉证据的非证据法规则进行区分，有助于设定全书的焦点。**本书关注那些在证据和事实认定之间铺设工具性关系的规则、原则和学说。**

这种工具性关系标准不仅具有排他意义，而且可以作为依据，扩充组成证据法的规则、原则和学说。根据这一标准，促进事实认定目标的任何规则，都有资格成为证据法规则。这些规则与其他法律部门（如程序法、刑事法、合同法、侵权法等）的形式隶属关系是非实质性的。我在确定一个法律规则的身份时，是根据它的功能和影响，而非它在教条体系中的形式上的位置。例如，若凶手是在被挑衅的情况下行凶杀人，刑法经常将罪行降至过失
4 杀人罪，以此减轻凶手的责任和刑罚。典型的挑衅理论有一个客观限制：它要求挑衅起凶杀的行为或事件能够使一个普通脾气且精神正常的人变得不稳定。从刑事实体法的角度——根据加害者的主观状态决定其罪责——来看，这一要求是有问题的。如果应当根据加害者的心理状态来区分谋杀和过失杀人，那么法律应该感兴趣的是：挑衅行为（或事件）是否已经使加害者主观上变得不稳定，而非它是否也能够使一个普通人变得不稳定。然而，采用纯粹主观的标准来判断挑衅因素，既会引发大量的事实认定成本，又会增加错误风险。因为，关于一个人主观心理状态的证据，易于捏造却难以反驳。许多杀人者会——不管是否正当地——借助挑衅抗辩而得到庇护。在一个允许被告人从任何有关其罪行之合理怀疑中受益的法律制度下，问题尤甚。为了抵消这一问题，警察和控方必须在他们的事实调查任务中投入更多人力。关于被告人心理状态的信息主要由犯罪嫌疑人和被告人控制，所以这些努力可能成本大于收效。结果，错误成本和避免错误的成本之总量会增加。因此，法律制度通过对挑衅抗辩设定一个客观限制，而避免了这一有害结果。这是可以理解的。这一选择处在证据法领域，而非刑法领域。它促进了证据法性质的目标，而非诸如威慑、惩罚、报应等刑事实体法目标。

第二个例子是“口头证据”（parol evidence）规则。尽管它以证

据法规则自居，但是通常隶属于合同法。根据该规则，与书面协议相违背的证言一般不可采：只有同时提交一份对方所写或签署的文件，当事人才可以提出这样的证言。与其他许多规则一样，这条规则服务于多个目的。它促进了确定性以及与之相伴的合同可信赖性，并使合同当事人免受虚假证人之不利证言的侵害。这条规则的证据法目的令人费解。有经验证据表明，大多数（或者许多）作证推翻书面合同的证人作了伪证吗？显然不存在这样的证据。这一规则的合同法目的也是令人费解的。如果没有好的理由去怀疑多数证人在撒谎，并且如果口头交换承诺（受制于约因要求）可以产生有约束力的合同，那么为什么不允许证人反驳书面协议呢？对这些问题最有说服力的答案，存在于惯例和习俗中。据说，因为口头证据规则在普通法中运行了许多年，人们已习惯于此，并且主要根据它的要求来形成他们的合同。一项陈述以下内容的主张值得怀疑：尽管背 5
离了这些要求和相应的习惯，但仍然已经达成了某个具体协议。如果人们习惯性地遵守这条规则的要求，那么多数这样的主张可能是虚假的；这在民事诉讼中提供了一个自始排除它们的好理由。但存在这样一个习惯性的实践吗？显然不存在。因为如果普遍存在这样一个实践的话，我们就不会像现在这样，看到法院准许如此多的口头证据规则之例外。〔5〕

然而，有一个更明确的关于该规则的原理。口头证据规则不以降低错误事实认定发生率为目标。更可能的是，它意在减少避免错误的程序成本。它通过引导合同当事人以书面形式完整地记录他们的合意，而达到这一目标。剥夺证人资格的惩罚使这种引导产生效果，它是一个显著不同于上述习惯理论的机制。〔6〕在习惯理论中，

〔5〕 参见 Alan Schwartz and Joel Watson, The Law and Economics of Costly Contracting (2004) 20, *J. L. Econ. &Org.* 2, 23-4（指出法院有扩大“解释性”合同纠纷范围的趋势，允许大量使用先前谈判和其他口头证据——这一现象增加了执行合同的成本）。

〔6〕 参见 Alex Stein, An Essay on Uncertainty and Fact-finding in Civil Litigation, with Special Reference to Contract Case (19987) 48 *U. Toronto L. J.* 299, 341-4。

口头证据规则作为一个合同违约条款——与典型的合同法条款相仿——而发挥作用，降低了合同双方本来会引发的交易成本。在我的理论中，这条规则作为一个惩罚—违约条款而发挥作用[7]，引导合同当事人不要将他们预期的诉讼之成本外部化。[8] 该规则将否定证人资格作为一项制裁，引导合同当事人降低避免错误的社会成本。[9]

第三个例子来自侵权法领域。根据越来越多的美国司法辖区所采用的“全国性实践”标准，符合“地方医疗实践”通常不能
6 成为一个针对医疗事故指控的抗辩。[10] 这一学说要求，医生遵循适用于其医疗领域的全国性普遍标准。在抗辩中医生不能主张：他所在的具体地区所适用的是不同的医疗注意标准，因而自己有权背离全国性普遍标准。正如一个法院所解释的：

> 现代的医生与以前的医生大为不同。正如我们已详细说明的那样，以前的医学院无法与现代的合格医学机构比

---

〔7〕 这种理论源于：Ian Ayres and Robert Gertmer, Filling Gaps in Incomplete Contracts: An Economic Theory of Default Rules (1989) 99 *Yale L. J.* 87.

〔8〕 参见 Alex Stein，注〔6〕。

〔9〕 同上。

〔10〕 参见例如，*Shilkret v Annapolis Emergency Hospital Ass'n* 349 A. 2d 245, 252 (Md. 1975)（“传统的地区规则，不再适用于现代的医疗事故案件”）；*District of Columbia v Wilson*, 721 A. 2d 591 (D. C., 1998)（医疗事故案件被告人的行为以全国性标准来衡量，而非地方性标准）；*Sheeley v MEMORIAL Hospital*, 710 A. 2d 161 (R. I. 1998)；*Gallucci v Humbryd*, 709 A. 2d 1059, 1065 (R. i. 1998)（两个案件都舍弃了“地区性规则”）；*Pemberton v Tallahas Memorial Regional Medical Center, Inc.*, 66 F. Supp. 2d 1247 (N. D. Fla., 1999)（舍弃了“地区性规则”，但同时将全国性标准限制适用于通过职业认证的内科医生）。但是，参见 *Fowler v Springer*, 2003 WL 1984771, Ark. App., Apr 30, 2003; *Perry v Magic Valley Reg. Med. Ctr.*, 995 P. 2d 816, 821 (2000)；*Shane v Blair*, 2003 WL 21467829 (Idaho 2003)（这些案件都承认并适用了“地方性规则”）。也请考虑：*Estate of Braford ex rel. Braford v O'Connor Chiropractic Clinic*, 624 N. W. 2d 245 (2000)（认为：通常在医疗事故案件中，**一般执业者**的注意标准适用当地社区的执业标准。然而，**专家**的注意标准适用全国通行标准），以及 *Magee v Pittman*, 761 So. 2d 731 (2000)（认为：在医疗事故诉讼中，“地方性规则”仅适用于非专家；并且要求，约束医生的注意程度，是基于在一个相似社区或事故发生地点、并且在相似条件下的实践标准。而对于专家适用全国性标准，要求适用在相关医疗专业领域内通常被医生遵守的那种注意程度）。

> 肩——后者多与教学性医院联系在一起。但是对于医生职业而言，这一点仅仅是区别的开端；除此之外还有许多区别：显著提高的研究生教育，现代交流和交通的动态影响，医学文献的增加，关于许多专业性问题的频繁研讨班和会议，现代临床设备不断提高的实用性等。这些也都只是医生职业进步中的一部分，这些进步共同催生了当代的标准；该标准不仅比短短几年前的标准要高得多，而且在范围上是全国性的。〔11〕

通过设定这种注意标准，对以地方性实践为由之辩护的否定说，表面上看来属于它所处的领域，即侵权法。

但这种解释不完全令人满意。毕竟，全国性标准的路径没有吸引其他辖区的法院和立法者。这些辖区宁愿使用地方性医疗实践作为裁决过失的标准，所使用的地方性标准虽然受全国性普遍标准的影响，却不受其支配。〔12〕“地方的”（local）不等同于“狭隘的”（parochial）。以前，法官或者陪审员需要“公正地考虑到现实的在医学知识及接触最新科技上的不一致，因此将医生执业的地理区域作为检验标准”〔13〕；现今不同于以往，现代的地方性 7

〔11〕 *Shilkret v Annapolis Emergency Hospital Ass'n* 349 A. 2d 245 (Md. 1975).

〔12〕 参见 Fowler，Perry and Shane，注〔10〕。以及 *Hollis v United States*，2003 WL 689261 (2003)（重申了，根据得克萨斯州法，医生的责任是：符合在相同或相似地区，且处于相同或相似条件下，有相似训练和经历的医生的注意程度和执业技能）；*Sommer v Davis*，317 E3d 686 (2003)（根据田纳西州法，决定性的医疗注意标准，参照涉诉医疗事故所在的地区）；*Nestorowich v Ricotta*，740 N. Y. S. 2d 668，671 (2002)（“约束医生职业行为的通行注意标准，已经在一个多世纪之前就是我们普通法的固定组成部分（一般可参见 *Pike v Honsinger*，155 N. Y. 201，49 N. E. 760 [1898]）。Pike 案的标准要求，医生应当符合‘他所执业区域中内科和外科医生们普遍具有的合理的知识和技能程度’。尽管医疗事故法已经与时俱进地包容了医学的发展，Pike 案的标准仍然是一项衡量医生行为的检验标准，并构成了任何医疗事故分析的起点”）；*Mercado v Leong*，50 Cal. Rptr. 2d 569，574 (1996)（一个医生的责任是，具有在相同地区长期执业良好的医生所普遍具有的知识和技能程度）；*Kernke v Menninger Clinic, Inc.*，172 F. Supp. 2d 1347 (D. Kan. 2001)（根据堪萨斯州法，医生在诊断和治疗其病人时有合理和普遍的注意、勤勉义务，有义务给出他最好的判断，并符合相同或相似地区、相似条件下其他医生所普遍具有的合理的知识、技巧和经验程度）。

〔13〕 Amy Jurevic Sokol and Christopher J. Molzen，The Changing Standard of Care in Medicine (2002) 23 *J. Legal Med*. 449，474.

实践标准不再是医生豁免紧跟潮流之义务的理由。〔14〕而与此同时，以下做法也是非常恰当的（在今天也是普遍的）：一个法院采纳了多元医学观，据此，两种不同的医治病人的方式可能都是合法的。这种多元论路径，被称为“值得尊重的少数派”（respectable minority）抗辩或者“多元观点”（schools of thought）责任限制，它是当前医疗事故学说的重要组成部分。〔15〕

然而，美国向全国性医疗实践标准的转变，可以根据证据的理由得以正当化。地方实践标准为医学专家们催生了一个反竞争的环境，而医学专家在几乎每个医疗纠纷案件中都是关键证人。根据这种标准，不是很熟悉该地方性医疗实践的医学专家，就不具有作为专家证人的资格。因此，只有当地的内部专业人士才会具备专家证人身份。法院从地方性标准转向全国性标准，意在解决这一问题。法院认为，地方性的实践标准导致了医生之间的“默示共谋”（silence conspiracy）。这种共谋典型地表现为一个默认的协议，该协议要求：“你不会作证反对我，我也不会作证反对你。”〔16〕

我们还应该将其他的垄断性影响添加到这种貌似有理的解释上。即使在有限的专家圈子里不会形成一个禁止作专家证人的“默示共谋”，也仍然会限制它的产出并提升对价。地方性实践标准所产生的反竞争环境，使专家们可以从少量的工作中获得高额的费用。当地的医生也会被利诱组成联合体，采取强取豪夺式的措施打压竞争对手。这些措施可能包括“证言合谋”，它会使竞争对手受到虚假的医疗事故指控。这种险恶解释具有可信性，因为医生们有以相对较低的成本进行共谋和监控实施共谋的机会。全
8 国性标准扩张了适格医学专家的范围，从而消除了这一机会。因为适格的医学专家证人数量变得非常多，并且这些专家是分散的，

〔14〕 同前，475 - 7。

〔15〕 参见 Tim Cramm，Arthur J. Hartz and Michael D. Green，Ascertaining Customary Care in Malpractice Cases：Asking Those Who Know（2002）37 *Wake Forest L. Rev.* 699，704 - 6（将“值得尊重的少数派”辩护与地方性实践标准相关联）。

〔16〕 参见例如，*Sheeley v Memorial Hospital*，710 A. 2d 161（R. I. 1998）。

任何形式的专家共谋成本都变得非常高（既包括交易成本也包括监控实施的成本）。竞争性的环境也迫使医学专家们以其服务换得竞争性的对价。

总而言之，选择全国性标准不是因为它具有明显的实质性优点，从而使它在侵权法领域优于地方性标准；是证据性的理由，指向了采用全国性实践标准。减少事实认定错误的需要，和减少为避免错误而付出的成本的需要，都要求采用这一标准。

这些例子很典型。[17] 任何需要通过司法来实施的实体法，在制定的时候若不考虑事实认定的成本和其他司法开支，将是非常奇怪的。如果实体法政策忽略了所预见到的实施成本，包括事实认定错误成本和避免错误的成本，它就是不健全的。因此，我们在实体法中经常发现用于降低这些成本的机制。因为这些机制在形式上附属于具体的实体法部门，而拒绝将它们解释为证据法规则，会导致对证据法产生支离破碎的和扭曲的理解。

许多在形式上隶属于民事诉讼法的规则，实际上按其性质属于证据法。规定开示审前证据材料的规则很清楚地表明了这一点。这些规则及其背后的全面开示原则，促进了事实认定的准确性。[18] 相似的，规定用于反驳证人的证据免于审前开示的刑事诉讼规则[19]，在性质上也属于证据法，而不是诉讼法。这条规则更倾向于使对证人证言的反驳不可预料，而不是预先开示反驳性材

---

〔17〕 参见例如，James A. Henderson Jr.，Process Constraints in Tort（1982）67 *Cornell L. Rev.* 901（提出将程序成本因素作为一个对侵权责任的普遍限制）；Fred C. Zacharias，The Politics of Torts（1986）95 *Yale L. J.* 698（例证了由减少法律程序成本之需求而催生的免除责任规则）；Douglas Lichtman，Copyright as a Rule of Evidence（2003）52 *Duke L. J.* 683（确定作品受版权保护之资格的固定性和创造性标准，在本质上是证据法上的节省成本机制）。

〔18〕 参见 Adrian Zuckerman（2003）*Civil Procedure* pp. 462 – 6。

〔19〕 参见例如，Federal Rule of Criminal Procedure 16（e）（2004）。这条规则将控方材料开示的范围限制为主诉证据（evidence to be presented in-chief），以及对于准备辩护具有实质性的信息；以及 *United States v Windham*，489 F. 2d 1389，1392（5th Cir. 1974）；*United States v Dicarlantonio*，870 F. 2d 1058，1063（6th Cir. 1989）；*United States v Delia*，944 F2d 1010，1018（2nd Cir. 1991）（反驳证据免于审前开示）。

料；从而既作为一个在认识论上促进真相发现的机制而发挥功能，也作为一个减少证人撒谎机会并抑制潜在说谎者的经济激励机制而发挥功能。这样的规则促进了符合成本—收益限制的发现真相目标。

沉默权（或者反对自证其罪特权），连同禁止从沉默中作出不
9 利推论的规则，也最好被理解为一个证据法制度而不是实体法或者程序法制度。根据通常被认为外在于事实认定的理由，法律将这一权利赋予刑事被告人和嫌疑人。然而，对该权利的这种理解是不全面的。最好将沉默权理解为，以下述方式分配刑事审判中的错误风险：减少了错误定罪的数量，代价是增加了错误无罪开释的数量。沉默权帮助事实认定者区分事实上的无罪被告人和事实上的有罪被告人。[20] 这种区分是通过重要的沉默权反混同效应（anti-pooling effect）实现的。如果不存在这一权利，一个罪犯对于讯问的利己性回答，会给那些讲述事实却不能补强其陈述的无罪嫌疑人和被告人带来外部性（以错误定罪的形式）。[21] 如果不存在这一权利，只要认为自己的谎言不会被揭穿，罪犯就会做出虚假的无罪辩解陈述。知道罪犯的动机后，事实认定者会合理地降低对未经补强的无罪陈述之证明力的评价。这样，就会牺牲一些无法补强自己真实的无罪辩解的不幸无辜者。相比之下，如果存在沉默权，混同效应和由此导致的错误定罪都不会发生。正如边沁敏锐注意到的，无辜者总是会说实话[22]；而罪犯与无辜者不同，他会理性地行使沉默权。注意，只有在恪守“排除一切合理怀疑的证明”要求的法律制度中，沉默权才会有此功能。在这样的法律制度中，罪犯会选择沉默；因为不管在法庭上还是在警察

〔20〕 参见 Daniel J. Seidmann and Alex Stein, The Right to Silence Helps the Innocent: A Game-Theoretic Analysis of the Fifth Amendment Privilege (2000) 114 *Harv. L. Rev.* 430。

〔21〕 同前。

〔22〕 Jeremy Bentham, *A Treatise on Judicial Evidence* (Etienne Dumont, ed. 1825), p. 241.

讯问中说的谎言，都要接受质询，这可能导致被告人被定罪。另一方面，保持沉默可以帮助有罪的被告获得基于合理怀疑的无罪开释。因此，沉默权以一种使有罪的和无罪的被告人**都**受益的方式，分配着刑事审判中的错误风险。

通过指出各个事实认定目标，我强调：司法裁判中的事实认定具有多个内在的（有别于外在的）目标。这种强调并不会导致激进的多元论。正如本书开篇所说的，我所想的目标只有三个。再强调一遍：一个目标是事实认定的准确性，或者说避免错误；另一个目标是使为避免错误——相比于不去避免错误——而产生的成本最小化；还有一个目标是适当地或者说公正地分配错误风险——这仍然是证据法的一个内在目标。裁判者不仅要尽可能准确、有效率地裁决案件事实，而且需要考虑到事实认定犯错误的 10
可能性。这要求他们以恰当的方式分配错误风险。

事实认定的准确性［也称作避免错误，或者用边沁的术语，叫作“裁决公正”(rectitude of decision)］是证据法的一个理所当然的目标。得到正确的事实，是对所诉权利、义务做出恰当裁决的前提。这一目标甚至看起来像是同义反复。在日常语言中，只有当它是准确的时候，事实认定才是“事实认定”。如果裁判者没有准确地裁决事实，那么他们所裁决的就不是“事实”。但是在审判中，就其裁决目的而言，裁判者做出的任何事实裁决，不管是错误的还是准确的，都被看作是“事实”。这样的“事实”，决定了对所诉义务和权利的裁决。因为裁判者在他们的事实认定中可能犯错误，立法者会决定依其性质而评价不同的错误风险，并向着所欲追求的方向分配这些风险。司法事实认定错误风险若成真(materialization)，会产生不同的后果，这些后果的分量有别。其分量取决于被舍弃的正义之性质。具体而言，它取决于被错误地舍弃的权利之价值，以及被错误地施加的义务之成本。意识到这些后果，立法者就会规定关于错误风险分配的偏好。然后，裁判者需要贯彻实施这些具体的偏好。

正如本书第四章至第七章所论述的，这种立法策略在英美证据法中根深蒂固。这几章详细解释了司法事实认定错误风险的根源，论述了这种风险的必然性和普遍性，并提出了决定风险分配的不同政治道德理由。本章只是勾勒出证据法的领域，却没有深究这些领域。并且，本章没有超出常识的范围；这些常识说明，司法事实认定中存在错误风险。因为司法事实认定包含错误风险（第二章会阐释这一判断），所以分配该风险是事实认定者的内在任务。

事实认定者履行这一任务的方式，可以是任意的，也可以是受到规制的。法律（普通法或者制定法）可以允许事实认定者以他们认为恰当的方式分配错误风险。法律也可以通过设定事实认定者须遵守的规则而控制风险分配。在当前的讨论中，我暂且假定：对风险分配进行规制的策略，是一种看似更合理的立法方向。这一假定在法律职业和学术研究中是常识。在本书后文，我根据规制策略的性质，提出了一个更有力的证成该策略的主张。我也提出了一些更为具体的规范性主张，指出这种策略的范围、形式
11 和实质。正如上文所说的，本章意在将与证据有关的规则区分为内在于事实认定和外在于事实认定的规则、属于证据法和不属于证据法的规则。这种分类在性质上是分析性的，它不依赖于我稍后将援引用于证成规制策略的那些规范性论证之有效性。

我将关涉证据的规则分为内在于和外在于事实认定的两类，这与规则的形式无关。在追求其规制目标的时候——不管是内在于还是外在于事实认定的目标，立法者都可以制定一些详细的具体指示，来限缩裁判者的裁量权。现有的法学词汇将这种详尽列明的指示称为“规则”（rules），使之区别于一般化的“标准”（standards）和“原则”（principles）。“标准”和“原则”为裁判者的裁量提供架构，但不以指示具体个案裁判为目标。[23] 为了实

〔23〕关于这种一般化的区分，参见 Ronald Dworkin，*Taking Rights Seriously*（1977），pp. 22 - 31；Louis Kaplow，Rules Versus Standards：An Economic Analysis（1992）42 *Duke L. J.* 557。

现目标，立法者也可能只是设定一些一般化的原则，这些原则仅仅是指出了所选定的目标。然后，裁判者可以自由地选择实现这些目标的方法。或者，立法者可以设计一套更微妙的条款，融合原则和规则。立法者对这些不同规制形式的选择可能具有深远影响。[24] 对此，证据法也不例外。然而，在本章，通常将所有的法律规制形式都称作“规则”。只有在必要的时候，我才会区分“规则”与“原则”（或“标准”）。

本章将证据法的领域分为两个不同部分：认识论的（epistemological）部分和道德的（moral）部分。证据法的认识论领域，被一个宽泛的“最佳证据”原则所统摄。这将在第二章予以阐述。分配错误风险的规则和原则属于证据法的道德领域，它们是基于道德和经济的理由。这将在第五、六、七章予以分析。这些规则和原则的经济理由即功利主义理由，而功利主义理所当然是政治道德中的一种。因此，本章将这些规则和原则列于政治道德领域。

与其他道德领域不同，证据法的道德领域不存在道义论规则（deontological rules）。本书强调（并且众所周知，在两百多年前边沁也这样主张过[25]），证据法在性质上总是附属性的。这种工
具主义的解释不存在例外。不存在与证据法以下三个事实认定目 12
标中的任何一个都不相关的孤立的证据规则：减少事实认定错误，降低为避免错误而付出的成本，以及分配错误风险。本章将解释原因。

本章也会指出这两个证据法领域的规则和原则的相互影响。（根据功利或其他理由）分配错误风险的规则和原则，对最佳证据

---

〔24〕 参见 Duncan Kennedy, Form and Substance in Private Law Adjudication (1976) 89 *Harv. L. Rev.* 1685。

〔25〕 参见 Jeremy Bentham, *The Principles of Judicial Procedure*, 2 Works of Jeremy Bentham (John Bowring ed., 1838 - 43), p. 6（“对于裁判法部门而言，唯一可拥护的目标……是将实体法部门的实施和效果最大化”）。关于边沁程序法理论的一个富有启发性的讨论，参见 Gerald Postema, The Principle of Utility and the Law of Procedure: Bentham's Theory of Adjudication (1977) 11 *Ga. L. Rev.* 1393。

原则的适用起到了补充作用。只有在穷尽适用最佳证据原则之后，裁判者才让风险分配规则和原则发挥作用。概括来说，当事实认定的认识论理由不再适用时，裁判者通过适用证据法的道德领域中的规则和原则来分配错误风险。**“认识论罢手处，道德接手。”**（*Morality picks up what the epistemology leaves off.*）这样一句格言总结了本书的主要论点。

二、在道德和认识论之间

尽管司法事实认定涉及错综复杂之事，但有一点是非常清晰的：事实认定的规则和程序对于保护实体权利至关重要。有两个因素解释了实体权利对于事实认定规则和程序的依赖性。首先，法庭裁决的准确性对于维护任何实体权利都是至关重要的。而正确地获得事实，是裁决准确性的一个基本条件。其次，因为裁判者是在不确定的条件下完成他们的事实认定任务，所以对事实的认定总是会包含错误风险。任何与事实认定有关的裁决，包括采纳和排除证据的所有裁定，都在分配这种风险。对实体权利的维护，非常依赖于对这种错误风险的分配。法庭分配风险的裁决，确定了这样一种预期：承担风险者的实体权利可能被剥夺。当错误风险变为现实，即法庭实际上做出了一个错误的裁决，这一预期就成真了。

这两个因素中的第一个——司法事实认定需要在可行的限度内符合引发相关实体权利和义务的实际事件——位于认识论领域。最佳证据原则[26]规制着这一领域。根据最佳证据原则，裁判者必须通过以下方式努力重构相关事件：要求提交能够得到的最佳证据，仅依靠该证据，而且遵循认识论上最有效的事实证明程序。
13 在认识论上，最佳证据原则要求裁判者将事实认定

〔26〕 参见 Dale A. Nance, The Best Evidence Principle (1988) 73 *Iowa L. Rev.* 227。

建立在最可靠的信息来源上，并且遵循最有效的程序检验信息真实性；它以这样的方式促进了司法事实认定的准确性。该原则为查清真相而普遍运用的标准，包括经验确认、逻辑和一般经验。

第二个因素——分配错误风险对事实认定和背后的实体权利所具有的影响——位于道德和政治领域。使对错误风险的承担正当化并且决定一个人应在何种程度上承担这种风险的理由，是道德和政治性质的。这些理由对所诉事实的重建起到了补充作用。它们适用于道德领域，在这个领域中，"好与坏"的问题代替了对"发生了什么"的认识论探究。当某个关于"发生了什么"的认识论问题变得无法回答时，这一转变就出现了。在穷尽了解决相关证据或事实问题的认识论理由之后，裁判者从最佳证据原则转到错误风险分配。无法解决的证据或事实问题转换成这样一个问题："谁应当承担潜在的错误认定风险?"确定该风险承担者的任何标准，或者说在当事人之间划分该风险的标准，只有基于道德和政治理由（平均主义、功利主义或其他），才能获得规范有效性。设定这一标准的传统理由，一方面是公平和平等（fairness and e-quality），另一方面是功利（utility）。前文已经解释过这些标准。此处要阐述的，是认识论与道德在司法事实认定中的相互作用。对错误风险的分配是一个道德决定，裁判者必须做出这一决定以解决认识论上的最佳证据原则所无法解决的事实问题。再强调一遍：认识论罢手处，道德接手。

决定风险分配的道德考量，属于政治领域。裁判者做出的风险分配裁决，决定了将国家权力适用于个人。任何一个这样的裁决都构成了法庭最终判决的一部分，而法庭的判决指向了由政府做后盾、针对诉讼一方的强制性法律执行机制。做出一个不利于被告的判决，法庭即准许政府针对被告实施其法律执行权；做出一个不利于原告的判决，法庭即有效地命令政府不得针对被告实施其法律执行权，并且在必要的情况下保护现状。所以，分配这种错误风险，是一个政治道德问题，而不是一个一般性的道德问题。

因此，存在一类关于证据权利（evidential rights）的特殊主张，它们是道德和政治性质的。根据这类主张，当事人应当被授
14 予对抗风险的权利（rights against risk）；或者说得更具体一点，反对被强加各种司法事实认定错误风险的权利。〔27〕本书将这种主张概称为“公平论证”（arguments from fairness），使之区别于各种功利主义理论——功利主义理论不认可对抗风险权利的观念。在各种功利主义理论看来，应当以某种增大社会福利的方式分配错误风险。这些理论通过调整两种存在于裁判中的错误风险来寻求增大社会福利：“积极错误”风险——使不应受惩罚的被告受到惩罚的风险；和“消极错误”风险——使实际上应受惩罚的被告人未受到惩罚的风险。因为这两种错误互相排斥但又穷尽了所有的情形，所以它们应互相权衡。立法者可以设定规则，减少一种错误而增加另一种错误。

从理论上来讲，积极错误可以通过这样一个规则而完全消除：规定对于任何事实不确定性，都要以有利于被告的方式裁决。相反的，将任何事实不确定性作为决定性理由，做出对原告（或者刑事诉讼中的控方）有利的认定，将会完全消除消极错误。当然，这样的规则都是不现实的。因为在任何案件中都会存在某种程度上的不确定性，采取这两条规则中的任何一条，都会预先设定所有审判的结果，使审判变得不必要。根据任何一条规则，法律制度中的错误率都会极其高。因此，功利主义理论试图确定，在何种程度上，一种风险的减小以及另一种风险的相应增大能达至社会最优化。功利主义理论通常采用的最优化标准是社会福利。这一标准所指向的功利计算，全面考虑了事实认定错误的成本和避免错误的成本。根据这一标准，法律制度应当使这些成本的总量

〔27〕参见 Stein，前注〔3〕；Larry Alexander, Are Procedural Rights Derivative Substantive Rights? (1998) 17 *Law & Phil.* 19。

最小化。[28] 这一标准源自杰里米·边沁。[29]

功利主义的路径认为，事实认定错误和相应的裁决错误风险，一般应当以这样一种方式分配：从长远来看，使正确裁决的数量最大化。[30] 这种风险分配方式为所适用的实体法提供了最大的实 15 施空间。在这一路径中，最大数量的事实上应负责任的被告被认定为负有责任，同时，最大数量的事实上不负有责任的被告被认定为不负有责任。[31] 因此这一路径认为，通常应将优势证据标准作为解决事实争议的裁决标准。该标准要求，裁判者将他们的裁决建立在可能性大于不可能性的事实版本上。这一标准关注错误裁判的数量而非实体结果，将积极错误和消极错误同等看待。每一个错误都被看作一个有固定值的负效用单位（u）。假定诉讼一方的事实主张为真的概率为 P，那么当符合下列条件时该方当事人应当胜诉：$Pu>(1-P)u$。也就是说，$P>0.5$。[32] 当对方的事实主张具有同等的可能性时（也就是说，$P=0.5$），裁判者通常应当判决原告败诉。这一裁决规则既减少了执行成本，也（以阻止提起无价值诉讼的方式）减少了诉讼成本。[33]

根据这种使准确性最大化的标准，与审判事项相关的任何证据，通常都是可采的。这一标准只认可两个不同的抑制证据的理

---

〔28〕 参见 Richard A. Posner，*Economic Analysis of Law*（6th edn.，2003），p. 599（认为程序法制度的目标，从经济分析上来看，就是使这两种成本之总量最小化：错误司法裁决的成本和减少错误发生率的程序制度运行成本）；Steven Shavell，*Foundations of Economic Analysis of Law*（2004），pp. 387 - 418（指出了减少这种成本总量的程序机制）。

〔29〕 参见 Gerald J. Postema，*Bentham and the Common Law Tradition*（1986），pp. 344 - 7（将边沁的功利主义程序制度理论解释为，是基于"每个案件中的邪恶最小化"条款——这里的"邪恶"指代裁决错误成本和避免错误的成本）。

〔30〕 参见 A. Mitchell Polinsky and Steven Shavell，The Economic Theory of Public Enforcement of Law（2000）38 *J. Econ. Lit.* 45，60 - 2。

〔31〕 同前。

〔32〕 参见 Alex Stein，Of Two Wrongs that Make a Right：Two Paradoxes of the Evidence Law and their Combined Economic Justification（2001）79 *Texas L. Rev.* 1199，1205 - 6。

〔33〕 同前，1206，n. 13，以及其中所引用的文献。

由。首先，可以基于内在于事实认定的理由排除证据——如果最佳证据原则要求这样做的话。其次，可以基于外在于事实认定的理由排除证据——不过准确性最大化标准没有列出这些理由。根据这一标准，对错误风险的公正分配，并不是能为排除证据提供正当性的理由之一。这一标准将积极错误和消极错误视为具有同样的危害性，没有为向任何一个方向倾斜错误风险留下空间。法律制度允许风险在任何具体案件中发生，从而使风险变得随机化。与 $P>0.5$ 的规则一起，宽泛的证据可采性原则使普遍的事实认定错误发生率最小化。

边沁和当代的功利主义者都曾经解释过积极错误和消极错误之间可能的不对等性。在形式上，将积极错误和消极错误所引发的平均损害分别表示为 p 和 n；那么当概率超过 $p/$（$n+p$）这一阈值的时候，原告应当胜诉。相反，当被告主张的案情之概率超
16 过 $n/$（$n+p$）的时候，被告应胜诉。〔34〕如果一种特定的错误类型（比如将无辜者定罪）被认为比相反的错误类型（开释有罪者）更具有危害性，功利主义将会要求裁判者（以及整个法律制度）减少危害性更大的错误（p）的发生率，相应的代价就是增加危害性较小的错误（n）的发生率。例如，如果认为将无辜者定罪的危害性是开释有罪者的危害性的 100 倍，那么，定罪的概率阈值约为 0.99（即 100/101）。相应的，保护被告获释的最小无罪概率（合理怀疑）约为 0.01（即 1/101）。

---

〔34〕参见 John Kaplan，Decision Theory and the Fact-Finding Process (1968) 20 *Stan. L. Rev.* 1065，1071－5。此处以及贯穿本书，我都假定：证明标准决定了所期望的、最终也是实际上的肯定性错误与否定性错误之比率。这个观点可能看起来很简单，但实际上并非如此。参见 Michael L. DeKay，The Difference Between Blackstone-like Error Ratios and Probabilistic Standards of Proof (1996) 21 *Law & Soc. Inquiry*（主张：在刑事案件中，这一比率还取决于事实认定制度的准确性和有罪被告人被诉至法院的数量）。正如本书自始至终所论述的，恰当分配错误风险是一个为整个事实认定制度所设置的目标，而不仅仅是证明标准与证明责任的目标。我假设，案件被挑选诉至法院的过程是无偏倚的。我的讨论假定，提起诉讼和刑事指控是基于初步的证据，该证据只能确保有合理的胜诉前景（而不是实质的确定性）。

任何这样的框架，都可以利用证据排除规则，向着选定的方向倾斜错误风险。例如，宽泛地采纳先前定罪证据，可能会过于强化事实认定者对刑事被告人作证的不信任。然而，排除这类证据也能产生事实认定错误。事实认定者若对被告过去的犯罪事实一无所知，会赋予他的证言过多的可信性。两种错误都会改变有罪和无罪的最终概率。积极错误和消极错误造成的损害是不一样的，所以可能发生的这两种改变不能互相抵消。因此，存在很好的功利主义理由来排除那些披露被告人犯罪信息的证据。相似的原理也可用于反对采纳传闻和其他一些指控刑事被告人的证据。我会在第五章讨论这些原理。此处的要点是强调**证据排除规则和引发危害的积极错误与消极错误之不对等性之间的功利主义关联。**

事实认定错误并非天然地具有偏向性。司法裁判降低了正义天平一边的错误风险，却相应增加了另一边的风险。确定错误风险分配标准的权力在性质上属于立法权。在民主政治中，这一权力应当被授予经选举产生的、能负责任的、并且可罢免的立法者（法官制定的普通法也可以发展分配错误风险的标准，但要受到立法者的认可）。分配错误风险是一个道德和政治的决定，具有深远的影响。因此将这一权力授予作为个人的法官和陪审团，会产生一个严肃的宪法问题（在第四章详细讨论）。为何应让非选举产生的法官负责这类决定？

最佳证据原则的适用领域显然不同。逻辑和经验为解决在这个领域出现的具体个案事实问题设定了适当的认识论标准。在政治领域起作用的民主程序和制度，并不能恰当地解决这些问题。[35] 充其量，民主机制只能产生政治上正确的决定，而不是事实上准确的认定。本书认为，裁判者只应负责案件管理（case-management）（法官非常适于承担这个任务）和真正属于事实认定的任务（法官和陪审团都可以承担这个任务）。在错误风险分配 17

〔35〕 认为它们能解决这些问题的观点并不常见。因此尽管有这样的观点，但是我不予讨论。

问题上的道德和政治争议，应当通过法律（如果不是通过成文法就是通过普通法）来解决。解决其中的某些争议，还应当受制于宪法性保护。[36]

公平论证与功利主义理论相冲突，它提供了一个不同的分配事实认定错误风险的观念。这一观念包含了牢固的权利概念——认为个人权利本身就具有价值，而不是一个完全可以用于实现某些一般社会目标的工具。这一观念被称为“王牌般的权利”(rights as trumps)[37]，它反对将权利作为引导个人行为符合社会福利的管控手段。根据这种非工具主义的权利观念，一个人的权利既是他幸福的基本要素，又是他固有价值的反映，这都与功利主义计算无关。[38] 基于这种观念，公平论证认为，个人应当享有反对被施加司法事实认定错误风险的权利，社会福利不应该凌驾于任何这样的权利之上。该理论要求，应当保护追求自身幸福的个人免受错误风险，不管这种保护会导致什么社会后果。因此这一理论展现了功利主义和康德道德论之间的冲突。分析这个冲突是道德理论要做的工作，对它的规范性解答是元伦理学的一个目标。很显然，这些问题不在本书写作计划之内。在与司法事实认定错误风险分配有关的范围内，第七章和第八章将回到这些问题。

公平论证还提出了一个额外的反功利主义的观点，被称作“反对重新计算规则”（a rule against recalculation）。传统上，这一观点与反对溯及既往立法规则相关联。但在我的讨论中，“反对重新计算规则”是一个在概念上更精确的表述。反对重新计算规
18 则是一个法律禁令，它不允许裁判者重新修改一个已经导致个人损害的法律权衡（legal trade-off）。如果一个人承担了相关法律权衡原先施加的损害，那么这个人也应当获得该法律权衡原先带来

〔36〕 参见 Alex Stein, Evidential Rules for Criminal Trials: Who Should be in Charge? in Sean Doran and John Jackson (eds.), *The Judicial Role in Criminal Proceedings* (2000), p. 127。

〔37〕 参见 Dworkin，前注〔2〕。

〔38〕 参见 Joseph Raz, *Value, Respect, and Attachment* (2001), pp. 145 - 58。

的利益。在这个人的案件中，这些利益不应当被改变。从宪法的角度来看，反对重新计算规则不仅约束法官，而且约束立法者。

美国联邦最高法院对卡迈尔诉得克萨斯州案（*Carmell v Texas*）〔39〕的判决，在证据权利领域例证了这一点。在这个案件中，法庭审查了一项得克萨斯州成文法的合宪性。该成文法修改了一个在强奸和性骚扰案件中的补强规定。根据旧的规定，不能仅依据控告人的证言对强奸案件被告人定罪，除非该证言被控告人的即时控诉或者外源于控告人的证据所补强。〔40〕旧的成文法将不满 14 周岁的控告人豁免于该规定。新的成文法将豁免拓宽至不满 18 周岁的控告人。该成文法规定，如果认为证言已排除合理怀疑，那么陪审团可以根据年轻控告人的未经补强的证言将被告人定罪。〔41〕卡迈尔案中的控告人属于这一新的补强豁免范围。

然而，根据起诉书，卡迈尔是在这一新成文法实施之前多次强奸过控告人。因此，卡迈尔主张，对于这些犯罪行为，法庭无权将控告人作为豁免于补强的证人。他进一步主张，对于所有这些犯罪行为，陪审团不能依据未经补强的控告人证言而恰当地将他定罪。根据卡迈尔的主张，新的成文法只能适用于将来的情况，不能溯及适用于任何在其之前的被控罪行。卡迈尔将他的论证建立在针对溯及既往立法的宪法性豁免上（即溯及既往条款）。〔42〕

作为回应，得克萨斯州主张，对于卡迈尔过去的罪行适用新的制定法并不违反溯及既往条款，因为溯及既往条款只保护实体性权利，不保护程序性权利。〔43〕新的制定法没有修改卡迈尔被指控的罪行，因此并未侵害卡迈尔的实体权利。被修改的补强条款是一种证据权利，而非实体性权利。这一要求和由此引出的未经补强即判无罪的权利，只有在审判中才能实际生效。无论如何，在

---

〔39〕 *Carmell v Texas*，529 U. S. 513 (2000)（后文简称为 *Carmell*）。

〔40〕 参见 Tex. Code Crim Proc. Ann.，Art. 38. 07 (Vernon 1983)。

〔41〕 参见 *Carmell*，前注〔39〕，518－9。

〔42〕 参见 U. S. Const.，Art. Ⅰ，§10；以及 *Carmell*，前注〔39〕，521－2。

〔43〕 参见 *Carmell*，前注〔39〕，520－1，537－9。

19 审判之前一个人是不具有证据权利的。在审判中，他只享有那些当时的法律所承认的证据权利。因此，在被告的审判之前发生的证据法修改，不能根据溯及既往的理由而被认定为不适用于本案。

得克萨斯州的论证只是吸引了少数异议法官。[44] 审理卡迈尔案件的法庭认为，被修改的补强要求属于实体性权利，因为它决定了定罪所需要的证明程度。[45] 为了证成这一结论，法庭区分了两种证据规则：决定何种证据可以被采纳的规则；规定为了允许陪审团将被告定罪，证据需要达到的证明程度的那类规则。[46] 溯及既往条款并不规制前一类规则，而是规制后一类规则。异议法官进行了同样的分类，但得出了相反的结论。按照他们的观点，补强规则设定了一个根据控告人证言将被告定罪的形式上的可信性要件。[47] 异议法官解释道，这一要求并不影响刑事证明标准，而后者受到宪法正当程序条款的规制。[48] 正如异议法官所强调的，在卡迈尔案中，以下基本要求并未改变：控方需要将指控被告的案件证明至排除合理怀疑。就像在其他案件中一样，陪审团被告知，他们只有在相信被害人的证言已达到排除合理怀疑的程度时才可以将卡迈尔定罪。[49]

持异议的法官的意见和法庭的意见都是不完善的。允许控方使用特定证据（例如未经补强的强奸案件被害人证言）来满足一个严苛的证明要求，并且仅依据该证据定罪，这与允许控方通过满足一个较低的证明要求而定罪（例如允许陪审员仅根据该被害人的证言将被告定罪），在所有的方面都是相似的。以下两种立法权力之间并没有原则性的区别：减少司法天平一边的砝码的立法

〔44〕 参见 *Carmell*，前注〔39〕，553 - 75。

〔45〕 参见 *Carmell*，前注〔39〕，529 - 53。

〔46〕 参见 *Carmell*，前注〔39〕，530。

〔47〕 参见 *Carmell*，前注〔39〕，553。

〔48〕 参见 *Carmell*，前注〔39〕，560 - 1。

〔49〕 同前。

权力，和增加控方可以向天平的另一边投放的证据之分量的立法权力。既然异议法官同意法庭将规制证据充分性的规则视为“实体性”的观点，那么他们对于控制证据可采性的规则，也应当采取相同的界定。

然而，似乎所有的法官都忽视了一个更根本的问题。为什么证据充分性规则是“实体性”的？对于这个问题，法庭只提供了一个局部的回答，暗示证据充分性规则**附属**（*attach*）于决定犯罪和刑罚的法律规则体系。[50] 若真是如此，这种附属的确切性质是 20
什么？我们如何识别创造这种附属性的规范性力量？法庭没有回答这一问题，现在我试图解决之。

证据机制对确定刑事犯罪的规则的附属性，是由法律权衡（legal trade-offs）造成的。这些权衡中最为典型的是过度实施范式（overenforcement paradigm）。[51] 为了理解这一范式，请考虑普通法中附属于宽泛的伪证禁令的特别补强要求。[52] 在伪证罪案件中，该补强规则禁止仅仅依据单一证人证言定罪。任何这样的证言都必须由另外的证言或者其他证据补强。[53] 如果未经补强，陪审团必须认定被告无罪。[54] 这一要求很特别，因为它构成了一般法则的例外；根据一般法则，“检验标准总是可信性；对证言价值的最终测量是质量而非数量。事实裁决者……在做出他们的诚实判断的时候是自由的，并且极少有例外，他可以选择相信一名单一证人的证言而不相信许多证人的证言”[55]。尽管存在这样一

〔50〕 参见 *Carmell*，前注〔39〕，532－3。

〔51〕 这种论述源自 Richard A. Bierschbach and Alex Stein，Overenforcement (2005) 93 *Georgetown L. J.*

〔52〕 参见 *Weiler v United States*，323 U. S. 606 (1945)（采用了普通法中对于单个控方证人在指控伪证罪被告人时的补强要求）；section 13 of the Perjury Act，1911。

〔53〕 参见 *Weiler*，323 U. S. at 608。

〔54〕 同前；*United States v Chaplin*，25 F. 3d 1373，1378 (7th Cir. 1994)（认为：“尽管被一些人批评，但是两名证人规则仍然存续在伪证罪指控中，至少存续在那些根据成文法提起的伪证罪指控中——在成文法中该规则未被明确废除”）。

〔55〕 参见 *Weiler*，323 U. S. at 608。

个一般规则，但对于伪证指控的补强要求“在过去的几个世纪已根深蒂固”[56]。它适用于美国的几个辖区[57]，这几个辖区追随英国法。[58] 在英国，《1911 年伪证法》第 13 条规定[59]：

> 仅仅依据一位证人关于陈述虚假性（该陈述被指控虚假）
> 21 的证言，一个人不应被认定犯有本法案规定之罪，或者被认定犯有任何其他法案规定为伪证或唆使伪证、或者按照伪证或唆使伪证处罚的犯罪。

法庭将该条款解释为一个严格的补强要求[60]，而法学教授们对此倍加批评。[61]

在一个通常允许裁判者依据单一证人证言将被告定罪的法律制度中，为这一补强要求寻找理论基础是非常困难的。如果在谋

---

〔56〕 参见 *Weiler*，323 U. S. at 608 - 9。

〔57〕 参见例如，*Weiler*，323 U. S. at 610 - 11；*United States v Chaplin*，25 F. 3d 1373，1376 (7th Cir. 1994)；*Hammett v State*，797 So. 2d 258 (Miss. App. 2001)；*People v Ellsworth*，15 P. 3d 1111（Colo. App. 2000）；*Watson v State*，509 S. E. 2d 87 (Ga. App. 1998)；*Murphy v U. S.*，670 A. 2d 1361（D. C. 1996）；*State v Barker*，851 P. 2d 394 (Kan. App. 1993)（每个辖区都要求对提供证言指控伪证罪被告人的单一证人进行补强）。尤其要参见 *Hammer v United States*，271 U. S. 620，626 (1926)。（“伪证罪指控中的普遍规则是，未经补强的单一证人誓言，不足以证明控诉书中被作为伪证的被告证言之虚假性。这条规则的适用，在联邦和州法院几乎是很普遍的。”）也可参见 West's Ann. Cal. Penal Code § 123。（“当对于虚假性的证明仅仅取决于除被告人之外的单一人证的反驳的时候……被告人不应当被判伪证罪。”）Mckinney's Penal Law (N. Y.) § 210. 50。（“在任何伪证罪指控中……或者在任何对于做出了一项明显宣誓后的虚假陈述或一项应受惩罚的虚假书面陈述的指控中，陈述之虚假性不能以未补强的单一证人证言来证明。”）

〔58〕 参见 *Hammer v United States*，271 U. S. 620（1926）；*Weiler v United States*，323 U. S. 606，610 n. 4 (1945)。也可参见 *Marvel v State*，33 Del. 110，113 (1925)（补强规则代表了对支持量化证据可信性的数量证据理论的局部废除）。

〔59〕 这一条是对普通法的编纂。参见 *Weiler v United States*，323 U. S. 606，610 n. 4 (1945)。

〔60〕 参见例如，*Hamid and Hamid* (1979) 69 Crim. App. R. 324 (CA)。

〔61〕 参见 Ian H. Dennis，*The Law of Evidence* (1999)，p. 488（认为补强要求“不再具有可信的正当理由，可以被废弃而不会带来什么损失”)；Paul Roberts and Adrian Zuckerman，*Criminal Evidence* (2004)，p. 470（写道：“即使 1911 年法案第 13 条起初可能作为防范胁迫和操纵证人的保障措施而有正当性，这一原理也不再能够支撑对补强规则的持续需求”)。

杀案中，当裁判者认为一个证人的证言之可信性已排除所有合理怀疑，就足可以定罪；那么，为什么在伪证案中就不行呢？通常给出的一个答案是：对于伪证罪中的控方提出补强要求是必要的，因为这可以避免以后的证人因为预期自己很容易被控伪证而不愿作证。[62]

这一原理来自过度实施范式。根据普通法的定义，伪证是指证人在司法程序中经过宣誓后故意做出的、关于一项实质性问题的任何虚假陈述。[63] 这一定义包含了三个互相关联的模糊之处：首先，什么算是一个“陈述”？例如，它是否包含证人的某个行为——当证人有意利用这个行为作为一种交流方式的时候？其次，什么算作“虚假”？例如，当证人迟疑地（但仍然是故意地）暗示法庭自己的证言不能被信任的时候，他作出的不真实的证言（类似于著名的“说谎者悖论”[64]），是否符合该“虚假”定义？以沉默表示不知道真相，是否构成伪证罪中的欺骗？[65] 最后，这些难题是否会影响对被告人犯罪意图的认定？

伪证罪定义中的这些模糊之处，有很大的影响，许多出庭证 22
人宁愿不作证。作证耗费时间和金钱，并且经常会因为被问及模糊的、令人讨厌的或者涉及个人信息的事件、情况或关系而产生

---

〔62〕 参见 *Weiler*，323 U. S. at 609（“这个规则最初可能源自非常不同的理由，但是在其演变中隐而不显而且持续存在的生命力，是担忧如果采用一个不太严格的规则，那么无辜的证人可能会在伪证罪指控中被不正当地困扰或定罪”）；Roberts and Zuckerman，前注〔61〕，470。然而，Roberts 和 Zuckerman 支持采用其他的方法来减少这种激冷效应。其中一种方法是，要求伪证罪指控必须以检察长的批准为前提。

〔63〕 根据《1911 年伪证法》第 1 条：“如果一个在司法程序中合法宣誓过的人……故意地使一项陈述在该程序中具有实质性，而他知道该陈述为虚假或者并不相信该陈述真实，他就犯有伪证罪，并且应当在循公诉程序定罪的时候，被判处不超过 7 年的监禁，或者判处罚金，或者同时判处监禁和罚金。”美国联邦对于伪证罪的界定（U. S. C. A. § 1621）同样很宽泛。

〔64〕 参见 R. M. Sainsbury，*Paradoxes*（2nd edn，1995），pp. 111－7。

〔65〕 Thomas Nagel 认为这不构成，因为这产生自众所周知的习惯。参见 Thomas Nagel，Concealment and Exposure（1998）27 *Phil. & Pub. Aff.* 3。也可参见 Bernard A. O. Williams，*Truth and Truthfulness*：*An Essay in Genealogy*（2002），pp. 96－100（认为在撒谎和沉默甚至误导之间进行区分是正确的）。

很大的压力。面对这些抑制因素的证人，如果讲出事实会得不偿失。尽管如此，很多人仍会选择作证，因为他们害怕因蔑视法庭而受到惩罚（在有些案件中，也会受到道德谴责）。因此，证人经常会给出逃避性的证言，这样的证言模糊了事实但没有积极的误导法庭的意图。其实，他的证言可能公然地表达了沉默，这不会引导法庭做出错误的事实认定。实际上，这是在告诉法庭："我被强迫违背我的意愿作证，这样令我很不舒服，所以请不要过高地评价我所说的。"这样的证言属于伪证吗？

法庭通常宽泛地解释伪证，在解决模糊之处时有利于控方。证人证言中的任何部分，只要是不真实的并且对于案件是实质性的，都等同于伪证。证人自认性的沉默或逃避，或者其他任何引导法庭不要相信自己证言的暗示，都不能抵消虚假性。〔66〕也不要求证人掩饰任何误导法庭的具体意图。他意识到陈述的非真实性这一点，就满足了犯罪意图要求。〔67〕简言之，证人必须总是讲出"真相，全部的真相，并且仅仅是真相"；任何故意违背这一要求

〔66〕参见例如，*Ostendorf v State*，128 P. 143，154 (Okla. Crim. App. 1912)（故意隐藏部分真相，等同于积极地说谎）；*Flowers v State*，163 P. 558 (Okla. Crim. App. 1917)（内容同前）；Alan Heinrich，Note：Clinton's Little White Lies：the Materiality Requirement for Perjury in Civil Discovery (1999) 32 *Loy. L. A. L. Rev.* 1303，1311 - 16（论述了法院都用非常宽泛的术语解释伪证罪中的"实质性"条件）。

〔67〕*United States v Williams*，874 F. 2d 968，980 (5th Cir. 1989)（解释说：对于伪证罪而言，缺少这样一个欺骗法庭的动机，并不会让故意提供关于某个实质性问题的虚假证言的证人免罪）；*United States v Lewis*，876 F. Supp. 308，312 (D. Mass. 1994)（"伪证罪并不要求证明被告人有妨碍公正的具体意图"）；请比较：18 U. S. C. S. § 1623 (a) (2004)（为了将向大陪审团或法庭提供虚假陈述的被告人定罪，控方只需要证明被告人知道该陈述为虚假）。有一些论述舍弃了这种宽泛的解释。参见 Tex. Penal Code Ann. § 37. 02 (a) (Vernon 2003)（"伪证。如果一个人怀着欺骗的意图且知悉陈述的含义，作出了一个宣誓后的虚假陈述，那么这个人就犯有此罪"）；Mo. Ann. Stat. § 575. 040 (West 1995)（"如果一个人具有欺骗的意图，在任何官方程序中面对法庭、公共团体、公证人或其他有权监管宣誓的官员，故意地在宣誓后对任何实质性事实或受法律规制的主张提供虚假证言，那么他就犯有伪证罪"）；Tenn. Code. Ann. § 39 - 16 - 702 (2004)（"伪证。若一个人具有欺骗意图……宣誓后作出了虚假陈述……就犯有该罪"）。

的行为都构成了伪证。[68] 采取这种界定方式的理由很简单。这样宽泛地界定伪证，强化了证人讲真话的动机。[69] 并且在证人实际上说谎的案件中，减轻了控方的证明负担。 23

但这也产生了一个问题：对伪证罪的界定变得太过宽泛，以至于被它定罪和惩罚的一些人，未必造成了伪证刑事禁令所针对的危害。这里的危害是指，由虚假证言所积极导致的错误判决。[70] 坦然的逃避性证言并不会造成这样的危害，因为任何人都能看出，证人是在消极地反抗协助法官发现真相的要求。最坏的结果是，这样的证言构成对法庭的藐视——这样的行为当然应受谴责，但不像伪证罪的危害那么大。的确，正如很多评论者所注意到的那样，与积极误导性证言相对应的逃避性证言，引出了规范上的难题，即在何种程度上个人隐私和保密的道德权利应当限制他对社会负有的说出真相的义务。[71] 从道德的（而不是正式法律的）观点来看，主动引发一个非正义的判决是一回事，而拒绝以自己的证言辅助司法程序完全是另外一回事。基于这种观点，只有彻底的撒谎者才适于被判伪证罪。[72]

---

〔68〕 参见例如，Model Penal Code § 241. 1（“当一个人在任何官方程序中作出了一项经过宣誓的虚假陈述或者同等的主张……而该陈述是实质性的且他不相信该陈述为真……那么这个人就犯有伪证罪”）；Jared S. Hosid（2002）Perjury，39 *Am. Crim. L. Rev.* 895。

〔69〕 对于这些激励效应的经济分析，参见 Robert Cooter and Winand Emons，Truth-Bonding and other Truth-Revealing Mechanisms for Courts（2004）17 *Eur. J. Law & Econ*. 307。

〔70〕 参见例如，*Bronston v United States*，409 U. S. 352，362（1973）（认为，字面上真实但是避实就虚或反应迟钝的誓后陈述，应当通过律师的进一步询问来解决，而不是通过伪证罪指控来解决。这些陈述并不符合联邦伪证法的界定。28 U. S. C. S. § 1621（2004））；也可参见 *United States v Shotts*，145 F. 3d 1289，1299（11th Cir. 1988）（“控方的目的应当是获得事实。伪证当然阻碍了这一目的。然而，控方的目的绝非如下所述：为了获得伪证，而不进行更精确的询问——这些询问本来可能阻止明显的伪证”）。

〔71〕 请比较 Williams，前注〔65〕，96 - 100。

〔72〕 参见 Stuart P. Green，Lying，Misleading，and Falsely Denying：How Moral Concepts Inform the Law of Perjury，Fraud，and False Statements（2001）53 *Hastings L. J*. 157，168 - 73，179 - 80（根据道德理由区分了撒谎和误导；赞同认定伪证罪的“字面虚假”方法；主张防卫性欺骗（defensive deception）可依据自我保护理由而免责）。

为什么不以这种微妙的方式，根据需求重新界定伪证罪呢？这个问题的答案指向了法律的运行层面。将禁令缩小范围，只包括完全的撒谎者而不包括逃避性的说谎者，会将伪证罪定罪变得比目前更困难。这会削弱以下激励效应：让那些正考虑在法庭上撒谎的人不要这样做。采取对伪证罪的宽泛界定——这一界定将逃避者也算作撒谎者——是立法者的最佳选择。由此导致的法律过度实施是法律运行的必然结果，但这一坏处仍然可以减小。

普通法中的补强要求减小了这一坏处。通过将伪证罪定罪变
24 得更困难，因此预期可能性更小，法律减小了宽泛界定伪证罪所带来的激冷效应（chilling effect）。因为存在补强要求，许多逃避性的——但并非积极撒谎的——证人会避开刑事责任。这一机制的效果是，要求控方：指出被告人证言中的具体虚假性；证明这一虚假性对于被告人曾于其中作证的诉讼是实质性的；提供另外的和独立的证明，来支持针对该虚假性作证的证人。这将使控方在针对逃避性证人（与故意误导性证人不同）而提起的刑事诉讼中，履行证明责任要困难得多。[73] 这一权衡并不完美，但比其他的解决方法要好。[74]

---

〔73〕 一些学者主张，从社会损害的角度来看，控方证明负担已经太繁重了。参见例如，Glanville Williams，*The Proof of Guilt*（3rd edn.，1963），p. 68（证明犯罪的主观方面很困难，这影响到所有的伪证罪指控）。Michael Stokes Paulsen，Review，Dirty Harry and the Real Constitution（1997）64 *U. Chi. L. Rev.* 1457，1488－9（“今天的宣誓不那么严肃了……很少有人相信地狱，人们不再认为，因为虚假誓言会引发逾越当世的报应，所以宣誓会有效果。宣誓背后真正有效的一点，是对伪证罪指控的恐惧。而众所周知，证明伪证很困难……确实，当今的时代气质是，伪证司空见惯……”）。

〔74〕 另一个相似的例子是美国宪法第 3 条第 3（1）款，它规定：“无论何人，除非经由两名证人证明其公然叛国行为，或者经由在公开法庭上做出供述，否则不得被判处叛国罪。” U. S. Const. art. Ⅰ，§3，cl. 1. 这一补强要求，抵消了叛国罪定义中的过于宽泛性和模糊性。同一宪法条款是这样表述叛国罪定义的：“对于合众国的叛国罪，包括……［除此之外还有］依附敌人，给予他们帮助和便利”。U. S. Const. art. Ⅰ，§3，cl. 1. 也可参见 18 U. S. C. A. §2381（2004）（“任何应当忠诚于合众国的人，若发动针对合众国的战争或者依附其敌人，在合众国内或其他地方给予敌人帮助和便利，则犯有叛国罪，应当判处死刑，或者 5 年以上监禁及以此为名10 000美元以上罚金；应当被禁止在合众国担任官职”）。

记住这些分析之后，我们回到卡迈尔案。对性侵犯——卡迈尔被指控的犯罪[75]——的界定并不太宽泛。根据这一界定，控方必须排除合理怀疑地证明：被告未经被害人同意而做出了与被害人的性接触，并且他明白该行为的性质，也知道存在被害人不同意的可能性。无论如何，在卡迈尔希望保留的补强要求，和他被指控的犯罪定义之间，不存在权衡关系（trade-off relationship）。因此，被废除的补强要求并不附属于得克萨斯州对强奸和性侵犯的定义。毋宁说，它附属于这些所诉罪行的受害人，所依据的是质疑他们可信性的理论——而该理论是有问题的。这一补强要求属于这样一个时代：英美刑事司法体系表现出对控告强奸和性骚扰的女性的不分青红皂白、基于群体的不信任。[76] 这个时代已经 25
成为过去，因此要废止这一补强要求。卡迈尔并不享有既得权益去延续这个时代，因为它并不为他带来任何权衡（例如过度实施）。卡迈尔诉得克萨斯州案得出了错误的判决。

三、证据法包含什么?

看起来，使用最佳证据原则和错误风险分配，好像不能概括证据法的全部内容。证据法还在其他领域发挥作用，该领域包括那些与最佳证据原则和错误风险分配无关的规则和原则。这些规则和原则被完全外在于事实认定的考虑因素所推动。它们确定了事实认定目标与法律所支持和促进的其他目标和价值之间的冲突

---

〔75〕 参见 § 22.011 of Texas Penal Code。

〔76〕 这一坦率的描述得自简单的事实。传统上，陪审团根据单一证人证言定罪的权力覆盖了几乎所有的犯罪，但是强奸和性骚扰犯罪除外；补强要求从未普遍适用过。参见 Roberts and Zuckerman，前注〔61〕，479（解释说："事后看来，似乎更可能的是，对原告的补强警告，反映了对性侵犯案件原告——主要是女性——的具有性别歧视性的刻板偏见，而不是对原告证言之不可靠性的有充分根据的评估"）。Michelle J. Anderson，The Legacy of the Prompt Complaint Requirement，Corroboration Requirement，and Cautionary Instructions on Campus Sexual Assault (2004) 84 *B. U. L. Rev.* 945，977 - 86（强奸案件中的立即控告、补强和警告要求，主要是对女性的歧视，而且不能阻止精明的骗子）。

结果。对这些冲突的解决，经常导致为了其他目标和价值而抑制事实认定。当事实认定会引发以下结果时，英美法系宁愿忽视事实认定：需要披露政府秘密或者其他保密信息[77]；侵犯隐私权[78]；破坏婚姻和谐[79]；强迫刑事被告人或受害人在蔑视法庭、作伪证和自证其罪之间做选择[80]；抑制潜在的事故制造者采取预防措施，因为该预防措施可能会被采纳用以证明过错[81]；阻却同行评议和其他的专业人员临界评定（critical evaluation）[82]；给会被解释为承认责任的善行创造反向激励[83]；允许以证言代替或者
26 破坏书面协议，从而使合同关系变得不稳定[84]；抑制为解决纠纷而进行的协商和辩诉交易谈判[85]；等等。这些只是代表性的例子。

非法证据排除规则是这种偏好的又一个常见例子。该规则排除了证明被告有罪的供述和其他具有证明力的证据——如果这些证据是警方通过侵犯被告人某项基本权利的方式获得的。[86] 在这些基本权利中，典型的是人的身体健康权、隐私权、沉默权、获得律师帮助权，以及更一般的反对强制讯问的权利。非法证据排除规则旨在促进许多重要的社会目标，它们都是外在于事实认定的。在这些目标中，首要的一个是，为受到警察无礼对待的人提

〔77〕 参见 McCormick，*On Evidence* Vol. 1 (4th edn., 1992)，pp. 268 - 72。

〔78〕 同前，269。

〔79〕 同前。

〔80〕 同前，430 - 5。

〔81〕 参见 Federal Rule of Evidence 407；*Flaminio v Honda Motor Co.*, 733 F. 2d 463 (7th Cir. 1948) (Posner，J.)。

〔82〕 参见例如，Alissa M. Bassler，Federal Law Should Keep Pace with States and Recognize a Medical Peer Review Privilege (2003) 39 *Idaho L. Rev.* 689。

〔83〕 请考虑《联邦证据规则》409："提出、提供或答应支付由损害引发的医药、救治或类似费用的行为证据，不得采纳用以证明损害责任。"

〔84〕 参见 E. Allan Farnsworth，*Contracts* (3rd edn., 1999)，pp. 363 - 7，427 - 30（讨论了欺诈法规、口头证据规则以及它们背后的原理）。

〔85〕 参见《联邦证据规则》408 和 410（关于和解和辩诉交易谈判的证据通常不可采）。

〔86〕 参见 McCormick Vol. 1，前注〔77〕，673 - 8。

供有意义的法律救济[87]，以及通过抑制警察违法的激励机制来阻止警察的不当行为。[88] 非法证据排除规则所促进的其他目标还有：刑事司法程序的公正性（integrity），刑事判决的可接受性。非法证据排除规则通过禁止根据非法获取的证据定罪的方式，促进了这些目标。支持这种路径的观念，使刑事司法机制的运行具有正当性，因为它是在法律的界限内实施刑法。通过不合法的方式，是不能获得合法性的。[89]

另一个促进外在于事实认定目标的机制是强制性推论。它一般采取法律推定的形式。一个例子就是，推定 7 周岁以下的儿童没有犯重罪的能力，并且不允许对此进行反驳。[90] 用证据法的术语来说，这一推定并非真正的证据法规则。它创设了一个刑事实体法的原则，使不满 7 岁的未成年人豁免于重罪刑事责任。[91] 这一推定只是作为一个制约机制而与事实认定相关联。它不允许控方提出证据证明：一个在从事所控重罪时不满 7 周岁的孩子实施了犯罪。另一个例子是“婚生”推定，它适用于和自己的丈夫共 27
同居住的母亲所生的孩子。该推定将所有这样的孩子视为婚生，除非丈夫或者妻子提出反证。[92] 正如斯卡利亚（Scalia）法官所解释的那样，该推定是一个家庭实体法规则，意在保护家庭的稳定性——更具说服力的是保护孩子的幸福——而不惜以牺牲事实认定准确性为代价。[93] 最后，请考虑在《1964 年美国民权法案》第七章“混合动机”案件中的雇佣歧视推定。在这样的案件中，

---

〔87〕 同前，677－8。也可参见 Andrew Ashworth，Excluding Evidence as Protecting Rights [1977] *Crim. L. Rev.* 723。

〔88〕 参见 McCormick Vol. 1，前注〔77〕，674－5。

〔89〕 同前，676－7。对于一般性地规制刑事证据的合法性原理的展开论述，参见 Ian Dennis，Reconstructing the Law of Criminal Evidence [1989] Current Legal Problems 21。

〔90〕 参见 McCormick，*On Evidence* Vol. 2 (4th edn.，1992)，p. 451.

〔91〕 同前。

〔92〕 *Michael H. v Gerald D.*，491 U. S. 110 (1989).

〔93〕 同前，119－21；124－32。

雇主针对雇员的决定，既可以解释为有合法的动机，也可以解释为有歧视性的动机。因为这种不确定性，雇员在实践中不太可能证明其雇主的歧视意图。所以，关于歧视的推定将司法天平向雇员倾斜，以实现《民权法案》第七章中的平等主义许诺。[94] 司法事实认定的准确性并不是该推定的目标之一。的确，当存在歧视和不存在歧视的情况可能性相等时，不存在倾向于认定前者的**证据性理由**。然而，存在着倾向于认定歧视的非证据性理由。以这种方式裁决歧视案件，有效地促进了《民权法案》第七章的平等目标。

这样的规则和原则并不属于证据法。它们的目的和运行都与证据有关，但它们本质上并非证据法规则。它们与证据法的关联，显示的是一种偶然性的手段关系，而不是固定的联系。在所有这些规则和原则背后，存在这样一种安排：将与证据有关的机制当作实现所选定目标的（可能是）最佳的手段，这些目标制约着事实认定的准确性。正如前述例子所显示的，这些目标包括保护民事的和其他的个人权利、维持道德价值和政治美德，以及普遍地增进社会福利。任何这样一个目标和与证据有关的背后机制之间关联的强度，总是偶然性地取决于那种机制相对于其他实现目标的方法的比较优势。因此，在排除证据发挥着激励某些有益社会行为（比如提高安全性）的功能的情况下，证据排除机制可以被直接的权衡机制（不管是积极的还是消极的）所替代。

这一竞争是不可避免的。法律体系通过排除证据而实现的几乎任何目标，也能通过对相关的刑罚或赔偿进行恰当的上下调整而实现。大棒和胡萝卜是同一枚硬币上的两个面，这两个面可以
28 发挥同样的经济激励功能。假设，生产者拒绝提高产品安全性的决定，会构成一个提高他的赔偿责任水平且高于实际损害的理由。产生该法律效力的实体法条款，会给生产者创造一个提高产品安

[94] *Price Waterhouse v Hopkins*, 490 U. S. 228 (1989).

全性的激励。在这种机制下，证明被告人（即生产者）在所诉的事故发生后采用了新的安全标准的证据，不仅具有可采性，而且生产者还会渴望收集和提交该证据给法庭。[95] 不再需要排除这样的证据——像目前的法律所做的那样[96]，从而避免抑制生产者采取提高安全性的措施。

现有的发挥胡萝卜效果的作证特免权，可以被发挥大棒效果的强化责任手段所替代。需要明确的一点是，这样的替代并不总是会促进社会利益。强化责任的制度会迫使生产者提高他们的产品价格，最终可能使消费者屈就于此。在有些案件中，新的法律机制会使生产者停业，这是另一个可能最终不利于社会的效果。另外，强化责任刺激了更多的原告提起诉讼，这样既会增加诉讼费用又会增加没有价值的诉讼的数量。这个问题最终简化成在两种法律机制类型之间做选择：一种关涉证据，另一种（即直接权衡机制）与证据无关。这样的选择经常源自功利主义；在其他情况下，则权利本位的道德观处于支配地位。还有一些情况下，立法者选择了协调功利和个人权利的实用主义解决方法。

对于上述证据排除机制和直接权衡机制都具有合理性的分析结论，非法证据排除规则是个例外。这一规则排除了警察通过侵犯刑事被告人和嫌疑人宪法性权利或者其他权利的方式而取得的证据。在这一规则发挥控制作用的领域内，责任强化机制（具体而言，即刑事和纪律惩罚，以及侵权法中的补偿性和惩罚性赔偿）作为制约警察（和其他执法机构）的工具，几乎无法与证据排除机制相比拟。对警察发挥恰当威慑水平的责任强化机制，**按照设想**，本应当阻止他们在开展调查时违反法律。在这种情况下，警察从不会使用违宪性手段或者其他非法手段获得证据。因此，非法证据排除规则在工具性上要优于其他的威慑方法。这一点是很清楚的。在正常进程中——在警察被充分威慑且不会违反法律的 29

〔95〕 这一机制与 Chris Sanchirico 的直接激励路径相符。参见前注〔4〕。

〔96〕 参见《联邦证据规则》407。

情况中，非法证据排除规则现在所排除的证据本来就不会出现。[97] 因此，由排除规则所导致的这种证据的丧失，并不是真实的，而是一种错觉。将这种丧失看作是该规则的社会成本，并不恰当。这一点强调了排除规则相对于纪律、刑事和侵权责任等替代方案的优势。因为这些替代方案中的每一个都要求有单独的程序机制，其实施成本也会比排除规则更高。

在其他通过排除有证明力的证据来实现外在于事实认定的目标的规则中，这一特点并未出现。然而，我目前的讨论所包括的非法证据排除规则和其他证据排除规则，在一个关键点上是相似的：这些规则都不是在促进事实认定或者分配错误风险。因此它们都不是证据法规则。

有时，为有益于社会的行为提供奖赏的供求激励力量，即使在缺少证据排除规则的情况下，也能够维持存在。例如，公正的同行评议，在缺少同行评议特免权（peer-review privilege）的情况下，也不太可能会衰落。相反，专业评审者——如果他的意见是必不可缺的——将会要求并且获得更多的工作报酬。他们的报酬将会补偿他们——不仅补偿他们的专业性工作，而且补偿潜在的对他们身份和意见的令人不愉快的披露。这个问题就转变成在两种社会成本之间的比较：因为支付评审者更高的报酬而由社会承担的成本，以及排除同行评议证据（peer-review evidence）和降低法庭裁决准确性所引起的成本。同样的论证也适用于和解谈判特免权（settlement negotiations privilege）。既然谈判中的双方当事人都从该特免权中受益，那么他们可以通过一个具体的协议来创造该特免权。根据一般的合同法，这样的协议是可以生效的[98]，而合同法只是需要一个实施机制。法律应该保护这种“不

〔97〕 参见 Richard A. Posner，An Economic Approach to the Law of Evidence（1999）51 *Stan. L. Rev.* 1477，1533。

〔98〕 参见 John W. Strong，Consensual Modification of the Rules of Evidence：The *Limits of Party Autonomy in an Adversary System*（2001）80 *Neb. L. Rev.* 159。

公开”协议，对抗第三方的披露请求。[99] 除此之外，不再需要一个适用于和解谈判的具体的证据特免权。在这一领域，自由市场的力量，至少能与特免权发挥同样好的作用。

合同法中标准的违约规则理论，可以提出一个对上述观点的貌似合理的回应。[100] 根据这一理论，法律用以保障私人交易的违 30 约规则，减少了交易成本。因为和解谈判者非常愿意达成一个“不公开”协议，法律以和解谈判特免权的形式引入一个普遍的违约规则，从而消除了这样的协议所引起的交易成本。然而，对于那些希望不附带特免权而进行和解谈判的当事人来说，这一策略却施加了交易成本。那些愿意根据可信的信号（credible signalling）进行协商的当事人，或许不希望使协商过程受到特免权的保护。这个问题再一次归结为在两种社会成本之间的选择。只有当一般情况下和解谈判者更偏好“不公开”环境而非可信信号环境时，现存的特免权才具有合理性。如果不受特免权保护的协商环境才是当事人的一般偏好，那么法律就应该选择违约规则而否定特免权。这一点既强调了和解谈判特免权作为工具的非必然性，也强调了它对合同法的附属关系。特免权仅仅在形式上处于证据法领域中，这一形式特征不应遮蔽我们对特免权的理解。

有可能，对于许多证据特免权，无法进行这种工具性的分析。这些特免权包括反对自证其罪特权，以及其他几个保护私密和保护客户与职业人员间秘密交流的特免权。这些特免权与事实认定之间的关系是一种正面冲突关系。根据任何这样一种特免权，强迫披露特免权所保护的信息，通常本身就被视为一种损害。这种与间接损害相区别的直接损害的观点，没有为从激励角度寻找证据排除机制的替代方案留下空间。如果强制披露某些被特免权保

---

〔99〕 这体现在以下判例中：*Rush & Tompkins Ltd v GLC* [1988] 3 All ER 737 (HL)。

〔100〕 参见 Alan Schwartz，Incomplete Contracts，in *The New Palgrave Dictionary of Economics and the Law* Vol. 2 (Peter Newman ed.，1998)，pp. 277，279 - 80。

护的信息，只是改变了个人以某些有益于社会的方式行为的动机，那么这些替代方案就会被坚定地提上议程。然而，因为披露这些信息本身构成了损害，这些替代方案就无法适用了。

因为显而易见的方法论上的原因，我假定这种类型的特免权所基于的原理是可靠的。如此一来，这类特免权所防止的信息披露损害之固有性质（intrinsic nature），就将这类特免权逐出了证据法的领域。既然披露证据的损害是固有的，那么它的发生似乎不能取决于引发损害所处的环境。不管与司法事实认定相关联还是不相关联，这样的损害都能被引起。因此，在司法事实认定的框架内防止这一损害的规则（通常被贴上“特免权”的标签），必须被理解为只是一套更普遍的规则的个例，而这套规则在其他环境中也防止了同样的损害。这种理解会将该规则附属于隐私法、律师服务法、政府保密法等等。这样的理解也有助于使证据法（evidence law）作为**证据之法**（*law of evidence*）而发挥功能。

31 在本节结尾处，我再提出一些关于特免权的固有披露损害原理（intrinsic-revelational-harm rationale）之规范有效性的疑问。考虑这样一个刑事案件，在这个案件中不披露证据——比如说，基于政府安全的理由——将会使被告人面临严重的错误定罪风险。为什么不将错误定罪及其后果也看作是固有性质的损害呢？再考虑另外一个刑事案件，在这个案件中，授予被告反对自证其罪特权且释放被告，将会严重地降低威慑性。结果，与以前相比，更多的无辜被害人会遭遇犯罪，并且不可避免地受到犯罪的侵害。为什么不将他们获得保护、免受犯罪侵害的权利也看作是固有的呢？我的观点很简单。在法律中，权衡取舍是不可避免的。这种反道义论（anti-deontological）的观点，引出了本章最后一节。

四、独立的证据权利？

根据特赖布（Tribe）的观点：

> 被听审意见的权利（the right to be heard from）和被告知理由的权利（the right to be told why），分析起来都与获得不同结果的权利（the right to secure a different outcome）有区别；这些交流的权利（rights to interchange）表达了这样一个基本观念：当要对一个人（而不是一个物）做某件事情的时候，至少应当与其商量（*consult*）。……因为当政府针对特定的个人做出行动的时候——这可能以关于具体人的假定为前提——就催生了这样一个具体的要求：应当与这个人商讨（*talked to*）该决定，而不是简单地处理（*dealt with*）这个人。〔101〕

其他一些学者也持有这种观点，他们将该观点适用于其他的程序法和证据法领域。〔102〕可以说，刑事被告人对控方证人进行交叉询问的权利和相应的对传闻陈述的排除，也应当被看作属于这类具有自身价值的参与权（participation rights）。传闻证据之所以不可采，不是因为若被采纳将导致错误风险；而是因为，强迫一个人到法庭上但却没有给他提供与指控证人对质的公平机会，不具有政治上的正当性。根据未受交叉询问检验的证人证言做出的认定，也可能是准确的。其准确性并不是问题之所在。问题在于，在被告人未充分参与情况下进行刑事审判的社会，是否在道德和政治上令人向往。〔103〕

基于这种道义论，法律对从被告人过往犯罪行为做出有罪推 32
论的禁令，也可以被正当化。将人的品格和行为进行因果关系上的关联，这样的推论会侵蚀对自由行为的反决定论（anti-deterministic）假设。用一句著名的格言来概括就是："裁判行为，不要裁判行为者。"自由行为（free agency）确实是自由主义刑事责

---

〔101〕 Laurence Tribe, *American Constitutional Law* (2nd edn., 1988), pp. 666 - 7.

〔102〕 Robert Summers, Evaluating and Improving Legal Process—A Plea for "Process Values" (1974) 60 *Cornell L. Rev.* 1; Michael D. Bayles, Principles for Legal Procedure (1986) 5 *Law & Phil.* 33.

〔103〕 参见 Stein，前注〔3〕，292 - 3。

任理论的一个支柱。[104] 根据这种观点，使用被告人的品格作为定罪证据，侵蚀了他的自主性（autonomy）且贬低了他的个体性(individuality)。[105]

关于证据和程序的独立权利观点是很引人注目的。然而，出于几个理由，我对这一观点持怀疑态度。[106] 我的第一个理由关注事实认定程序的成本。该成本显然并非微不足道。在许多案件中，可能花费了成本却没有产生任何相应的收益。结果的负效用可能迫使立法者考虑去替换高成本的程序。为了恰当地检查这种可能性，立法者需要进行成本-收益分析，比较新的程序与现存的程序。这一分析将新程序的错误成本与避免错误成本的总量，与旧程序的成本总量相比较。基于这种分析，立法者选择成本最低的程序。该分析要求立法者评价当事人的实体性权利。

独立程序权利的理论，根据道义论理由而拒绝上述计算。然而，这种拒绝产生了一个无法解决的问题。社会能够花费在司法上的资源总是有限的。我们没有足够的资源在每个法律纠纷中都使用最好的发现事实的程序。因此，任何程序理论都需要设计出以此种或彼种方式分配这些资源的标准。我们可以杜撰这样一个格言：**不可能存在独立的程序性权利，因为程序性权利不可能独立于成本。**

我的第二个理由将诉讼类比成一个零和博弈。法庭听审及其他程序，推迟了所诉实体权利的实现。这样的推迟对于权利人当然是有害的。迟到的正义为非正义。一方当事人获得听审的权利应当被理解为，包含了使对方当事人暂时被剥夺实体权利的权利。[107] 这一暂时性剥夺是不可避免的。然而，如果获得听审的权

---

〔104〕 参见 H. L. A. Hart, *Punishment and Responsibility* (1968), pp. 46 - 9.

〔105〕 参见 Stein，前注〔3〕，293。

〔106〕 参见 Stein，前注〔36〕，133 - 5。

〔107〕 关于该问题的富有启发性的讨论，参见 Adrian A. S. Zuckerman, Quality and Economy in Civil Procedure—The Case for Commuting Correct Judgments for Timely Judgments (1994) 14 *Oxford J. L. Stud.* 353。

利被视为道义论性质的，这一剥夺几乎不能被正当化。为了论证之需，我们且假定，获得听审的权利与事实认定错误风险不相关， 33
并且与背后的实体权利完全分离。如果是这样，为什么要偏向一方当事人获得听审的利益，而压制对方当事人获得非迟到的正义的利益？如果一个人的权利未经听审就被裁判，这个人就相当于（用特赖布的话说）被当作物而不是人来对待；那么一个人因其对手获得听审而被暂时剥夺了权利，又会怎么样？〔108〕这个人是否也被当作物来对待了呢？

还存在一个怀疑独立程序和证据权利的逻辑上的理由。让我们做一个与事实相反的假定：认识论上的不可靠性并不存在，事实认定者不会犯错误。在这样的世界中，是否存在具有自身价值而非工具性价值的程序和证据权利的空间呢？这个问题的答案是否定的——当然，除非我们是将程序仪式或者对程序与证据权利的依赖作为获得心理满足感的必不可少的来源。〔109〕如果是这样的话，在程序法和证据法领域中的独立权利理论会完全失败。被听审的权利，甚至是全部的审判参与权利，最终来源于认识的不可靠性，而非道德公正性。

〔108〕 正如 Alexander 所说明的那样，只有将实体权利看作自始被由程序使然的拖延所限制，那么程序暂时剥夺一个人的实体权利，才具有正当性。与源自关于风险和资源之社会偏好的其他程序性要求一起，社会认为具有程序必要性的拖延，将会依附在很多（但当然不是全部）实体权利上。前注〔27〕。

〔109〕 参见例如，David P. Leonard，The Use of Character to Prove Conduct（1986－7）58 *U. Colorado L. Rev.* 1（对于提出证明品格之证据的权利，提供了一个基于宣泄的（catharsis-based）解释）。

第二章

34 认识论推论

一、基本原理

司法中的事实认定是实践推理（practical reasoning）的个例。这种目标导向（goal-oriented）的推理活动，旨在产出所能够得到的最好的裁决，而不是为了自身目的去追求真相。什么是最好的事实认定裁决？这是一个很大的问题，它概括了整本书的研究计划。本章通过界定司法事实认定活动的主要特性及其认识论背景，开启对这一问题的探寻。

对于裁判者来说，任何一个实体法条款都规定了：**“如果 F，则裁决 X”；“如果非 F，则裁决 Y”；或者，“如果既不是 F 也不是非 F，则裁决 Z”**[1]。裁判者必须作出裁判以改变事物的既有状态，或者是维持这种状态。裁判就是将这种国家所垄断的强制性权力适用于个人。[2] 在任何审判活动结束时，要么裁决适用这种权力，要么裁决不适用。裁判活动绝不能迟疑不决。一个拒绝裁判案件的裁决，实际上是一个重新确认既有状态的裁决。裁判者必须以此种或彼种方式解决争议事实问题，并且无权因为存在不确定性而拒绝作出裁判。这就是实践推理，它与理论推理（theoretical reasoning）不同。

---

〔1〕 通常，Z 要么指 X，要么指 Y。这是由证明责任规定的。

〔2〕 参见 Dale Nance，Legal Theory and the Pivotal Role of the Concept of Coercion (1985) 57 *U. Colo. L. Rev.* 1。

司法中的事实认定是在重构过去发生的事件，对这些事件无法进行直接的观察。裁判者必须对于回溯性的事实问题提供权威的答案，该问题可以简化为："过去发生了什么?"诸如"现在正在发生什么"及"将来可能发生什么"的问题，也存在于审判中。然而，仅仅取决于这些问题的案件，是比较稀少的。这些问题几乎总是与那些具有法律后果的过去事件一起出现。〔3〕这种依赖性源于在自由法律制度中运行的实体法所固有的回应型功能（reac-
tive function）。〔4〕这种制度是以一种严格的救济模式而诉诸强制 35
力的。它运用强制力来对抗个人，以便恢复被个人所扰乱的受法律保护的平衡状态。而且，通过事先公布国家动用强制力的前提条件，自由制度为所有公民免遭国家制裁提供了公平的机会。如果一个特定的法律制度要保持其自由性质，那么这个法律制度就不能以溯及既往的方式适用实体法。〔5〕

司法事实认定的事件重构性质，凸显了不确定性问题，它存在于每一个案件中。证据，依其定义，是一项信息；它被用于证明其他信息。当证人 W 就事件 H 作证时，该证言直接提供的信息就是："W 说了 H"。然而，该信息不能独自地证明 H。只有借助以下命题才能将 W 的证言转换成证据："W 说了 H，因此 H"。这一转换命题超越了 W 的证言所断言的内容。第三章将这样的命题看作是基于概括的事实生成型论证（fact-generating arguments）。将概括运用于个案时，这些概括本质上是不确定的。只有推论性的类比（inferential analogy）才能将一个概括与一个未包含在过去经验之中的新案件相连接。任何这样的类比，只能使以下主张很可能（probable），但是无法使之确定（certain）：所重

〔3〕例如，在个人损害案件中，为了评估受害人的损失，经常需要确定现在和将来的事实——现在的雇佣和收入情况，以及对将来雇佣情况的预期。

〔4〕参见 Mirjan R. Damaska，*The Faces of Justice and State Authority*（1986），pp. 73－80。

〔5〕参见 John Rawls，*A Theory of Justice*（1971），pp. 238－41。

构的事实实际上与过去的经验相同——可资适用的概括能够证明这些经验。因此，裁判者不得不诉诸的事实生成型论证，本质上也是不确定的。司法中的事实认定具有概率性，而非确定性。

由于审判活动受到时间限制，不确定性问题更加突出。裁判者们必须在合理的时间限度内裁决案件。迟来的正义非正义。这一要求迫使裁判者们缩短事实认定调查，并且借助有限的信息资源对案件作出裁判。必须基于不充分的证据重构审判中的争议事实。裁判者裁决这些事实的时候，必须依赖不可靠的和带有偏见的证人陈述，无法考虑到他们本来可能考虑的所有证据，援引仅仅是大致近似的概括和推论，以及对已有证据进行从来都不完善的可信性检验。〔6〕正如威格摩尔曾经指出的那样，这些限制“也
36 许把我们引向了艺术领域而非科学领域的一些特殊规则。——就像一位建筑师，由于在他的区域里找不到石灰岩，因而必须使用花岗岩……他将会发现，自己的建筑风格因此而改变了”。〔7〕

下面是魏因斯坦法官经典证据法论文中的选段，它阐述了不确定性问题及其成因。该论述与我的观点基本一致。魏因斯坦法官发现：

> 即使查清真相并达到非常高的确定性在理论上是可能的，司法制度及证据规则是否就是为了追求真相，也是值得怀疑的。在我们的司法制度中，审判活动不仅仅是要确定发生了什么。审判是承载了多项功能的实践活动。在除了发现真相之外的众多目标中……有节省资源、鼓励信任、支持独立的社会政策、便于预测与适用、提高整个法律制度的效率以及

---

〔6〕关于这一局限性及其影响的非常有洞见的论述，参见 Henry M. Hart and John T. McNaughton, Evidence and Inference in the law, in D. Lerner et al., *Evidence and Inference* (1959), p. 48 ff。也可参见 Chaim Perelman, *The Idea of Justice and the Problem of Argument* (1963), pp. 98 - 108。

〔7〕参见 John H. Wigmore, *The Principles of Judicial Proof* (2nd edn, 1931), pp. 955 - 6。

安抚纠纷各方。[8]

对法律问题和对事实问题的司法裁决，都需要被正当化。[9] 作为裁判者，不管是法官还是陪审员，就法律和事实问题作出裁判时，都会涉及他人的权利、义务及责任。这些裁判事关运用国家强制手段来对抗个人。任何一个这样的裁判，若要具备合法性，就需以公认的权威（普通法或制定法）为依据，且必须以权威性的理由为基础。[10] 如果要因违反合同而强制泽维尔付给伊冯赔偿金，那么就必须存在权威的理由——法律的理由和事实的理由——来认定：双方合意产生了一个有效的合同，并且泽维尔未能履行承诺。如果有权威的法律和事实理由认定，伊冯并未与泽维尔签订有效的合同，或者泽维尔实际上已经履行了他的合同义务，那么伊冯的赔偿金请求就只能被驳回。泽维尔、伊冯以及其他任何人都有权知晓这些司法裁决的法律和事实理由——这些司法裁决涉及其义务、责任和权利。人们也有权质疑这些理由。这些理由若要具有权威性，就需要符合恰当的法律规则和标准。为了确保这一点，人们还应当能够通过上诉法院来审查这些理由。对法官和陪审团的正当性要求，源于所有的这些因素。

这些因素也使我能够驳斥一个稍微有点吸引力的反对意见， 37
该意见被用以反对将正当化要求拓展到司法事实裁决上的观点。根据这一反对意见，事实认定者非常依赖于“隐性知识”（tacit knowledge）[11]。这种知识由无法转换成语言形式的复杂经验和直觉构成，而且具有其可信性。完全否定这种知识的认知价值是错误的。尽管裁判者和其他人一样，并非准确无误的决策者；但是应当

〔8〕 参见 Jack Weinstein, Some Difficulties in Devising Rules for Determining Truth in Judicial Trials (1966) 66 *Colum. L. Rev.* 223, 241。

〔9〕 参见例如，Christopher H. Schroeder, Liberalism and the Objective Point of View (1986) XXVIII NOMOS 100, 106 - 9。

〔10〕 第四章探讨了这一要求与个人自治权利之间的关系。

〔11〕 参见 Michael Polanyi, *The Tacit Dimension* (1966), pp. 1 - 25。

准许他们在裁决事实问题时运用其“隐性知识”。在这种观点的支持下，“隐性知识”理论在判例法[12]和学术作品[13]中大行其道。

我们假定无法清晰表述的“隐性知识”从认识论角度来看是合理的。谁将会对裁判者运用的直觉进行管控呢？想必没有人。根据“隐性知识”理论，这种管控是没有必要的，因为裁判者们值得信赖。因此，审判中的事实认定从不自我披露和接受审查。事实认定者作出的错误裁决与正确裁决混合在一起。中立地观察该制度的人，很难将理性与幻想、偏见区分开。正当的裁决与专断的裁决之间的界线变得模糊不清。最终，这条界线完全消失。只有不让“隐性知识”理论侵蚀正当性要求，才能避免这一幕出现。

由陪审团进行的事实认定，也不能根据“隐性知识”或其他
38 理论而避开正当性要求。幸运的是，陪审员们在陪审室中的交互式评议，并非确保他们符合恰当事实认定标准的唯一手段。还可

〔12〕 在美国，根据用于规范刑事定罪上诉审查的“理性的事实认定者规则”，“相关的问题是，通过以最为有利于检控方的方式审查证据后，是否任何理性的事实审判者都可以认定犯罪的必备要素已排除合理怀疑”。*Jackson v Virginia*，433 U. S，307，319（1979）. 如同最高法院所解释的那样（同前），这一审查标准，“公正地充分发挥了事实审判者解决证言中的冲突问题、对证据进行估量、从基本事实到最终事实做出合理推论的职责”。也可参见 *Lewis v Jeffers*，497 U. S. 764，779 - 83（1990）（内容相同）；*Herrera v Collins*，113 S. Ct. 853，861（1993）（内容相同）；*Nixon v Hargett*，194 F. Supp. 2d 501（2002）（内容相同）；*Jentges v Milwaukee County Circuit Court*，733 F. 2d 1238，1241（7th Cir. 1984），该案的裁决遵循了：*State v. Berby*，81 Wis. 2d 677，686（1978）（动机是一种证据性环境，事实认定者可以给予它他认为应得的证据分量）；*Delk v Atkinson*，665 F. 2d 90，98 - 100（6th Cir. 1981）（不应该对事实认定者所使用的实际推理过程进行详细审查）；*Bose corporation v Consumers Union of United States Inc.*，466 U. S. 485，501 n. 17（1984）（区分了“通常交托事实认定者持有的普通逻辑原则和常识经验”与“上诉法院必须据以做出自己独立判断的法律规则领域”）。

〔13〕 参见 Peter Tillers，Modern Theories of Relevancy，in *Wigmore On Evidence*，Vol. 1 A（Tillers Revision，1983），p. 1082；Peter Tillers，Mapping Inferential Domains（1986）66 *B. U. L. Rev.* 883，936；Richard W. Wright，Causation，Responsibility，Risk，Probability，Naked Statistics，and Proof：Pruning the Bramble Bush by Clarifying the Concepts（1988）73 *Iowa L. Rev.* 1001，1018；Steven L. Winter，*A Clearing in the Forest：Law，Life，and Mind*（2001），p. 3（我们所知晓的大多数事物属于隐性知识。我们可以骑自行车，可以构造出新的句子，也可以对日常生活中各种事物作出复杂的判断，而不需要有意识的努力或思考）。

以而且应当通过以下监督机制和结构性装置来确保他们符合标准：预先审查（*voir dire*），据法裁判（judgments as a matter of law），证据可采性规则，法官指示，无效审判，以及上诉审查等。通行的法律教义学说，运用这些工具来确保陪审员们符合标准。[14]

这一论点是行动哲学领域里更为一般化的观点的具体个例。在乔纳森·科恩（Jonathan Cohen）对于哲学和法学的论著中，他强调了这一要求：裁判者应通过“接受”（acceptance）机制而非“信念”（belief）机制来裁决事实。在他看来，“信念”是一种被动的心智状态，是某些心理因果关系的产物。信念不过是在吸引人们、抓住人们和影响人们。人们持有信念时，可能未经反思性的认可。与此相反，“接受”是根据标准将关于事实的命题区分为真实（true）、虚假（false）或可能（probable）。做出这种区分所依据的标准，是外在于事实认定者的信念系统的。这一过程涉及事实认定者对证据的反思，以及对事实生成型论证的构建和批评检验。在这一过程结束后被接受的事实命题，被认作真实、虚假或可能，而不管它们实际上是否被相信。科学家们在发展解释理论和预测理论时，他们的探究活动是以“接受”而非“信念”为基础的。在科恩看来，裁判者们也应如此。他们作出的裁判应该有正当理由。建立在信念而非接受上的事实认定，永远无法满足这一要求。“接受”是作出正当裁决的一个先决条件。[15] 它要求事实认定者阐明他们赖以作出决定的理由，并且将这些理由放置在控制标准之下进行衡量。“接受”还要求，如果控制标准规定了与之不同的理由和裁决，那么事实认定者就要相应更改他们的理由和裁决。在“接受”的框架中，只有当对“隐性知识”不存

〔14〕 参见 Ronald J. Allen，Structuring Jury Decision-Making in Criminal Cases：A Unified Constitutional Approach to Evidentiary Devices（1980）94 *Harv. L. Rev.* 321。

〔15〕 参见 L. Jonathan Cohen，Belief and Acceptance（1989）98 Mind 367；L. Jonathan Cohen，Should a Jury Say What it Believes or What it Accepts?（1991）13 *Cardozo L. Rev.* 465；L. Jonathan Cohen，*An Essay on Belief and Acceptance*（1992），pp. 1－39，117－25。

在合理争议的时候，也就是说当这个知识是被普遍接受的时候，事实认定者才被允许应用“隐性知识”[16]。事实认定者对于不能
39 明确表达的直觉和理由的运用应该最小化，而正当化要求的范围将相应地扩大。[17]

概言之，司法事实认定必然是在不确定状态下进行的。为了获得合法性，它必须符合恰当的正当化标准。本章接下来的内容考察了这些标准的认识论要素。这些要素包括：管控证据筛选的最佳证据原则，以及基于预先筛选的证据来确定相关事实版本之概率的一系列标准。这些标准阐明了起着控制作用的证明标准之认知含义；在民事诉讼中适用的是“优势证据”标准，在刑事审判中适用的是“排除一切合理怀疑”标准。我的整个论述都在理性主义传统的阵营内。在本章的最后一部分，我简要论述了理性主义传统，以及试图侵蚀其根基的某些怀疑主义挑战。

二、最佳证据原则[18]

最佳证据原则要求民事诉讼或刑事诉讼中的当事人提供可获得的最佳证据。这一义务限定在与争议事实具有逻辑相关性的证据上，并且受到那些基于非认识理由而排除有证明力证据的规则和原则的限制。[19] 界定某项证据为“最佳”的标准，是认识论意义上的。戴尔·南斯（Dale Nance）解释道：这一标准的适用，

---

〔16〕 这一要求与司法认知的标准相似。参见《联邦证据规则》201（b）：一个司法认知的事实，必须是一个不会受到合理争议的事实，即它满足以下两个条件之一：（1）在审判法庭的辖区内众所周知；（2）可通过诉诸其准确性不被合理质疑的来源，而得以准确、迅速地确认。

〔17〕 参见 Alex Stein，The Refoundation of Evidence Law（1996）9 *Can. J. Law & Jurisp.* 279，310－2。

〔18〕 本节借鉴了 Dale A. Nance，The Best Evidence Principle（1988）73 *Iowa L. Rev.* 227。

〔19〕 同前，239－43。

“倾向于将法庭的精力集中于证明问题的理性方面”[20]。这一标准应当独立于非认识论的实用主义考量，比如对证明价值和错误风险的成本—收益权衡。这一标准还假定，事实认定者是普遍遵守其职责的理性决策者。[21] 最佳证据原则是全世界普适的。[22] 传统的“最佳证据规则（rule）”——偏爱原始文件而非其复制件的规则[23]——是最佳证据原则（principle）的众多表现形式之一。

如果不能提交能够得到的、被认作认识论上最佳的证据，便违反了最佳证据原则。为了促使大家遵守这一原则，任何违反该原则的行为都会遭受制裁——既包括证据性的制裁，也包括非证据性的制裁。[24] 证据性的制裁包括做出不利推论，以及排除违反
者提供的认识论上的劣质证据。如果某一方当事人拒不提请证人 40
作证，而该证人的证言对审判具有重要作用，那么通常会导致做出对这方当事人的不利推论。事实认定者一般会假定，该证人若被传唤将做出对这方当事人不利的证言。不利推论也可以作为对拒不提供与审判相关的书证和物证的当事人的惩戒。[25] 此外，当一方当事人本来能够提交最佳证据，但是却提供了认识论上的劣质证据的时候，法庭可以排除该证据——例如，复印件（而非原件）、庭外陈述（而非当庭证言）、对嫌疑人的当庭辨认（而非列队辨认）、一个外行证人（而非专家证人）。同样，如果一个证人首先进行了作证，随后却在对方当事人对他进行交叉询问时拒绝回答问题，那么他的证词将变得不可采。只有根据丧失原则（forfeiture principle），当对方当事人做出的某个不端行为致使证人无法作证时，这样的证词才是可采的。在此种情形下，这位证人的

〔20〕 同前，240。
〔21〕 同前，240－1。
〔22〕 同前，229－30。
〔23〕 同前。
〔24〕 同前，244－7。
〔25〕 同前，224－7。

先前证词就转变成现有的最佳证据。[26]

就其定义而言，最佳证据原则并未超出认识论的领域。这一原则是本书接下来的章节将展开论述的最大个别化原则（the maximal individualization）的一部分。[27] 最大个别化原则发挥着两种功能。与最佳证据原则一样，它旨在确保事实认定者将其裁决建立在我们能够合理期待当事人提交的最**个别化**（*individualized*）的证据上。最大个别化原则的这一功能属于认识论领域。然而，这一原则还具有分配错误风险的功能——这是一个完全独立且明显不属于认识论的功能，而最佳证据原则并不具备该项功能。

三、概率和证据分量

概率的概念表达了证据 E 给假设 H 所带来的确证程度。[28] 这一确证产生于下述论证：在一系列先前的经验事件（S）中，普遍存在某个特征（F）；而这个具体的特征（F），也出现在一个全
41 新的与 S 相似的案件中。这样的论证可以用不同方式来建构，大致分为频率论的（frequentist）方式、个人化（personalist）的方式以及归纳法优越论（inductivist）的方式。[29]

频率论的概率评估，源于在给定的一组 S 类型案件（# S）中，对 F 特征（# F）发生率的经验估测。在这个框架中，概率

---

〔26〕 同前。

〔27〕 参见下文第三、四、六和七章。

〔28〕 参见 Georg H. Von Wright，*A Treatise on Induction and Probability* (1951)，pp. 167 - 222；William Kneale，*Probability and Induction* (1949)，pp. 114 - 73；Rudolf Carnap，*Logical Foundations of Probability* (1950)，pp. 19 - 51；L. Jonathan Cohen，*An Introduction to the Philosophy of Induction and Probability* (1989)，pp. 1 - 39。

〔29〕 这些是这种论证所归属的主要种类。参见 Cohen，前注〔28〕，4 - 39；Tillers (1983)，前注〔13〕，1046 - 95。更新的和更加精炼的论述，参见 Mike Redmayne，Objective Probability and Assessment of Evidence (2003) 2 *Law，Probability and Risk* 275。

等于＃F/＃S，它表明了所要检验的事件的发生频率，或者说所要调查的因果倾向性[30]；这个频率代表了，在一个新的S型案件中出现F特征的可能程度。决策者通常采用以下两个基本原则来计算这样的概率：用于否定的互补原则，以及用于合并的乘法原则（或“乘积规则”）。两个原则都是在一个基数量表上操作，这个量表范围从0（事实上不可能）到1（绝对的确定）。根据互补原则，P（F）＋P（非F）＝1，因此，P（F）＝1－P（非F）。乘法原则适用于任何两个或多个事件（例如F1与F2）的合并。根据这一原则，P（F1&F2）＝P（F1）·P（F2）；如果F1与F2的发生有相互依赖关系，则P（F1&F2）＝P（F1｜F2）·P（F2）。用于计算交替可能性（alternate possibilities）之概率的析取规则，对上述两个原则起到补充作用；根据析取规则，P（F1或者F2）＝P（F1）＋P（F2）－P（F1&F2）。[31]

个人化的概率评估，来自决策者以数字形式表达的、关于“＃F/＃S”之比率的信念程度；该比率与决策者的决策相关。决策者的信念程度应该具备内在一致性。通常，这种信念源于决策者的个人经验。[32] 任何这样的信念，也可能源于决策者经验中的相关事件的频率（尽管无法列举这些事件）。如果违背了一致性要求，就会使得决策者的推理不合逻辑。[33] 决策者必须把相关的多个信念程度合并成一个总体的概率评估——这个过程通常是借助贝叶斯定理完成的。根据贝叶斯定理，在给定证据E1的条件下假设H的概率［表示为P（H｜E1）］等于：P（H）·P（E1｜H）/P（E1）。在一系列冗长且随机的案件中，当决策者获知了

〔30〕 Cohen，前注〔28〕，53－8。

〔31〕 为了避免重复计算，合并事件（既F1又F2）的概率应该从方程式的右边减去。参见Kneale，前注〔28〕，125－6。

〔32〕 参见例如，Michael D. Resnik，*Choices: An Introduction to Decision Theory*（1987），pp. 68－74。

〔33〕 同前。也可参见Bernard Robertson and G. A. Vignaux，Probability—The Logic of the Law（1993）13 *Oxford J. Leg. Stud.* 457。

H 的先验概率，以及偶然出现的证据 E1 的概率，并且如果他还
42 获悉了在 H 发生时偶然出现 E1 的概率，那么他就能够确定基于 E1 的 H 之概率。然后，决策者将这一概率用作先验概率，进而评价另一项证据（E2）——这一计算过程需要重复多次，直到所有的证据（E3，E4，……En）都被纳入评估。[34] 贝叶斯定理表达了任何两个给定的事实命题之间的逻辑关系。比如，如果决策者要确定在事件 S 中偶然出现的特征 F 的概率［表示为 $P(F|S)$］，那么他要写出的贝叶斯定理算式就是：$P(F)\cdot P(S|F)/P(S)$。或者，如果他想通过概率的方式来确定特征 F 对事件 S 的证明程度，那么 S 就成为决策者的假设，而 F 发挥证据的作用。得到的算式是：$P(S|F)=P(S)\cdot P(F|S)/P(F)$[35]。

这些概率评估体系，被称作射幸式的（aleatory）或帕斯卡式的。[36] 它们的基本原理明显不同于归纳法优越论或培根式概率。[37] 射幸—帕斯卡式与归纳法优越论—培根式，是概率推理的两种基本模式，它们在逻辑上彼此有别。乔纳森·科恩解释道：

> 在任何非证实性推论的综合理论中，培根概率函数……都应获得与帕斯卡概率函数比肩的一席之地。因为，帕斯卡

---

〔34〕 在涉及大量证据的案件中，贝叶斯定理的应用会面临严峻的计算难题。参见 Craig R. Callen，Notes on a Grand Illusion：Some Limits on the Use of Bayesian Theory in Evidence Law（1982）57 *Ind. L. J.* 1，15。

〔35〕 贝叶斯定理的证明简单明了：$P(F\&S)=P(F|S)\cdot P(S)=P(S|F)\cdot P(F)$；因此，$P(F|S)=P(F)\cdot P(S|F)/P(S)$。这一证明过程也表明，贝叶斯定理不会产生任何推论过程。根据这一定理，为了确定 $P(F|S)$，决策者需要知道 $P(S|F)$ 等。根据该定理，$P(S|F)=P(S)\cdot P(F|S)/P(F)$；除非已经事先知道 $P(F|S)$，否则决策者无法知晓 $P(S|F)$。因此，贝叶斯定理只能帮助决策者检验他们个人化概率计算的内在逻辑。参见 Alex Stein，Judicial Fact-Finding and the Bayesian Method：The Case for Deeper Skepticism about their Combination（1996）1 Int. J. Evidence & Proof 25；Alex Stein，Bayesioskepticism Justified（1997）1 *Int. J. Evidence & Proof* 339。

〔36〕 L. Jonathan Cohen，*The Probable and the Provable*（1977），pp. 39 - 43，48 - 57.

〔37〕 同前，121 - 66。

> 函数在评定概率的时候，是基于“所有相关的事实都已被证据载明”这样一个假定（*assumption*）；而培根函数在评定概率的时候，是根据“所有相关的事实都已被证据载明”的程度（*extent*）。[38]

帕斯卡式的概率评估，抓住了可能性（chance）这个维度，
不管是以客观频率论的方式还是以主观方式。培根式的概率评估，
则抓住了不确定推理的另一个完全不同的维度。它旨在通过将证
据与争议事实相关联，来确定决策者所持有的证据的信息充分性
(informative)。因此，培根式评估确定了现有证据能够涵盖
(cover) 待检验假设的程度。[39] 培根归纳法更青睐于个案的或个 43
别化的证明，而不是赤裸裸的统计。所谓“赤裸裸的统计”（na-
ked statistics，下文也译为“裸统计”——译者注），是指任何关
于一类人或一类事件的信息，它们并非个别化地证明涉及任何人
或事件的相关事情。当一项证据在具体案件中发挥作用，是通过
将该案件归入某一类案件这种方式的时候，这样的证据便是赤裸
裸的统计性质的。与裸统计方法不同，根据培根式的方法，证据
对于事实命题的支持效果是以比较法来确定的。决策者通过测量
证据的实然状态与它的应然状态之间的距离，来确定证据的相对
强度（strength）或者说信息充分性。证据的支持强度随着该距离
的减小而增加，随着该距离的增大而减少。

根据培根式方法，决策者不会粗劣地计算正反两方的几率，而是评估现有信息的范围。决策者不会以数字化的方式进行评估，因为这种评估太复杂，难以转化成一套可量化的基数。人们在日常生活中（以及在司法事实认定中）使用的常识性推理，是培根

〔38〕 Jonathan Cohen，On the Psychology of Prediction：Whose is the Fallacy?（1979）7 *Cognition* 385，389. 关于培根概率的详细论述，参见 Cohen，前注〔36〕，121－216；Cohen，前注〔28〕，4－13，145－75。

〔39〕 参见 Cohen，前注〔28〕，4－13，94－109，145－75。

主义方法的最典型例子。[40] 决策者的培根式概率评估，应该总是以经验和逻辑为基础。在逻辑和经验所允许的范围内，决策者可以用下述方式确定评估结果：将现有证据拆解成原子化的推论[41]；对各个关于事件或“故事”的未分解的陈述进行整体性比较[42]；或者同时采用以上两种方式。[43]

在帕斯卡（射幸式）框架下，1 代表确定性，0 代表不可能；“事件 A 要么发生要么不发生”这一命题的概率等于 1。因此，P（A）=1－P（非 A）——这个规则也就是前文所说的“用于否定
44 的互补原则”。而在培根式（归纳法优越论）推理框架下，如果证据对命题 A 的支持度很弱，那么这一事实本身并不意味着，对于命题非 A 的支持度很强。反之亦然。证据的支持度是一个经验性的问题，它也被描述为积极的知识指示器（knowledge-indicator）。其指示作用来自现有证据的信息充分性：它反映了决策者实际掌握的信息，而不是他尚未掌握的部分。在帕斯卡框架下，两个事件（A 和 B）同时发生的情况之概率，不如 A 或者 B 各自的概率

〔40〕 参见 L. Jonathan Cohen，Freedom of Proof，in William Twining，ed.，Facts in Law（1983）16 A. R. S. P. 1，21。

〔41〕 参见 John H. Wigmore，*The Principles of Judicial Proof*（2nd edn.，1931）；John H. Wigmore，*The Science of Judicial Proof*（3rd edn.，1937）；William Twining，*Rethinking Evidence*（1990），pp. 238 - 42；Peter Tillers and David Schum，Charting New Territory in Judicial Proof：Beyond Wigmore（1988）9 *Cardozo L. Rev.* 907。

〔42〕 Twining，前注〔41〕，219 - 61；Jerome Frank，*Courts on Trial*（1949），pp. 165 - 85；D. Neil MacCormick，*Legal Reasoning and Legal Theory*（1978），pp. 87 - 93；D. Neil MacComick，The Coherence of a Case and the Reasonableness of Doubt（1980）2 *Liverpool L. Rev.* 45；D. Neil MacCormick，Coherence in Legal Justification，in W. Krawietz et al.（eds.），*Theorie Der Normen*（1984），p. 37；M. A. Abu-Hareira，An Early Holistic Conception of Judicial Fact-Finding（1986）*Juridical Rev.* 79；Richard K. Sherwin，Law Frames：Historical Truth and Narrative Necessity in a Criminal Case（1994）47 *Stan. L. Rev.* 39；Ronald J. Allen，Factual Ambiguity and a Theory of Evidence（1994）88 *NW. U. L. Rev.* 604。

〔43〕 参见 Twining，前注〔41〕，308 - 31；Lewis H. LaRue，Stories Versus Theories at the Cardozo Evidence Conference：It's Just Another Metaphor to Me（1992）14 *Cardozo L. Rev.* 121。

高。的确，在简单的单一事件投注中（仅仅涉及 A）胜出，要比在复合性的投注中（既涉及 A 又涉及 B）胜出，要容易得多。因此，P（A&B）＝P（A | B）·P（B）——这个规则也就是前文所说的“用于合并的乘法原则”。在培根式概率推理框架下，证据对命题 A&B 的支持度，等于对于 A 或者对于 B 的支持度——这取决于哪一个更弱。对已知事物进行评估，和对未知事物进行打赌投注，是两种在逻辑上不同的智识活动。这两种活动都是理性的，但每一种都受其自身的、不同类型的概率逻辑所支配。

从任何信息中，都可以得到帕斯卡式的概率，不管该信息是多么的薄弱。因此，如果我在不知道硬币是否被暗箱操作的情况下投掷这枚硬币，那么我可以认为正面朝上和反面朝上的几率为 1∶1。如果随后我知道这枚硬币确实没有被动过手脚，我就有理由做同样的赌注。在射幸式体系下，我对这个几率的前后两次评估，具有同等的正当性。如果我不知道某事，我可以假定，未知的各种可能性——有的支持我的假设，有的不支持——其可能程度是相等的。[44] 帕斯卡概率理论把这种假定称为“无差别原则”（principle of indifference）或者“不充分理由原则”（principle of insufficient reason）[45]。这一原则消除了信息的开放性，而信息开放性阻碍了以数学方式确定概率的方法。无差别原则以信息的封闭性来替代其开放性，前者易于受数学逻辑支配。因此，这种概率计算是以这样的假定为基础：与该计算相关的事实，已经在现有证据中得到充分阐明。尽管这一假设看起来有点武断，但从长远来看，可能具有正当性。因为，基于现有证据我们没有理由认为，尚未获知的信息会有某种具体的偏向性。决策者可以理性地认为，未知的可能性是在各种情况之间平等分配的。我们可以期待，这些不同的可能性——有些支持、有些不支持待检验的假

〔44〕 参见 Cohen，前注〔28〕，43－7；John M. Keynes，*A Treatise on Probability* (1921)，p. 44。

〔45〕 参见 Keynes，同前。

设——随着概率评估的进行会相互抵消。通过系统性地忽略这些概率，决策者能够管控其所预期的与错误决策相对的正确决策之
45 比率。

培根式概率推理框架，是建立在“差别原则”基础上。在这个框架中，得到大量充分证据支持的命题，与那些仅建立在薄弱证据基础上的命题，有质的不同。决策者认为前一个命题得到了更好的证明，因此比后一个命题更加可能。在培根式框架中，知识（knowledge）不能产生于无知（ignorance）。

设想一个推理者 R，他对英国足球相当熟悉。他被邀请对曼联队与未知的业余球员们（Unknown Amateurs）在 2003 年进行的一场未经报道的赛事结果进行评估。由于 R 对英国足球很熟悉，因此他会估测：曼联队赢得了比赛，具有高度的可能性，尽管不是绝对的确定性。如果是这样的话，R 对于“曼联队没有赢得比赛”这一命题，会赋值多大的可能性？在帕斯卡框架中，R 的知识（相对于无知）会在逻辑上迫使他分配一些可能性给这一命题。如果要求 R 理性地将他关于曼联队获胜的估测转化为投注赔率，他就必须给“曼联队没有赢得比赛”这一命题赋上某个数值。说 R 对自己的估测几乎（却并非绝对）确定，也就是承认了存在该估测失实的可能性。因此，如果 R 关于曼联队获胜的投注赔率是 500∶1，那么从逻辑上讲，这就意味着 R 关于“曼联队赢得了比赛”这一命题的概率估测等于 500/501。这一概率的确很高，但仍然没有达到确定性。如果 R 要作一个前后一致的投注者，他关于“曼联队没有赢得比赛”的投注赔率应该是 1∶500，它对应于一个 1/501 的概率。这样，R 的概率评估将不得不遵守用于否定的互补原则；根据这一原则，任何一个命题和其否命题的概率之和总是为 1。

现在，假定在类似的条件下，R 受邀对曼联队 2003 年度另一场未经报道的赛事结果进行估测。R 被告知，这场比赛是由曼联对抗无名的业余球员们（Uncredited Amateurs）（和前述曼联队

与未知的业余球员之间的比赛完全无关联[46]）。R 再次估测曼联队获胜的概率为 500/501。因此，R 估测曼联队两次比赛都获胜的概率将是 250 000/251 001。从逻辑上讲，这一结论是必然的，因为 R 的任一次估测结果失实的可能性已经翻倍。相应的，R 估测 46
“曼联队在这两次比赛中至少有一次未获胜”这一命题的概率应当为 0.004。在这个例子及其他类似的例子中，证据的缺乏成为增加相关概率的一个理由——这是不恰当的。帕斯卡计算方式的这一特征，显示出它是在从无知中创获知识。

现在让我们再回到培根式推理。假定 R（在相似条件下的同一个人）被要求估测以下命题的**证据支持度**（*degree of evidential support*）：

（1）在与未知的业余球员的比赛中，曼联队获胜；

（2）在与无名的业余球员的比赛中，曼联队获胜。

R 被要求使用 0 至 100 之间的基数量表而非文字来进行估测。由于 R 熟悉英国足球，因而他可以这样概括：由专职球员组成的球队，几乎总是会战胜业余球队。这一概括得到了强有力的证据支持，但仍然达不到确定性。之所以达不到确定性，是因为这一概括的信息基础是不完整的；可以用于实践事务的任何一个概括都是如此。[47] 认识到这一明显的局限性（在任何归纳推理中都存在该局限性[48]），R 给命题（1）和命题（2）的证据支持度都赋值 98。这个赋值并不表明：在 100 场类似的比赛中，会有两场比赛是业余队获胜。而是表明了：对于命题（1）和命题（2），存在非常强有力的——但仍不完整的——证据支持。

随后，R 被要求估测以下命题的证据支持度：

（3）在与未知的业余球员的比赛中，曼联队未能获胜；

---

〔46〕我做这样的假定，是为了避免在随后的概率计算中出现不必要的混乱。

〔47〕参见下文第 92－99 页。（该页码为本书边码——译者注）

〔48〕当然，假设事实认定者的归纳是为了扩充现有知识，而非仅仅以某种形式对现有知识进行重述。参见 Cohen，前注〔28〕，1－4。

（4）在与无名的业余球员的比赛中，曼联队未能获胜。

细加思忖之后，R 发现他对英国足球的知识，无法提供对以上任何一个命题的支持。在他的印象中，没有任何一场比赛是业余球队对抗职业球队而且获胜的。与此同时，R 认识到他所掌握
47 的信息是不完整的。于是，R 着手进行以下推理：

> （ⅰ）对于命题（1）和命题（2）存在非常强有力的证据支持，但并不是十分全面。无视这一不完整性，而对这两个命题赋予完全的证据支持度，是没有根据的。
>
> （ⅱ）没有什么证据来支持命题（3）和命题（4），因为在我的印象中，没有一场比赛是业余队出奇制胜赢了职业队的。因此，将任何的认识依据归属给这两个完全未经证明的命题，都相当于从无知中创获知识。所以，对于命题（3）和命题（4）的证据支持度为 0。

仍然存在**一些可能性**，命题（1）或命题（2）是错误的。相应的，仍然存在命题（3）或命题（4）正确的可能性。然而，计算可能性与评估证据支持度，是在不确定状态下的两种不同的推理结构。每一种推理框架，都有一套截然不同于另一种框架的用于确定概率的标准。帕斯卡框架先验地使自己受制于互补原则，因为任何一种可能性——不管是有证据支持的还是没有证据支持的——都是可能性。[49] 然而，培根式推理框架并非如此。在培根式推理框架中，信息空隙（informational voids）并不证明任何事情。因此，当只有少量的证据支持命题 A 的时候，并不意味着就有大量的证据支持命题非 A（反之亦然）。

因此，如果 R 要估量“曼联两次都获胜了”这一命题的证据支持度，他的评估会保持不变。他对该支持度的评估必然不会低

〔49〕 比如，在帕斯卡框架下，推理者必须将一些概率归属给这样的命题：“瑞恩·吉格斯为了让蒂姆·霍华德失望而故意进乌龙球，导致曼联队在其中一场比赛未获胜”。

于98。在评估证据支持度的时候，因为与计算可能性不同，用于合并的乘法原则是不适用的。的确，当R同时接受命题（1）和命题（2）的时候，不符合实际情况的可能性增加了。然而，这丝毫没有减损用于支持其中任何一个命题以及两个命题之集合的证据基础。

这两种概率推理模式可以互相靠近。帕斯卡概率评估，可以伴之以对其韧性（resiliency）或证据分量（evidential weight）的判断。这一标准也可以称作恒定性（invariance）。[50] 根据这一标 48
准，一个特定概率评估的分量（即韧性）取决于：如果潜在的信息基础发生了改变（这可能是由于出现了新的证据而引起的），这一概率评估能否存续（或存续的程度）。由于证据总是不完整的，出现新证据的可能性使得任何概率评估都面临着被修正。一项评估对于此类修正的敏感性，也就是其变动和恒定的程度，将决定该评估的韧性及相应的分量。有些概率评估不容易被修正，所以就比其他概率评估更恒定；因此有必要对这一因素进行解释。一项概率评估抵御信息基础之潜在变化的能力越强，这个概率评估就越有韧性、越恒定，并且因此越可靠。[51]

在司法事实认定所属之实践推理中，韧性标准不能过于严苛。若这一标准走向其逻辑极端，对事实认定者的帮助并不大。因为每一个事件都是独一无二的——以至于两个相互独立的事件绝不可能在方方面面完全一致，所以那些最具韧性（但却明显无用）的命题，否定了所有概率评估的有效性。一个不那么绝对、但是仍然很严格的韧性标准，所否定的概率评估会少一些，但是仍然

〔50〕 这是一个普遍的标准，它将客观性界定为在一系列可能的转变中的恒定性。这一概念是由 Robert Nozick 创造的，参见 *Invariances: The Structure of the Objective World*（2001），pp. 75 - 90，99。

〔51〕 参见例如，R. A. Fisher，Statistical Methods for Research Workers（7th edn.，1938），p. 120；ff.，James Logue，*Projective Probability*（1995），pp. 78 - 95；Neil B. Cohen，Confidence in Probability：Burdens of Persuasion in a World of Imperfect Knowledge（1985）60 *N. Y. U. L. Rev.* 385。

太多了。在实践事务中，这样的否定将会阻碍整个事实认定目标。单凭这一原因，就必须舍弃这种否定。从理论层面看，这种否定也是非常成问题的。做出一项未经充分证明的概率评估，和做出一项无用的概率评估，分析起来是两种不同的决策行为。对于赌客来说，一个不那么韧性的概率评估可能仍然是有用的；在某些情况下，对于裁判者亦然。正如第三章和第四章所论证的，在审判中对概率和分量（或者说对概率和韧性）的恰当组合，取决于该司法制度希望如何来分配错误风险。[52] 审判中的错误风险分配，并不是一个认识论问题。这一问题属于政治道德领域。

当帕斯卡概率计算所产生的概率评估韧性不足的时候，就可以阻止它在司法事实认定中的适用。然而，任何这样的阻止，都会有道德和政治理由上的动因；这些道德和政治理由决定了如何
49 正确地分配错误风险。不存在令人信服的认识论理由，来阻止审判中的帕斯卡主义运算。然而，乔纳森·科恩广为人知地宣称，实际上存在这样的理由。[53] 在科恩看来，将帕斯卡主义引入司法事实认定，将产生一些悖论和异常。科恩的这个争议性观点，引发了著名的“概率之争”[54]。科恩所提出的大部分悖论，连同几个其他的悖论，第三章将进行分析和解释。在这里，我仅就科恩的“合取悖论”（conjunction paradox）展开讨论并加以解释。相对于科恩提出的其他悖论和异常，这一悖论最受学界关注。

请考虑一个由原告 C 提起的民事诉讼。为了赢得这场诉讼，C 需要以优势证据证明两个相互独立的命题 P1 和 P2。很显然，C 证明 P1 和 P2 的概率都等于 0.7，这是不够的。根据合并概率的乘积法则（乘法原则），C 的案件的总体概率仅仅等于 0.49。这一概率没有满足优势证据标准。根据优势证据标准（以数字方式），

---

〔52〕 我最早是在博士论文“The Law of Evidence and the Problem of Risk-Distribution”（University of London，1990）中提出这一观点。

〔53〕 参见 Cohen，前注〔36〕，58－120。

〔54〕 关于这一争论的概述，参见 William L. Twining and Alex Stein (eds)，*Evidence and Proof* (1992)，pp. xxi-xxiv。

只有当原告案件的概率超过 0.5 的时候，他才能胜诉。在科恩看来，这一违反直觉的结果表明，将司法事实认定建立在帕斯卡概率的基础上，是不恰当的。[55]

这一悖论是不真实的。应当区分**要素命题**（*elemental propositions*）（比如：合同的形成、被告对合同的违反、所造成的损害等）和**中间命题**（*intermediary propositions*）（比如：那些将原告提出的合同条款以及被告对邀约的接受具体化的命题）。要素命题指的是该诉讼的构成性要素，这些要素由所适用的实体法规定。霍菲尔德（Hohfeld）把它们称作“有效事实”（operative facts）[56]。中间命题是指那些构建了要素命题的命题。通常需要用多个中间命题来构建一个要素命题。应当非常明确地保持这一区别，因为，法律要求承担举证责任的一方当事人，分别证明每一个要素命题。[57] 但是法律并不要求，所有要素命题的整体结合，也要被证明至其可能性超过不可能性。[58]

现在，假定 C 请求得到一个确认之诉的裁决，确认他与被告之间存在一个具有约束力的合同。这一主张的概率被证明至 0.7，而且法庭依其请求做出了裁决。后来，C 又来到了法庭，抱怨同 50
一被告违反了该合同，要求法庭做出另一个裁决来确定这一新的主张。法官发现，这一主张的概率等于 0.7，并给予 C 他所请求的裁决。最后，C 起诉同一被告索要赔偿，法官发现在该诉讼中他对损失的主张的概率同样等于 0.7。根据所适用的证明理论，C 应当获得赔偿。

如果这三个诉讼被合并审理，C 同样有权获得赔偿。C 所寻

---

〔55〕 参见 Cohen，前注〔36〕，58－62。

〔56〕 Wesley N. Hohfeld，*Fundamental Legal Conceptions as Applied in Judicial Reasoning*（1923），pp. 32－5.

〔57〕 参见 Alex Stein，Of Two Wrongs that Make a Right：Two Paradoxes of the Evidence Law and their Combined Economic Justification（2001）79 *Texas L. Rev.* 1199，1204－5。

〔58〕 同前。

求的赔偿救济，将会以两个暂时性的确认之诉为基础。通过分析可见，这里有三个裁决，它们合并为一个裁决仅仅是出于方便的原因。因为每一个裁决都建立在 C 成功提供的对其本身的证明上，所以 C 有权获得所请求的一系列裁决。[59] 这一结果符合所有看似合理的公平标准，因为 C 的证据胜过他的对手的证据。[60]

这一方法还有经济上的正当性，这尤为适用于侵权案件。[61] 民事证明理论要求审判者根据审判中可获得的信息，按照事件实际上显露的那样重构这些相关的事件，从而聚焦于**事后的**准确性（accuracy *ex post*）。这些相关的事件包括对原告的实际损害。对事后准确性的追求，不仅要付出高昂的成本，而且未必有助于达到最佳的威慑效果。当普通人在考虑一个潜在的损害行为的时候，他并不知道那些可能在随后的审判中获知的信息。他只能想到那些在该行为之前能合理获知的［事前的（*ex ante*）］信息。普通人也不知道他正在考虑的行为可能产生的实际损害。他只能想到类似行为所引发的一般损害。因此，在理想的情况下，一个侵权案件的被告只需要赔偿预期损失，也就是他的行为引发的平均损害水平乘以该行为引发损害的预期概率（*ex ante* probability）。国家应该从每个产生损害风险的人那里，征收与该预期损失等额的税——庇古税（Pigouvian tax）。[62] 这一机制将会给那些考虑做出风险行为的人带来最佳的激励效应。只有当行为人的预期收益高于庇古税税额时，行为人才会实际做出该行为。因此，只有当此类行为增加了社会总福利时，它才会发生。

---

〔59〕 参见 Alex Stein，An Essay on Uncertainty and Fact-Finding in Civil Litigation，with Special Reference to Contract Cases（1998）48 *U. Toronto L. J.* 299，311－12，n. 27。

〔60〕 有关这一问题的更多细节，见下文 220－222 页。（该页码为本书边码——译者注）

〔61〕 对这一正当性的最初论述，参见 Stein，前注〔57〕。

〔62〕 参见 William J. Baumol，On Taxation and the Control of Externalities（1972）62 *Am. Econ. Rev.* 307（描述了庇古税的标准，指出了其实施限制）。

然而，国家公诉机制对于侵权的救济，是缺乏效率的。因为 51
许多风险是看不见的，除非它们转变成了实际的损害，国家无法对风险负担施加有效的控制。国家同样不可能对许多（即使不是多数）损害的发生进行控制，因为这样做的成本太高。因此，国家公诉机制仅在一些特殊的管制领域适用，比如针对具有极大危害性（并且因此受到管制）的行为的刑法。由于这一适用上的限制，侵权案件由追求自身利益的个人（即侵权受害人）提起诉讼，国家赋予他们起诉的权利。[63]

如果个人没有动力去起诉，也就是说，如果他们的诉讼支出将超出预期的诉讼回报，那么这一制度将注定失败。因此，国家采取两种措施来提供所需的这种动力。一个措施是，国家对审判活动提供财政支持。而更为重要的措施是，国家允许侵权案件的受害人就其全部损害获得赔偿，而不是仅仅追偿预期平均损害——预期平均损害等于：用预期不会造成损害的概率，对总体的平均损害打折扣。因此“赢者通吃”的原则取代了在理想世界中的最佳激励准则（下文简称“理想世界准则”——译者注）。根据“赢者通吃”的原则，当原告指控被告的案件可能性超越不可能性时，原告就可以获得全额赔偿。当原告的案件低于这个概率标准时，原告将得不到任何赔偿。

比起“赢者通吃”的制度来，在理想世界准则模式下，消极使用司法资源的人（即应当被鼓励起诉但是却决定不起诉的原告）的数量会更多。胜诉的原告根据理想世界准则所得到的赔偿，不如依据“赢者通吃”原则得到的赔偿多。对于普通的原告来说，证明预期的平均损害水平（这是一个一般性的社会事实），也比证明他的个人损害，成本要更高。因此，理想世界准则吓走了许多有权索赔的原告，从而冲淡了其威慑力。

在理想世界准则模式下，过度使用司法资源的人（即应当被

〔63〕 参见 Richard A. Posner, *Economic Analysis of Law*（6th edn., 2003), p. 209。

贬抑的原告）的数量，也会比采用“赢者通吃”制度时更多。与依据“赢者通吃”原则相比，将会有更多的不值得鼓励的诉讼被提起和裁判；因为，与诉讼有关的任何有意义的概率，都有助于索赔。司法成本的外部化使得滥用司法资源的问题进一步加剧。理想世界准则使太多的原告将诉讼开支带给了被告，并耗费掉了公共司法资源。这一问题在美国比在英国更为尖锐。美国的民事诉讼制度通常拒绝采用英国的“费用跟随事件”（costs follow the event）的做法。[64] 根据美国的民事诉讼制度，一方诉讼当事人不
52 会因对方当事人胜诉，而承担对方当事人的部分诉讼开支。[65] 这一制度使得一方当事人将某些诉讼费用强加给了他的对手。[66]

过度使用审判资源，将无法产生理想世界准则所努力追求的威慑效应。因为原告唯一感兴趣的是让自己在这样的投机活动中有利可图，他们将满足于自己认为（而不是从社会福利角度来看）合适的任何裁判。[67] 他们通常会接受被告所提出的低廉解决方案。因此低廉解决方案预期会大量增加，它们未能使做错事的人受到威慑。[68] 因过度使用司法资源而引发的一些不必要的诉讼，

---

〔64〕 参见 Adrian A. S. Zuckerman, *Civil Procedure* (2003), pp. 872 - 4。

〔65〕 参见 *Alyeska Pipeline Co. v Wilderness Soc'y*, 421 U. S. 240 (1975)（除非有成文法的明确授权，否则法庭不可将律师费判定给胜诉的一方当事人享有）。

〔66〕 参见 Steven Shavell, The Fundamental Divergence Between the Private and the Social Motive to Use the Legal System (1997) 26 J. Leg. Stud. 575, 584。根据理想世界准则，大家不会认为一个概率不高的诉讼是“无聊的”。因此，《联邦民事诉讼规则》第 11 条规定的成本转移措施，不适用于此。

〔67〕 参见 Shavell，同前，581 - 97。

〔68〕 这类原告通常由律师代理，律师是基于风险收费准则且进行案件组合。当律师从诉讼中的预期收益能够补偿他们的机会成本（根据计时酬金来计算）的时候，他们就会提出和解。针对集体诉讼律师，这一点得到了很好的阐述。参见 John C. Coffee, Jr., The Unfaithful Champion: The Plaintiff as Monitor in Shareholder Litigation (1985) 48 (3) *Law &Contemp. Probs.* 5; John Coffee, Jr., Understanding the Plaintiff's Attorney: The Implications of Economic Theory for Private Enforcement of Law Through Class and Derivative Actions (1986) 86 *Colum. L. Rev.* 669。关于对无聊诉讼的辩护，参见 Charles M. Yablon, The Good, The Bad, and the Frivolous Case: An Essay on Probability and Rule 11 (1996) 44 *UCLAL. Rev.* 65。

还将导致逆向选择，或者产生额外的社会成本。这些过度使用司法资源的人，当意识到他们所发起的诉讼的非必要性，以及随后引发的对所有诉讼的制度性不信任时，便企图使自己与那些有益诉讼的发起者们混同难辨。这些有益诉讼的发起者们为了将他们的诉讼与那些无益诉讼区分开来，就不得不投入诉讼中更多的资源和精力（比如，收集更多的证据）。因为理想世界准则已经降低了从普通的诉讼中能获得的预期回报，增加上述额外投入就会使这些本来有益的诉讼变得无利可图。这些诉讼的发起者们会倾向于放弃诉讼。在当前语境下，或许这种柠檬市场情形[69]有点言过
其实。有益诉讼的发起者为了与无益诉讼相区分而不得不在普通 53
案件中增加的额外投入，似乎并不足以抵消他的预期回报（这一点更多的是凭借直觉而非理性分析）。但即便如此，有益诉讼的发起者及整个社会，依然承担了不必要的开支。因此，"赢者通吃"原则比理想世界准则更可取。在现实世界中，这一原则使有益诉讼得以增加，而无益诉讼得以减少。这一真实世界中的原则，将赔偿之诉转变成侵权之诉中的一个独立的构成要素，而且不会将原告遭受损害的概率放到乘积公式中运算。

这一公式中的其他要素，即"原告有权要求被告采取预防措施"这一主张的概率和"被告侵犯了原告该权利"这一主张的概

〔69〕 这一著名情形是由 George Akerlof 提出来的。参见 George Akerlof，The Market for Lemons：Quality Uncertainty and the Market Mechanism（1970）84 *Quart. J. Econ.* 488。当说谎者模仿诚实的人，从而导致诚实人不能可信地将个人信息传达给他人时，这一情形便出现了。二手车的卖家，无论是诚实的还是不诚实的，通常都不能可信地将他们的汽车品质告知那些潜在的买家。结果是，消费者们无法辨别汽车优劣，对任何在售汽车都只会支付不超出平均价格的价钱。因此，最好的二手车车主决定不出售他们的汽车，从而降低了二手车的平均质量和平均价格。面对这一情形，第二好的二手车车主也决定不出售他们的汽车，导致汽车的平均质量和平均价格进一步降低。这一过程不断重复，直到市场变成仅仅交易质量最差的汽车的"柠檬市场"（market for lemons）。（在英语俚语中，"柠檬"表示低劣物品。因此，"柠檬市场"用来表示在信息不对称的情况下出现的逆向选择效应，也被称为"次品市场"。——译者注）

率，依然有待探讨。〔70〕用于合并概率的乘积法则，同样不适用于这些元素。我现在阐明不适用的原因。〔71〕为了将原告确定为被告违法行为的受害者（基于前文述及的原因，只有受害人才可以提起诉讼），“被告侵犯了原告该权利”这一主张的概率需要大于0.5。从威慑效果的视角看，这一违法行为的事后概率是有问题的，因为它与违法行为的预期概率不一致，而预期违法者是根据
54 后者做出行为。因此，法律利用“原告有权要求被告采取预防措施”这一主张的概率来实现所希望达到的一致性。在法律权利中一律具备的可见性（visibility）要素，促进了这种一致性。根据任何关于权利的定义，在权利被侵犯的时候和条件下（即事先），该权利应该是合理可确定的。那些关于存在某项权利的信息，对

〔70〕 Ronald J. Allen and Sarah A. Jehl, Burdens of Persuasion in Civil Cases: Algorithms v. Explanations (2003) *Mich. St. L. Rev.* 893, 922 - 9. 这篇文章不同意我对典型诉讼的三要件式描述。作者认为，要件的数量是个经验性问题，并且举出了许多与我的例子相悖的例证。基于这些例证，Allen 与 Jehl 认为我对法律制度进行了错误的塑造。其中一个例证，是根据加利福尼亚州法提起的有关敌意环境骚扰（hostile-environment harassment）的诉讼。Allen 与 Jehl 认为（同前，928，n. 140），任何这样的诉讼，都包含至少八个要件，即：(1) 原告与作为被告的雇主之间的雇佣关系；(2) 作为被告的雇主与在工作场所参与骚扰行为的人之间的雇佣关系；(3) 原告必须目击了该骚扰或被该骚扰直接侵害；(4) 原告受保护的身份（比如女性雇员），必须是导致该骚扰行为的一个激发因素；(5) 这样的骚扰行为必须是不被欢迎且尤为严重或普遍存在，其要达到的目的或者效果就是使原告的雇佣状况恶化，并且制造一种令人恐吓的、充满敌意的、令人感到侮辱的或者具有冒犯性的工作环境；(6) 任何一个与原告处在相同位置的理性之人，都会觉察到该环境令人恐吓、充满敌意、令人感到侮辱或者具有冒犯性；(7) 原告也必须觉察到该环境令人恐吓、充满敌意、令人感到侮辱或者具有冒犯性；(8) 该环境必须导致原告受到伤害、损害、损失或者危害。我认为不难看出，要件 (1)、(2)、(4) 和 (5) 合并组成了原告的权利，要件 (3) 构成了对权利的侵犯，要件 (6)、(7) 和 (8) 合并组成了原告所遭受的损害。根据我的理论，乘积法则应该分别用来计算要件 (1)、(2)、(4)、(5) 的合并概率，和要件 (6)、(7)、(8) 的合并概率。同样的推理可以适用于 Allen 和 Jehl 提出的所有其他例证，而且原因显而易见。任何为金钱索赔而提起的诉讼，都需要基于原告的权利、被告对该权利的侵犯以及所引发的损害。如何表述这些要件，并不重要。裁判者使用这些措辞进行裁判，是错误的。我的论文并非旨在塑造这样的错误（从规范立场来看这很乏味）。相反，我建构了一个规范模型，用于在真实世界限制条件下做出经济上正确的（次优的）决定。参见 Stein，前注〔57〕，1201 - 3，1221 - 34。

〔71〕 也可参见 Stein，前注〔57〕，1221 - 34。

于潜在的侵权人而言是合理可见的。这一特征贯穿整个私法领域。附属在财产权利上的公开性要求〔72〕，限制合同权利的相互披露义务〔73〕，以及侵权法中的注意义务要求，都体现了这一特征。〔74〕在证明权利的存在之可能性占优的时候，原告也要证明该权利事先合理可见。如果不能证明这一条件，原告就会败诉。

这一条件使在庭审中可得到的信息，与在被告做出行为时他知道或本应该知道的关于原告权利的信息，趋于一致。从被告的角度来看，侵害行为的预期概率仅仅附属于以下假设性情境：在该情境中，被告正在考虑的行为，受到引发对原告的损害之后所适用的相关责任规则的影响。这一假设性情境仅仅取决于一个因素，即原告享有要求被告采取措施防范损害之权利的概率。当一个人在思考是否要做出一个潜在的损害行为的时候，他通过反问以下问题而考虑该情境：如果我做出了这个行为而且它引发了对某人的损害，我需要承担侵权责任吗？因此，这一假设情境的概率与原告权利的概率重叠了。这个因素解释了权利概率与事后的侵害行为概率的联合（但不是合并）功能。原告所享有的要求被告防范损害之权利的概率——在假设性情境（即被告未采取必要防范措施而导致了对原告的损害）中的侵害行为预期概率——对于侵害行为的事后概率而言，起到了偏差校正器的作用，而不是与其合并。因此，在确定原告整体案件的概率时，不能将这两种

〔72〕 参见例如，Jason S. Johnston，Legal Formalities，in Peter Newman，ed.，*The New Palgrave Dictionary of Economics and the Law* Vol. 2 (1998)，pp. 524 - 30。

〔73〕 参见例如，Avery W. Katz，Contract Formation and Interpretation，in Peter Newman，ed.，*The New Palgrave Dictionary of Economics and the Law* Vol. 2 (1998)，pp. 425，429 - 30。

〔74〕 严格责任并不是该观点的例外，因为，根本就不存在这样的案件，在其中一项无法合理确认的权利上受到了严格责任规则的保护。参见 W. Page Keeton，*Prosser & Keeton On torts* (5th edn.，1984)，pp. 537，545 - 59。

55 概率相乘。这一点既是分析性的[75]，也是规范性的。[76]

在这一模式下，“权利”（entitlement）概念指的是原告在具体案件中的权利。在侵权法领域，这个概念表述的是原告所享有的要求被告采取措施防范可能对原告造成的损害的权利。该权利的概率取决于具体案件的事实背景，这个事实背景可能会、也可能不会产生依据实体法所享有的权利。这里的“权利”概念指的不是权利在法律文本中的一般性存在。[77]

罗纳德·艾伦（Ronald Allen）以另一种方式消除了合并悖论，我认为他的解释也是具有说服力的。在他看来，应该摈弃乘积法则。因为在审判活动中，那些仅仅建立在对怀疑之统计学累积基础上的析取论证（disjunctive argument），通常是不被允许的。原告和被告都要向法庭提供他们的竞争性事件陈述，这些事件陈述形成了**连贯的故事**。而析取论证完全不能满足这一标准。比如，被告不应该从以下命题的合并概率（combined probability）中受益：“我并没有做原告所声称之事；即使我确实做了，原告也没有遭受任何损害；并且，如果他确实遭受了损害，我的行为与

〔75〕 Allen 和 Jehl（前注〔70〕，922）将这一观点描述成这样一种理论：在该理论中，“微观经济学的论证方式被绑架，服务于一种不正当的、专门为此而设的对经验世界之想象”。基于我在本书中阐述的理由，恕我不能同意他们的观点。

〔76〕 Allen 和 Jehl（前注〔70〕，921）将我的理论归类为经济学模式；这是正确的。同时，他们暗示，这样的模式在方法论上不如“经验准确性”（empirical accuracy）（同前，n. 119）；这一批评是误导性的。经验数据需要借助理论透镜（模型）来认知，从而产生意义。参见 Milton Friedman, The Methodology of Positive Economics, in Daniel M. Hausman, ed., *The Philosophy of Economics: An Anthology* (2nd edn., 1994) pp. 180 - 213。Allen 和 Jehl 也没有阐明他们“经验准确性”路径的方法论目标和限制。请考虑以下经验观察：一个法官通过投掷硬币来确定案件事实，而另外一个法官确定案件事实时，则取决于他早上吃了什么。尽管这一观察从经验上来看是准确的，但由于其缺乏规范意义，因而不能促进对法律的理解。它提供了潜在有用的关于两个古怪法官的信息，但对于法律中的规范性要求，提供不了任何东西。

〔77〕 Allen 和 Jehl 曲解了我的观点（前注〔70〕，921）。他们说，在这种模式条件下，权利的概率几乎总是要么为 1，要么为 0（因为，作为一个法律问题，权利要么存在，要么不存在）。同前，921，923 - 4。这曲解了我的观点。很显然，法律权利背后的事实命题，其概率总是在 0 与 1 之间。事实版本从来都不会绝对地确定，或者绝对地不可能。

他的损害之间也是没有因果关系的”[78]。

然而，艾伦提出的事实认定标准，在认识论上并非必然。从纯粹认识论的角度来看，坚持采用乘积法则是非常合理的。为了使他摈弃乘积法则的理论具有正当性，艾伦需要在认识论的领域之外描绘其理论的优越性。然而这些优越性仍有待清晰论述。我的理论同样没有提出认识论上的必然性，而是仅仅指出：按照对制定法的恰当理解，摈弃乘积规则在要素性命题上的适用，完全不违反直觉。对于那些中间命题来说，乘积法则应当全面 56
适用。[79]

法律制度是选择摈弃还是适用乘积法则，按其性质不是个认识论问题。这个抉择关乎对错误风险的分配；而错误风险分配是个道德和政治问题，不是认识论问题。本书接下来的章节会讨论这个主题以及相关的主题。通过摈弃乘积法则来分配错误风险，确实能够基于公平（fairness）[80] 和功利（utility）[81] 的理由而得以正当化。

四、怀疑主义与理性主义

司法中的事实认定依赖许多基础性的假定，这些假定被恰当地描述为理性主义。[82] 这些假定将准确性，或者用边沁的话来说就是裁决公正（rectitude of decision），作为事实认定的主要目标。

---

〔78〕 参见 Ronald J. Allen，The Nature of Juridical Proof（1991）13 *Cardozo L. Rev.* 373。

〔79〕 参见前注〔70〕，以及相应的正文。

〔80〕 参见 Richard Lempert，The New Evidence Scholarship：Analyzing the Process of Proof (1986) 66 *B.U.L.Rev.* 439，450－4；Alex Stein，The Refoundation of Evidence Law (1996) 9 *Can. J. L. &Juris.* 279，336－8。

〔81〕 Richard A. Posner，An Economic Approach to the Law of Evidence (1999) 51 *Stan. L. Rev.* 1477，1512－14；Stein，前注〔57〕；Saul Levmore，Conjunction and Aggregation (2001) 99 *Mich. L. Rev.* 723。

〔82〕 参见 Twining，前注〔41〕，71－82。

实现这一目标，是按照要求实施实体法的先决条件。裁判的准确性，指的是司法中的事实认定与经验真理（empirical truth）相符合。这种符合几乎从来都不是确定的（certain），但可以是很可能的（probable）。事实认定者可以通过分析证据以及借助基于经验的概括，理性地确定这种可能性关系。法律制度可以利用审判程序，包括对抗式举证和对证人的交叉询问，推动完成该任务。

理性主义者的假定遭遇了怀疑论挑战。这些质疑来自两个不同的领域，一个是哲学领域，另一个是认知心理学领域，也称为“行为经济学”（或称为行为法学与经济学——当它以法律和法律裁决为关注点的时候）。对于司法事实认定理性主义的哲学挑战，沿着两条路径展开。[83] 一条是形而上学的路径。沿着这条路径的论证，会一路追溯到笛卡儿。这些论证否定了知道真相或者逼近真相的可能性。另一条是认识论的路径。沿着这条路径的论证认为，司法中的（以及任何其他的）事实认定，从来都无法在认识
57 论上充分证成（justification）。怀疑论者说，这一困境使得事实认定者所裁决的事实，充其量只能是“社会建构的”（socially constructed）[84]。最糟糕的情况是，司法事实认定充斥着专断（在“实用主义”的伪装下）和政治。[85]

形而上学的路径并无前景。采取这一路径的人，以“缸中之脑”这一不可证伪的情境为起点。在该情境中，我们所有的人都是缸中的大脑，被连接到一台由邪恶的魔鬼操控的电脑上。电脑将那些我们所体验着的感觉输送给我们——那些缸中之脑。[86] 对

〔83〕 我略去了细节。

〔84〕 对于这一观点的概述和讨论，参见 Twining，前注〔41〕，112－7。

〔85〕 参见 Kenneth Graham Jr.，There'll Always be an England：The Instrumental Ideology of Evidence（1987）85 *Mich. L. Rev.* 1204；Michael L. Seigel，A Pragmatic Critique of Modern Evidence Scholarship（1994）88 *Nw. U. L. Rev.* 995；Donald Nicolson，Truth，Reason and Justice：Epistemology and Politics in Evidence Discourse（1994）57 *M. L. R.* 726。

〔86〕 一个非常有用的论述，参见 Jonathan Vogel，Cartesian Skepticism and Inference to the Best Explanation（1990）87 *J. Phil.* 658。

于外部世界的常识性观点，不会考虑但是也无法反驳这一情境。很可能，根本就不存在诸如错判、死刑、种族歧视和性骚扰这样的事情。这些只不过是我们的心理表征；如果那个恶魔决定更改目前的电脑程序，输入更多令人愉悦的信号，那么前述心理表征将会消失。

不过，希望那位恶魔变得仁慈，并不是我们最理性的做法。我们可以**理性地**拒绝“缸中之脑”情境，而不是去反驳它。该情境以一种非常独特的方式解释我们的经验。必须要承认，我们无法反驳这种方式。然而，它对于我们经验的解释，从方法论的层面来说，比不上常识性世界观（common-sense view of the world）。首先，怀疑论情境是一些无法被验证的、专门为此而创设的故事拼凑。如果让怀疑主义者解释，为何那个恶魔会将“纽约的雪”这种感觉输送给我，那么他很可能会说：存在另外一个恶魔，他操控着第一个恶魔。〔87〕从方法论上来讲，这些故事不如常识性世界观。常识性世界观不仅指出了“雪的感觉”，还为我们提供了非常协调的推理工具，用于解释雪是从哪里来以及是怎么来的。〔88〕其次，常识性世界观浅显易懂。对于由我们环境中的事物引发的信念，常识性世界观提供了一个直截了当的因果解释。〔89〕相比之下，怀疑论情境提供给我们的是一个极为复杂的机制，其中包括恶魔、电脑以及缸中之脑，但是完全没有涉及因果理论。因此，在其他条件相同的情况下，常识性世界观因其方法论上的简易性，而应当受到更多青睐。〔90〕 58

常识性世界观系统地使用更高层次的规律，来解释较低层次的原因和现象。比如，为了解释纽约的雪，它借助物理学、化学

〔87〕一个非常有用的论述，参见 Jonathan Vogel，Cartesian Skepticism and Inference to the Best Explanation (1990) 87 *J. Phil.* 658。

〔88〕同前。

〔89〕请比较 Hilary Putnam，*Reason*，*Truth and History* (1981)，pp. 5 - 21（提供了这样的因果解释）。

〔90〕参见 Vogel，前注〔86〕。

及地理学知识。这一关键特性，在怀疑论情境中是找不到的。怀疑论情境只在一个层次上进行解释，这使得它在方法上不及常识性世界观。[91] 因此，在参与到该笛卡儿问题研究的各种理由里，那些支持常识性世界观的理由最为稳固。常识性世界观也许不能被证明至排除所有合理怀疑。但是，任何一个哲学家，如果他选用“清晰且令人信服的证据”作为证明标准的话，就不得不采纳常识性世界观。

对于事实认定理性主义的认识论挑战，因为大致类似的原因而失败。如果将可以得到的最佳理由（best reasons available）视为满足了事实认定认识论中的证成要求，那么认识论怀疑论者需要担负的证明责任将是非常繁重的。然而，怀疑论者不认为对理由的权衡（balance-of-reasons）是足够好的证成。通过这一举动，他们减轻了自己的证明责任。怀疑论者所采取的姿态，类似于刑事诉讼中的被告——只需要提出一个怀疑就可以无罪获释。在怀疑论者借以提出挑战的许多严厉的认识论证成标准中，最普遍的一个或许就是“被证成的真实信念”（justified true belief）[92]。通常，这一标准（或者它的某个变体）支持以下怀疑论主张：一般的事实认定，尤其是司法中的事实认定，是一个社会建构；它是通过命令而非推理来实现的。根据这一标准，只有当事实认定者对于一个命题的信念既“被证成”又是“真实的”，这样的信念才能算作“知识”。事实认定者必须有好的证据来相信某个假设。持有这样的证据，将会使得事实认定者的信念“被证成”，尽管仍然未必是真实的。若要使信念真实（true），则被恰当证明的假设应当与现实（reality）一致——这个标准在司法审判等实践推理中从来都无法被满足，这些实践推理所追求的是无法被验证的事实认定。除此之外，证成事实认定者对于一个具体假设之信念的证

---

〔91〕 同前。

〔92〕 参见 Edmund L. Gettier, Is Justified True Belief Knowledge? (1963) 23 *Analysis* 121。

据理由，应当与该假设之真实性具有工具性的和非偶然性的联系。对事实认定者信念的证成，应当追向（track）该信念的真实性；这是另外一个也很严苛的标准，这个标准几乎（如果不是绝对）无法得到满足。[93] 根据这一标准，当事实认定者相信证人 W 是在如实地作证，并且 W 的证言也确实是真实的时候，必须还要具备下列条件，我们才能说事实认定者知道 W 在如实作证：事实认定者据以相信 W 的理由，包含在使 W 的证言为真实的那些理由之中。例如，事实认定者相信 W，是因为 W 曾经是一名空军中 59
校，在空军中赢得了无可指摘的诚实声望，而且发展出了观察和记忆事物的卓越能力。然而，实际上，W 的证言之所以是真实的，是因为他碰巧猜对了。此时，事实认定者的信念就不够资格成为知识，虽然他的信念既已被证成又是真实的。

裁判者甚至不打算满足知识的“被证成的真实信念”标准或类似标准。相反，他们确定最貌似可信的事实版本，并评估提供支持的证据理由。在民事案件中，当这种理由的强度占优势的时候，通常就可以做出判决。为了对刑事被告定罪，这种理由需要具有绝对占优势的强度。如果不能达到这些标准，就会做出对承担证明责任的一方当事人不利的事实认定。这些松懈的标准，使司法事实认定轻而易举地成了认识论怀疑论者的靶子。将民事和刑事的裁决视为对于现实的社会建构——因此也是政治性建构——不仅具有智识魅力，而且貌似可信。

然而，若采取“最佳理由”路径，怀疑论挑战就行不通了。怀疑论挑战假定了一个在哲学上引人注意的两难困境，一个宏大的非此即彼式选择。认识论怀疑论者告诉我们，我们必须要么认同和满足最严格的基础主义知识标准，要么接受使我们陷入认识论混乱的主观主义和相对主义力量。[94] 理查德·伯恩斯坦

〔93〕 参见 Rober Nozick，*The Nature of Rationality*（1993），pp. 64 – 100（分析并批判了这一要求）。

〔94〕 Richard Bernstein，*Beyond Objectivism and Relativism*（1983），pp. 1 – 25.

(Richard Bernstein)将这种两难困境称为“笛卡儿式焦虑”[95]，它源自错误的两分法。[96] 缺乏事实认定者的知识能够稳固仰仗的被证明的基础，并不必然因此使得相对主义者“大行其道”。那种推论是没有根据的。在采取相对主义姿态之前，我们应当考虑一下“最佳证据理由”路径。具体说来，我们应该将这一路径的方法论依据与认识论怀疑主义的方法论依据进行比较。认识论怀疑主义是自相矛盾的。由于认为所有的知识主张都无法被证成，这种怀疑主义也将自己排除在知识的范畴之外。认识论怀疑主义也没有提出较高层次和较低层次的标准，通过这些标准可以对其理论进行评判。这与常识性世界观是相冲突的。[97]

60 “最佳证据理由”路径则不会遭遇这些方法论困境。这一路径包含了一系列确定事实的经验和概率标准。它提出在事实认定的好理由和坏理由之间要进行原则性的区分。它与常识性世界观是相一致的。[98] 不得不承认，这一路径的应用，包含着错误风险（确实，本书要传达的主要信息就是，证据法应该系统性地参与对错误风险的分配）。值得肯定的是，认识论怀疑论者批判了那些坚信官方能发现“真相”的自满态度，而且提醒我们注意事实认定的错误风险。然而，对认识论怀疑论者的这种肯定，并不需要伴之以认识论上的沮丧，或者整体性地将认识论替换为政治学。在琼·威廉姆斯（Joan Williams）看来，对怀疑论声音的这种回应，

---

〔95〕 同前，16－20。

〔96〕 同前。

〔97〕 有时，怀疑论哲学家在飞机登机牌上建立起了得到证成的真信念。他们表现得好像他们知道：那些登机牌允许他们登上飞机，这架飞机会将他们带到下一个怀疑论的会场。

〔98〕 因此，可以说，整个认识论工程应当使自己自然化（naturalize），将先验的（*priori*）证成要求，替换为后验的（*posteriori*）对现有事实认定实践和方法的探查。参见 W. V. O. Quine，Epistemology Naturalized，in *Ontological Relativity and Other Essays*（1969），pp. 69－90。这一有力的论证对于证据法的影响，参见 Brian Leiter，Prospects and Problems for the Social Epistemology of Evidence Law（2001）29 *Philosophical Topics* 319；Ronald J. Allen and Brian Leiter，Naturalized Epistemology and the Law of Evidence（2001）87 *Va. L. Rev.* 1491。

“立即产生了令人鼓舞而恐惧的影响，因为它强调了我们对于所选取的确定性所要担负的责任”[99]。

认知心理学家告诉我们，人们在确定概率的时候，会系统性地犯错误。被指出的认知偏差包括：“可得性”（availability）、“代表性”（representativeness）、“调节与锚定”（adjustment and anchorings）以及对先前概率或基础比率的不充分整合。[100] 如果确实如此，那么这些发现对于司法事实认定将影响深远。[101]

可得性是一种判断启发法（heuristic），它引导人们在评估一个具体事件的频率的时候，会依赖易于在头脑中检索和记忆的经验信息。也就是说，如果事实认定者非常熟悉 P 这种事实类型，那么后者就会诱使他提高对 P 的概率评估，而不管 P 的实际发生
频率如何。[102] 代表性是另一种启发法，它引导人们通过相似性和 61
刻板印象来确定概率。如果事件 B 与事件 A 相似，那么 B 的发生将促使事实认定者提高对 A 发生概率的评估，而不管 A 的实际发

〔99〕 Joan Williams, Critical Legal Studies: The Death of Transcendence and the Rise of the New Langdells (1987) 62 *N.Y.U.L.Rev.* 429, 496.

〔100〕 参见 Amos Tversky and Daniel Kahneman, Judgment under Uncertainty: Heuristics and Biases (1974) 185 *Science* 1124 and the collection of essays reproduced in Daniel Kahneman, Paul Slovic, and Amos Tversky (eds.), *Judgment under Uncertainty: Heuristics and Biases* (1982)。

〔101〕 这些及其他相关的发现，构成了行为法学和经济学运动的基础。该运动将其法律政策建议，建立在人们的认知局限性上。参见例如，Christine Jolls, Cass R. Sunstein, and Richard Thaler, A Behavioral Approach to Law and Economics (1998) 50 *Stan. L. Rev.* 1471; Russell B. Korobkin and Thomas S. Ulen, Law and Behavioral Science: Removing the Rationality from Law and Economics (2000) 88 *Cal. L. Rev.* 1051; Russell Korobkin, Bounded Rationality, Standard Form Contracts, and Unconscionability (2003) 70 *U. L. Rev.* 1203。关于批判意见，参见 Richard A. Posner, Rational Choice, Behavioral Economics and the Law (1998) 50 *Stan. L. Rev.* 1551。正如近来 Chris William Sanchirico 所论证的那样，人们的认知局限性同样会产生社会效用（因为记忆能力是有限的，所以比起叙述那些实际记住了的事件来，人们通常更不容易持续记住一个虚构的故事：要求证人即时回答问题的交叉询问，使得证人很难持续长久地坚持他们的谎言）。参见 Chris William Sanchirico, Evidence, Procedure, and the Upside of Cognitive Error (2004) 57 *Stan. L. Rev.* 291。

〔102〕 参见 Kahneman, Slovic 和 Tversky，前注〔100〕，11－14，163－208。

生频率如何。[103] 调节与锚定是指那些阻止人们修正最初的概率评估的启发法。在处理信息的时候，以较高概率为起点的人们，会系统性地得出较高的概率评估结果；而处理相同的一组信息，但是以较低的概率为起点，人们就会得出较低的概率评估结果。[104] 在形成概率判断的时候，人们还会倾向于不将已有的基础比率（或先前概率）整合进来。[105]

这一令人沮丧的发现，得到了大量实验的支持[106]，其中包括著名的蓝色出租车实验。[107] 在实验中，摆在事实认定者面前的是一个汽车事故案例。在事故发生的那座城市，有 85％的出租车是绿色的，其余 15％的出租车是蓝色的。事实认定者还听到一位证人作证说，事故中的那辆出租车是蓝色的。而且，事实认定者得到了一个无争议的信息，即这位证人对出租车辨认准确的概率是 80％。参与该实验的事实认定者，系统性地误判了受害人指控蓝色出租车公司案件的概率。[108] 他们最具代表性的评估结果（80％），与给定的证人可信度相符合[109]，但是不符合概率计算的基本规则。根据这些规则，事故中的出租车是蓝色（B）而非绿色（G）这一事实版本的先验几率［P（B）/P（G）］等于 0.15/0.85。为了计算后验几率［P（B｜W）/P（G｜W），W 表示证人证言］，先验几率需要乘以似然比。似然比取决于以下事实版本的几率：证人对于出租车颜色的辨别是正确的，而不是错误的。似然比等于 P（W｜B）/P（W｜G）。所以，后验几率等于（0.15 • 0.8）/（0.85 • 0.2），也就是 12/17。因此，受害人对蓝

---

〔103〕 同前，4－11，23－98。

〔104〕 同前，14－18。也可参见 Ehud Guttel，Overcorrection（2005）93 *Georgetown L. J.* 241（认为：个人在处理从其先前信念中提取的新信息的时候，会过分地矫正其信念）。

〔105〕 参见 Kahneman，Slovic 和 Tversky，前注〔100〕，153－60。

〔106〕 同前。

〔107〕 同前，156－7。

〔108〕 同前，156－9。

〔109〕 同前，157。

色出租车的指控成立之概率等于 12/（17＋12），即 0.41——这个结果未能达到通常适用于民事诉讼中的优势证据标准。这个结果也明显与事实认定者让受害人胜诉的裁决相冲突。[110]

这些以及其他相关的实验，实际上不能表明从普通人群中挑选出的事实认定者是不理性的。这些实验本身也是有问题的。[111] 62
再来考虑蓝色出租车实验。事实认定者需要处理的以下关键数据是不清晰的："法庭在与发生事故的那个晚上相同的条件下检测了证人的可靠性，结论是：证人在 80％的次数里，准确地辨认了这两种颜色中的每一种；在 20％的次数里，辨认错误。"[112] 法庭在形成关于证人的结论的时候，考虑先验几率了吗？如果考虑了，那么事实认定者认定受害人案件的概率为 80％就是绝对正确的。如果法庭没有考虑——最可能的情况就是这样——那么到底为何没有告知事实认定者？事实认定者将证人 80％的可信度，当作一个不变量。他们以为，该城市中蓝色出租车和绿色出租车的比例，不会影响证人正确辨识颜色的能力。[113] 说得更正式一点，他们一定是假设了：$P(B \mid W)=0.8$。先验几率 $P(B)$ 相对比较低（只有 0.15），这一事实并没有使得这一假设不理性。因为，似然比 $P(W \mid B) / [P(W \mid B)+P(W \mid G)]$ 也许已经被估测的足够高了。虽然如此，不理性并非事实认定者的问题。另外，或许事实认定者已经关注于培根式的个案具体化概率了。也就是说，他们可能一直在关注对受害人主张（即证人对出租车颜色的辨别是准确的）的证据支持的分量。毕竟，普通的推理者使用培根式概率要比使用帕斯卡概率更常见。这又是另外一个因素，它要求研究者尽可能准确和全面地表达事实认定者的任务。[114]

---

〔110〕同前。

〔111〕参见 L. Jonathan Cohen，Can Human Irrationality be Experimentally Demonstrated?（1981）4 *Behavioral & Sciences* 317。

〔112〕Kahneman，Slovic 和 Tversky，前注〔100〕，156。

〔113〕Cohen，前注〔111〕，328－9。

〔114〕同前，330。

"可得性""代表性"及"锚定"启发法，也不能算作非理性或者有限理性。展现这些启发法的实验只能证明，事实认定者在表述其证据基础时犯了错误——或许甚至是系统性地犯错误。[115]这个问题是可以解决的，现在我将阐述这一关键点。

行为研究者系统性地将认知**表现**（*performance*）误作认知**能力**（*competence*）。[116] 尽管事实认定者的认知表现不佳，但他们仍
63 然是具有认知能力的。如果对那些错误进行恰当警示，事实认定者是可以避免概率计算中的错误的。不得不承认，事实认定者也会坠入行为研究者为测试他们的理性而设计的陷阱中。然而，这些陷阱只能作为魔术师的花招而起作用。任何诡计只能玩弄一次。这种玩弄会揭开且因此摧毁诡计。[117]

---

〔115〕 同前，325。事实认定者使用培根概率，通常能更准确地解释他们的裁决。也可参见 Charles M. Yablon, The Meaning of Probability Judgments: An Essay on the Use and Misuse of Behavioral Economics（2004）*U. Ill. L. Rev.* 899（论述了：由于存在不同的概率概念，常常会挫败认知心理学家的一些理论——这些理论认为，外行推理者在计算概率时是非理性的）。

〔116〕 Cohen，前注〔111〕，321，325－30。

〔117〕 这一看法类似于隐含在伦理学领域中的"目的论悖论"（teleological paradox）。有时，直接瞄向一个特定的目标（比如产生友谊），对于实现该目标而言会适得其反——这一困境使得目标难以企及。参见 T. M. Scanlon, *What We Owe to Each Other*（1998），p. 383，n. 15。

第三章

通过理性信念悖论理解证据法 64

一、概论

本章分析并解决了**抽彩**（*Lottery*）悖论和**前言**（*Preface*）悖论这两个认识论上的悖论，以及它们在法律中的衍生物：**逃票者**（*Gatecrasher*）悖论、**蓝色公交**（*Blue Bus*）悖论、**两个证人**（*Two Witnesses*）悖论和**院中囚犯**（*Prisoners in the Yard*）悖论。该分析指出了司法裁判事实认定的规定性特征，同时也确定了证据法的基础功能：在不确定性之下分配错误风险。该分析抛却了那种视证据法为促进真相发现的传统观点。

具体来说，本章论证了：证据的充足性（adequacy）这一理性事实认定的基础性标准，包含两个迥异的维度——质的维度与量的维度。理想情况下，事实认定者们作出认定所依靠的证据在质和量上都必须是充足的。质的充足性要求证据涵盖相关事实主张的每个片段。量的充足性要求排除一切对决定证据可信性的外部信息（下文称为“二阶证据”）的依赖。现实生活中，证据总是有遗失，所以这些标准无法达到。事实认定者们不得不退而求其次。他们的证据充足性标准，无论是质上的还是量上的，都以具有可行性的标准代替了理想标准。这种折中，使得事实认定者不得不根据具有某种程度非充分性——质上的，量上的，或者，通常是二者兼具的——的证据来做出概率评估。由此，事实认定在其所有阶段都包含了错误风险。裁判者对这种风险的分配并不仅仅存在于他们的最终认定中——他们应当根据可适用的证明责任和证明标准做出该认定——而且存在于（通过采纳和排除机制）筛选证据和以特定证据作为他们认定的基础这一过程之中。错误风险的分配是个无处不在的现象，它是司法裁判事实认定的规定
65 性特征之一。证据法需要在诉讼当事人之间分配错误风险及其潜在后果。而分配该风险的标准不可能是认识论性质的。对这类风险的分配并非一个认识论问题。司法事实认定中错误风险的分配标准位于政治道德领域。因此，证据法应当作如是理解，也应作如是设计：它是一个结合了道德和认识论两个方面理由的领域。在这个领域中，认识论罢手后，道德接手。

二、概括和悖论

司法裁判事实认定是建立在源于经验的概率推理基础上的。[1] 当事实认定者决定根据一个无利害关系的证人的证词作出裁决时，他们援引了这样一个概括（generalization）：总的来讲，与审判结果没有利害关系的证人会诚实地作证。事实认定者在使用显示被告人有犯罪动机的不利证据时，也会从经验进行概括。在这种情况下，事实认定者依赖于这样的概括：在绝大多数故意犯罪案件中，是具有某个动机的人实施了该罪行。相似的，事实认定者在决定不相信一个业主关于他的四所房屋在过去的九年间意外失火烧毁的证词时，暗示了一个概括。这个概括认为，在同一个人的四所不同房子上，过去九年里发生了四场意外失火，是非常不可能的。这一命题会让事实认定者去采信一个完全不同的事实版本，那就是：该房主为了向保险公司欺诈保费而在自己的

〔1〕 参见 William Twining，*Rethinking Evidence*：*Exploratory Essays*（1990），pp. 32 - 91（认为经验主义的方法在司法事实认定中是普遍的）。

房子里纵火。[2]，这些以及其他任何事实认定者援用的概括[3]，都是出自一般经验。这样的概括是不可或缺的。如果缺少了它们，司法裁判中的事实认定将会变得完全不可能。我们可以把这些概 66
括看成是将多个彼此分离的证据结合起来的黏合剂，它们使事实认定者得以完成他们的工作。[4]

这类推理以两个基础要素为特征：概率和演绎。任何事实认定者作出的认定，只能是很可能的（probable），而非确定的（certain）。在我举的两个例子中，如果恶意的被告和贪婪的业主向法官承认他们实施了被控罪行，情况也不会有什么不同。如果他们承认了罪行，那么这两个案子的法官还将提出另一个概括作为理由：对罪行的自愿承认，一般来说是具有诚实性的。根据这个概括，这类承认一般都是真实的，因为理性的人是不会作不利于己的陈述的，除非他们被无可否认的事实或难以抵抗的压力所逼迫。对罪行的自愿供认，一般都是源于真实的事实。出于显而易见的原因，这个概括本质上也是概率性的。与其他所有概括一样，它所表达的是一般的、但非普遍的事件——这些事件会在大多数但并非所有情况下发生。

事实认定者将概括与单个事件联系起来的方式是演绎性的。他们通过把未展现出任何特殊个性的单个事件归入这些常规性之

---

〔2〕 参见 *United States v Veysey*，334 F. 3d 600（7th Cir. 2003）。根据一名在该案中作为控方证人的精算师的说法，该事件实际发生的几率为一千七百七十三万亿分之一。

〔3〕 这些概括的清单几乎是无限的。例如："与审判结果没有利益关系的证人通常诚实作证"；"目击证人对犯罪嫌疑人的辨认通常是不准确的"；"将证词建立在同行评议出版物基础上的专家一般是可信的"；"法庭外的陈述通常不如法庭上的陈述那么可靠"。也请参见 *United States v Hitt*，981 F. 2d 422（9th Cir. 1992）（援引了三个概括："火器的设计使得其内部零件可以承受大部分由放电导致的张力"；"许多人看待武器，尤其是枪，是带着恐惧和不信任的"；"对枪有兴趣的人，会自然地保证它们清洁和处于良好工作状态"）。

〔4〕 参见 David Schum，*Evidential Foundations of Probabilistic Reasoning*（1994），82。（"概括和辅助性证据帮助我们维护我们所建立的推论链条中联系的强度；它们提供了令我们的论证联结在一起的'黏合剂'。自然，也会有关于我们是否使用了足够正确或强有力的'黏合剂'来将我们的论证联结在一起的争论。"）

下，从而将概括变为“涵盖的一致性”（covering uniformities）〔5〕。一个不包含任何非典型事实的单独事件，会被归类为“典型”，因此被可资适用的概括所涵盖。通过包罗常态，概括亦将自身变成不需要特别适用理由的规范。只有在将一个事件视为例外，即超出常规的时候，事实认定者才需要特别的理由。〔6〕如果所适用的概括具有事实确定性，而不仅仅是可能性，那么这个由一般到特殊的推理可以是无懈可击的。想一想那个也许最著名的、同时也（很可悲地）是必然确定的概括：“凡人终有一死”。一个人能够非常安全地得出结论：既然苏格拉底是人，那么他也难逃死亡。〔7〕然而，更多的实际中的概括，如“无利害关系的证人通常说实话”，远不能拥有与之相同程度的可信性。这些概括本质上是概率性的，对它们的依赖是危险的。想想伯特兰·罗素那只著名的（也是声名狼藉的）火鸡。它被规律地喂养和培育，直到被屠宰变
67 成盘中肉。〔8〕一个概括也许足以描绘事件的通常过程。但是，并没有保证，甚至并没有好的理由让我们相信，在所有未表现出非典型性的案件中，都会再现这种典型性。既然如此，我们为什么要通过概括来认知特定的事实呢？自经验中剪贴出一个概括，在认识论上也许是非常合适的；但将它粘贴进一个独立案件，则完全是另外一种决定。这种决定只能根据另外的认识论（或其他）理由而获得正当性。但这些理由多半难以获得。

由于概括既不可或缺又为数众多，概率性演绎就给司法裁判

---

〔5〕参见 Carl G. Hempel，Deductive-Nomological vs. Statistical Explanation (1962) 3 *Minn. Stud. Phil Sci* . 98。

〔6〕Twining，前注〔1〕，290－3。

〔7〕参见 Richard A. Posner，*The Problems of Jurisprudence* (1990)，pp. 38－42。

〔8〕参见 Bertrand Russell，*The Problems of Philosophy* (1967)，p. 35。（书中讲述了这样一个寓言式的故事：在一个火鸡饲养厂里，有一只火鸡发现，主人在上午 9 点钟给它喂食。这只火鸡自认为是一个卓越的归纳主义者，不急于得出仓促的结论，而是持续地进行观察。它发现，在雨天或晴天、热天或冷天等各种情况下，主人都是上午 9 点给它喂食。在收集了大量的观察之后，它感到很满意了，于是就进行归纳推理，得出结论：“主人每天上午九点给我喂食。”然而，在圣诞节前的一天，主人没有给它喂食，而是将它屠宰了。于是它通过归纳得到的结论也被无情地推翻了。——译者注）

事实认定带来了一个根本的难题。有两个认识论上的悖论能够加深我们对这个难题的理解。一个被称为抽彩悖论[9]，另一个被称为前言悖论。[10] 抽彩悖论讲的是一位彩票代理商，他面前摆放着一个装了一千张随机排列的彩券的盒子。这些彩券被投注者们从盒子里一人一张地抽出来。代理商唯一明了的信息是，盒子里只有一张券会中奖。整个抽奖过程中，代理商对前面彩券抽取的数量和结果都一无所知。他有认识论上的充分理由，相信第一次彩票抽取不会中奖；若持有别种信念，在认识论上就是不够充分和理性的（关于代理商形成部分信念并将其作为行动基础的可能性，将在本章稍后讨论）。然而，这种关于不会中奖的信念，也同等地适用于其他的任何一次抽彩，包括中奖的那次。这个结果是悖论性的，我们的代理商明知盒子中的某一张彩券的的确确会中奖。抽彩悖论揭示了概率性演绎难题的第一个重要方面：从无知中创获知识（creation of knowledge from ignorance）。当将“这些彩券不会中奖”这个概括延伸适用于每个单张彩券的时候，该难题的这个方面就显露出来了。这个概括迫使代理商无差别地对待所有的彩券，这与代理商的积极知识——这些彩票中的某一张实际上会中奖——是相悖的。在任何将已知的普遍一致性运用到对单个未知事件的决策过程中，这个认识上的混乱都是难以消除的。[11]

前言悖论[12]讨论的则是一本讲述某个实证项目的书，这个项目的调研非常详尽。虽则如此，该书的作者仍然在前言中提出警 68

〔9〕 参见 Henry E. Kyburg, Jr.，*Probability and the Logic of Rational Belief* (1961)，197（提出并分析了抽彩悖论）。

〔10〕 参见 David C. Makinson，The Paradox of the Preface (1965) 25 *Analysis* 205（提出并分析了前言悖论）。

〔11〕 参见 L. Jonathan Cohen，*An Introduction to the Philosophy of Induction and Probability* (1989)，47－53（指出了这类概括论证的本质局限性）。基于 Jonathan Cohen 的其他著作，本书第二章强调了事实认定者通过“接受”而不是“信念”机制来决定事实的要求。见上文第 37－39 页（指本书页边码——译者注）。这种要求更偏好客观证成的（“被接受的”）信念，而不是事实认定者主观上产生和持有的信念。此处，我只关注客观证成的信念，也可以称为“知识”。因此，“知识”和“信念”的概念是交替使用的，并不遵循认识论学者们的技术性分类。

〔12〕 由 Makinson 提出，参见前注〔10〕。

告说：尽管他竭尽所能地消除错误，但并不能保证这本书是零差错的。这个一般的预先警示告诉读者们，必然有一些错误会在这里或是那里出现，给本书造成一些瑕疵。作者不过是普通人。现在，一个受过良好训练的人逐页翻阅本书。他的任务是去考量每一页，决定是否存在认识论的可靠理由，去相信这里面存在错误。他没有找到具体至某一页的理由，可据以相信在任何特定的某一页上存在错误。因此，在认识论的驱动下，他将书的每一页都当作是零错误来对待。这个决定转而促使他得出整本书零错误的结论。然而，该结论与本书前言中的预先警告是矛盾的，悖论由此产生。这个悖论揭示了概率性演绎难题第二个方面的麻烦：怀疑不可消泯（perpetuation of the doubt）。为了解释作者的预先警示，他不得不将一些积极的概率归给以下命题：本书中任何特定的一页，都含有错误。

这些难题的出现，表明了事实认定者遵从的某些基本的——且各自都不容置疑的——原则在逻辑上的不一致。具体来说，这种紧张关系产生于以下几条理性事实认定原则之间：

> （1）如果一个事实主张高度可能（highly probable）为真，则接受它作为决策根据是理性的。
>
> （2）如果接受 p 作为决策根据，和接受 q 作为决策根据，都是理性的；那么以“p 且 q”作为决策前提，也是理性的。
>
> （3）根据逻辑上相矛盾的几个事实命题做出决策，总是不理性的。〔13〕

在抽彩悖论和前言悖论这两个例子中，事实认定者恰当地适用了规则（1）和（2）。不过他们却违反了规则（3）。承认彩票中

〔13〕 参见 Kyburg，前注〔9〕；Makinson，前注〔10〕。关于对这两个悖论的近期哲学讨论，参见 Igor Douven，A New Solution to the Paradoxes of Rational Acceptability（2002）53 *Brit J. Phil，Sci.* 391（总结了相关文献，提出了一个新的解决悖论的方案；根据这个方案，高概率本身并不是一个让事实认定者接受相关事实主张的充分标准）。还可参见 Igor Douven and Jos Uffink，The Preface Paradox Revisited（2003）59 *Erkenntnis* 389。

有一张会中奖，以及书中至少有一页里存在瑕疵，引出了一个认识论上的承诺：事实认定者无法将所有的彩票都认定为不会中奖，也无法将整本书都看作是零错误的。采用基于概率的部分信念标准 69
(probability-based partial-belief)，看起来似乎是唯一能够避开这些悖论的方法。[14] 不过，这个解决方法不过是用另一系列的问题取代了这一系列的问题而已。我将在本章后文中讨论这个解决方法。

三、论证的概要

以上两个悖论都对司法裁判事实认定有着深远的喻义，第四部分将对这些喻义作分析。每个事实认定都包含概括。任何这样的认定都是从无知中创获知识，就像抽彩悖论一样。这些认定出现在每个争议案件之中，侵蚀着整个事实认定工作的基础。此外，在前言悖论中指出的那种怀疑，存在于任何缺少确定性的事实认定之中。在司法裁判中，确定性的不可获得，是所有事实认定的规定性特征。既然这个不可消泯的怀疑在认识论上是正当的，那么它就筑起一道司法事实认定需要翻越的围墙。抽彩悖论和前言悖论为一些更具体的悖论——逃票者悖论[15]、蓝色公交悖论[16]、院中囚犯悖论[17]和两个证人悖论[18]——打下了基础。哲学家和法学学者们创造出这些悖论，是为了凸显统计学证据在法律中的功能。概率性演绎由抽彩悖论和前言悖论展现出的问题，与裸统计的问题在很多方面类似。然而概率性演绎问题比裸统计的问题更严重。任何从经验而来的概括都是赤裸裸的统计性的，然而并非

---

〔14〕 参见 James Hawthorne and Luc Bovens，The Preface，the Lottery，and the Logic of Belief (1999) 08 *Mind* 241。

〔15〕 L. Jonathan Cohen，*The Probable and the Provable* (1977)，74－5.

〔16〕 *Smith v Rapid Transit*，58 N. E. 2d 754 (1945).

〔17〕 Charles Nesson，Reasonable Doubt and Permissive Inferences：The Value of Complexity (1979) 92*Harv. L. Rev.* 1187，1192－3.

〔18〕 Cohen，前注〔15〕，95－7。

所有的裸统计证据都是概括。

第五部分解决了概率性演绎难题的两个方面，而且将这种解决方案与司法事实认定联系起来。具体而言，第五部分论证了：司法事实认定包括两个截然不同的参数——概率（probability）和分量（weight）。概率性演绎难题依附于那种仅仅诉诸概率的事实认定体系。概率通常代表了可用的证据提供给相关事实假设的确证程度。[19] 这种确证程度依靠于一个论证，该论证将某个具体特征（T）——这个特征在一系列具体数据（D）中普遍存在——与一个新的、因此也是之前未检验过的具有 D 特征的背景相联系，
70 从而延展了 T。在任何 D 的新个案中发现 T 的概率，等同于在 D 的所有个案中，同时具有 D 和 T 两个特点的个案所占的比例。[20] 无论从功能上还是概念上来说，这个推理本质上都是或然的，其目标是关于当前案件之几率的计算。这个推理并无雄心去支持具体附于该案件的任何事实主张。

分量这个概念描述了事实认定的另一个完全不同的维度。这个参数衡量着案件中现有证据对特定事实主张的涵盖范围。通过强调这一具体个案化的证据涵盖范围，分量参数使得对个别事件的司法事实认定个别化（individualize）了。该参数阻止了没有伴之以具体个案证据的任何概率性演绎。如此一来，它就消解了抽彩悖论。据此，证据允许代理商针对彩票之集合形成一个认识论上可靠的判断，但不允许他对任何单张彩票形成这样的判断。分量参数以相同的方式消解了前文称为抽彩悖论衍生物的那些悖论（逃票者悖论、蓝色公交悖论和院中囚犯悖论）。前言悖论也在这个场景中消逝了，因为其引致的不可消泯的怀疑缺乏具体个案证

〔19〕 参见 William Kneale，*Probability and Induction*（1949），114－222；Rudolf Carnap，*Logical Foundations of Probability*（1950），19－51；Georg H. von Wright，*A Treatise on Induction and Probability*（1951），167－222；Cohen，前注〔11〕，1－39。

〔20〕 正式表述为：P（T｜D）＝P（T）·P（D｜T）/P（D）。这就是贝叶斯定理。参见例如，Cohen，前注〔11〕，23－4；Kneale，同前，127－32。

据支持。这个纯统计学上的怀疑，其分量不足以影响对书页的评估。通行的法律分类学认为，这种抽象且难以察觉的怀疑，尚未“合理”到能令刑事被告人无罪获释。[21] 相似的原因也使得两个证人悖论得以消除。

第六部分延续上述分析，严格检验了分量参数及其个别化标准。看起来，“具体个案的”（case-specific）或者说“个别化的”（individualized）证据，似乎是用词不当。[22] 根据其定义，证据有赖于推论过程。证据，是指事实认定者能够从其中获取额外信息的信息。一项信息只有在证明某事的时候，才能算作证据。然而，这种证明的能力，并不存在于这项信息自身之中。为了发挥支持一个未得到证实的事实主张（如“原告被一辆车撞了”）的证据性功能，任何信息（如“没有利害关系的证人 W 陈述说原告被一辆车撞了”）都需要与相关的概括（如“没有利害关系的证人一般说实话”）结合起来。W 的具体个案性的证词，并没有包含据以做出“原告确实被一辆车撞了”这一具体个案性认定的理由。做出 71
这个认定的理由，只能在认为“无利害关系的证人（如 W）一般会诚实作证”这个概括里找到。从认识论的观点看，这个理由和它潜在的以经验为基础的概括一样强有力。正如一开始强调的那样，这种概括将个别的一些信息转换为证据；如果它不存在，则事实认定就变得完全不可能。于是概率性演绎的问题再次出现了。这个问题一直伴随着事实生成型论证，这种论证将证据与概括结合，从而把具体个案信息转变为证据。

这个问题的重现，并不能消除分量这个参数及其对个案具体化的坚持。具体个案证据总是从概括中获得其证明意义，不过这

---

〔21〕 参见例如，Adrian A. S. Zuckerman，*The Principles of Criminal Evidence* (1989)，pp. 134 - 40。

〔22〕 参见 Laurence H. Tribe，Trial by Mathematics：Precision and Ritual in the Legal Process (1971) 84 *Harv. L. Rev.* 1392（认为统计学证据和个别化证据仅仅是在具体性程度上有所不同）；Judith J. Thomson，Liability and Individualized Evidence (1986) 49 (3) *Law & Contemp. Probs* . 199（与前者相同）。

种依赖性不会彻底令这个证据的操作性意义归于无效。第六部分论述了，具体个案证据作为一种个别化手段，具有操作上的重要性。之所以如此，是因为该证据使得个体诉讼当事人能够进行事实生成型论证，以抵抗对方的事实生成型论证。更准确地说，具体个案证据使得个体诉讼当事人能够质疑于其不利的基于经验的概括之可适用性。这些质疑所需要的信息，只有利用具体个案证据才能得到。比如说，对一个了解某些具体个案信息的证人进行交叉询问，很可能得出一些新的具体个案信息。缺少这种潜在功效的证据，就算不上具体个案证据。

个体当事人对于具有"涵盖的一致性"地位的不利概括，无法进行控制。然而，通过运用具体个案证据，他能够质疑使这些概括得以运行的背景条件是否具备。若这种质疑成功，当事人就能将案件从这个不利于他的概括转至一个与之不同的、支持他的主张的涵盖一致性。这种存在于概括和具体个案证据之间的依赖关系是相互的，而非单边的。具体个案证据并非简单直接地从概括中获得其证明意义。它是从事实生成型论证中获得证明意义的，而事实生成型论证确定了可适用的概括。这种确定，关键依赖于将当前的案件归类为此涵盖一致性、而非彼涵盖一致性的情况模式（case-pattern）。事实生成型论证总是需要阐明这个模式，而这关键依赖于具体个案证据。接着我举的上一个例子：对一个指向 W 和原告之间友谊的具体个案证据的认可，能够将案件从"无利害关系的证人一般说实话"这个概括转至一个更为恰当的概括；根据后者，与一方当事人有
72 友谊关系的证人往往会提供不实证言。证据越是个案具体化，就越好。

这个看法揭示了一个基础性的事实认定规则：最大个别化原则（the principle of maximal individualization，或简称为 PMI）。我提出这个原则是针对司法事实认定，而非将其作为一个普遍的认识论原则。很显然，一般认识论需要比本章所论述的内容更具

有包容性。[23] PMI 的适用应该是非常全面的，既能够针对单个的证据适用，也能够针对整体的案件适用。PMI 要求事实认定者考量所有与该案有关的具体个案证据。该原则还要求，当支持一个不利于一方当事人的认定的证据无法通过最大个别化检验时，事实认定者不得作出该认定。这个检验包括对证人的交叉询问，以及所有其他检验证据可信性、获取案件新信息的实践方法。根据 PMI，任何被举出用以反对一方当事人的证据，必须可以被该当事人反向利用。更概括地说，任何不利于一方当事人的事实认定，必须向该当事人的个别化检验敞开。

第六部分也从认识论领域转换到了政治道德领域。实践事务中的事实认定，总是在不确定性之下做出的。司法事实认定亦不例外：它总是包含着错误风险。司法事实认定需要将该风险分配给相关事实问题争端双方当事人之一。这种错误风险分配是一个零和博弈。若事实认定者将错误风险分配给原告，则被告不必承担该风险；反之亦然。[24] PMI 的应用也是一个零和博弈。通过阻却未经具体个案证据证实的事实认定，该原则将错误风险分配给支持该认定的一方，反对该认定的一方则豁免于错误风险；通过对有具体个案证据支持的认定予以确认，该原则将错误风险分配给反对该认定的一方，支持该认定的一方则豁免于错误风险。所有这些选择都是道德性的，而非认识论性质的。

PMI 的适用也并非无成本。当适用 PMI 的成本大于成效时，事实认定机制很可能会中断该原则的适用。一个理性的事实认定 73
机制应当同时使两种社会成本最小化：错误认定所引发的实体错误成本，和消除该错误的程序成本。事实认定者应当减小这些成

---

〔23〕 一般认识论必须能够包容对前言悖论和抽彩悖论的部分信念解决方案。参见 Hawthorne and Bovens，前注〔14〕。然而，裁判者们在设定对证成信念的定性标准时，几乎无法采用这种方案。在司法裁判中，所规定的信念程度（同前，255－6）也在当事人之间分配着错误风险。这种风险分配要求具体化的证成。

〔24〕 参见 Alex Stein，The Refoundation of Evidence Law（1996）9 *Canadian J. Law & Jurisp*. 279，312－22。

本的总量。[25] 这个经济规则（将在第五章讨论）要求事实认定者在做出关于风险分配的选择时，区分不同的错误风险。事实认定者应当将更多的努力放在减少更严重的风险（例如，错误地宣判无辜被告人有罪的风险）上。PMI 需要通过一系列的风险偏度调整。在民事和刑事等不同种类的案件中，这个原则应当适用的程度，本质上是一个道德问题。这种转换并不令人惊讶。在每个包含不确定事实的司法裁决之中，当支配性的认识论罢手后，道德即接手。[26] 由于司法裁判的最终主旨是将国家权力强制适用于个人，因而这个问题就不只是道德性的，也是政治性的。[27] 第六部分详细阐述了 PMI 的道德和政治价值。

沿着上述思路考虑这个问题，就可能使其走向相对主义。关于如何在司法事实认定中分配错误风险，不同的人可能形成迥异的——但又是同样合情合理的——观点。PMI 应当在多大程度上使一方当事人而非对方当事人受益，对此不同的人可能持有完全不同的看法。为了证成对 PMI 的一般采纳和其具体应用，需要一套毫无争议的道德理论。然而幸运的是[28]，这样的道德理论并不存在。充其量，人们只能找到愿意生活在多样但有序的社会中的人们所持有的不同道德观点之间的一致妥协。[29] 伴随着其所有的内部张力，这个妥协转化成了制定法（在第五、六、七章中再论述这个问题）。

四、抽彩悖论和前言悖论

抽彩悖论和前言悖论是从现实中抽象出来的，从这个意义上

〔25〕 可一般性地参见 Richard A. Posner, An Economic Approach to the Law of Evidence (1999) 51 *Stan. L. Rev.* 1477。

〔26〕 Stein，前注〔24〕，285 - 9。

〔27〕 同前。

〔28〕 有些人也许会将这种困境看作是不幸的，而非幸运的。基于人们对一些自我宣称为唯一正解的道德理论的经验，请允许我不同意此观点。

〔29〕 参见 Joseph Raz，*The Morality of Freedom* (1986)，181。

来说，它们是非常脱离现实的。这个特点有方法论上的益处。对现实之抽象，消除了环境偶然性因素；而这些偶然因素存在于现实生活情境中，并且干扰了对该情境之本质模式的观察。[30] 通过 74
过滤掉依附在现实生活中的事实认定上的环境偶然性，这两个悖论揭示了事实认定现象的规定性特征。这些特征一方面作为观察该现象的透镜发挥作用，另一方面作为理解该现象应当借助的模型而发挥作用。

抽彩悖论很容易转化成一个司法事实认定悖论。请考虑以下普遍存在于刑事和民事诉讼中的情况。事实审理者听了三个证人的证词：原告、被告和一个证实原告对事件的描述的中立观察者。事实审理者怀疑原告和被告都以于己有利的方式扭曲了事实。他知道，原、被告皆是局内人：二者都了解涉诉事件，且于审判结果之中有个人利益。他们各自都有机会和动机去模糊对己不利的事实。然而，考虑到面临伪证罪的风险，那个中立证人或许有机会模糊事实，却没有动机这样做。基于这些情况，事实审理者相信该中立证人，并决定在该案中支持原告的请求。

正如许许多多以相同方式作出的裁决一样，这个决定依赖“无利害关系的证人通常说实话”这一概括。这个概括以经验为基础，因此这个决定看起来没有瑕疵。然而，这个概括仍然是一般性而非普适性的。它在大部分基于无利害关系的证人的案件中符合事实，但不会在所有这类案件中都是真实的。尽管如此，事实审理者有认识论上的充分理由，将这个概括当作涵盖的规律性（covering regularity）来运用。因为手边的案件并未表现出任何不同寻常之处，事实认定者只能将其归为常规案件并应用这个概括。

这个推理是有欠缺的，因为该案件也并未表现出任何将其确定地归类为常规情形的特征。可以说，为了能被一个基于经验的

---

〔30〕 参见 Milton Friedman，The Methodology of Positive Economics，in Daniel M. Hausman，ed.，*The Philosophy of Economics*：*An Anthology*（2nd edn.，1994），180 - 213。

概括恰当涵盖，所检验的案件必须真正与之相符。该案需要与形成这些过去经验的情形方方面面都相似。由于每一个情形中的事实都是个别的、独特的，因而这个相似性标准永远无法得到满足。在抽彩悖论这个例子中，代理商观察到的（每个人）彩票抽取之间的相似性仅仅是表面性的。事实上，每次彩票抽取都是分立和独特的，不同于其他的彩票抽取；这一原理同样适用于“没有利害关系的证人在审判中通常诚实地作证”。因为事实认定者知道——像我们所知道的那样——某些没有利害关系的证人并不会诚实地提供
75 证言，所以毋庸置疑，任何这样的证人都有可能是不诚实的。正如抽彩悖论中任何一张彩票都可能是中奖的那张，任何没有利害关系的证人实际上都可能是不诚实的。将每个这样的证人当作是诚实的来对待，就会从无知中创获知识。

借助前言悖论，我现在将这本书的每一页都类比成一个在单独一场庭审中作证的无利害关系的证人，以进一步阐述上述观点。我还将作者在前言中的预先警告，类比成如下概括：“尽管无利害关系的证人通常诚实作证，但他们之中的少部分人偶尔也会不诚实”。这个概括也是源于经验，因此并无理由去怀疑它在通常认识论上的有效性。如果事实认定者们相信了连续多场庭审中每一场上的证人，他们就会违反对这个概括的预先警告（“无法保证所有没有利害关系的证人都会诚实作证”），这与前言悖论中那位读者违反作者预先警告的方式如出一辙。然而，如果事实认定者决定不相信某些证人，他们也不会做得更好。由于无法辨别不同的证人，他们可能会对每一份证言都不予采信，却无法以具体个案性的理由支持该决定。因此，事实认定者陷于进退维谷的境地。他们必然要么使自己“从无知中创获知识”（这在认识论上是没有根据的），要么让针对每个证人而产生的怀疑阻却任何的事实认定裁决。这个结果确实是悖论性的。理性的事实认定者们从表面上可接受的前提出发，进行表面上可接受的推理，但仍然得出了一个

完全不可接受的结论。[31] 摆脱困境的出路何在?

概率理论提供了一个出路。事实认定者们不需要实实在在地相信或不相信任何证人，他们可以奉行部分信念（partial beliefs）。[32] 事实认定者们只需要用他们过去经历的事件的相对频度，来赋予每一个证人以适当程度的可信性。请注意，我们目前是以民事案件为例，其中原告的主张只需可能性超越不可能性即可胜诉。因此，每个证人诚实的概率性已经足够使得案件朝前推进。这样的概率评估也适用于抽彩悖论中的每一张彩券和前言悖论中书的每一页。抽彩悖论中每一张彩券都有一个极低的中奖概率（1/1 000），前言悖论里书的每一页也都有一个极低的包含错误的概率。由于对没有具体个案信息伴随的个别案件的去个别化处理，这个向概率的转移变得可能了。这个转移，通过假定遗失 76
的信息并无任何特定倾向性，使所有此类案件平均化了。这个假定认为，从长远来看，在能够获得这些遗失信息的相似案件中，证实相关假说的实例数量与驳斥相关假说的实例数量大致相等。这些实例相互抵消了。统计学理论将这种转移命名为“不充分理由原则”（the principle of insufficient reason）或“无差别原则”（the principle of indifference）。[33] 后一个名称强调了对未知个体因素的无差别假定，它看起来比前一个名称更恰当。的确如此，因为对统计学来说，个体（individuals）是不存在的。

对个体来说，统计学也是不存在的。将频率论概率归属到单个事件上，总是包含着专断。这种推理模式将一个个别事件抽象化（比如，抽象成“没有利害关系的证人 W 在以 P 和 D 为双方的

---

〔31〕 参见 R. M. Sainsbury, *Paradoxes* (2nd edn. , 1995) 1（当从明显可接受的前提，做出一个明显可接受的推理，却得到一个明显不可接受的结论时，悖论就产生了）。

〔32〕 参见 Hawthorne and Bovens，前注〔14〕。

〔33〕 参见 Cohen，前注〔11〕，43 - 7。也请参见 John Maynard Keynes，*A Treatise on Probability* (1921)，p. 45。(“无差别原则断言：如果没有**已知**的理由来主张我们几个可选项中的一个而非另一个，那么相应的，对这个知识来说，对这些备选项中的每一个的主张都有**相等**的概率。因此，如果不存在指向**不相等**概率的正面理由，就必须将**相等**的概率分配给几个论证中的每一个。”（粗字体为原文所加）)

审判中作证"），并将其归属到一大类相似概念化的事件（"10 000 个没有利害关系的证人在 10 000 场审判中作证，他们在 9 900 个案件中说了实话"）之中。这个转移让推理者可以将强制性的 0.99 概率赋予"W 诚实地作证"这个命题，却没有积极识别那些对将当前案件归属于"无利害关系证人"案件这个总体种类予以正当化的具体事实特征。与相关统计库的整体构造一道，这个归属源于具体个案信息的缺乏，而具体个案信息能够将属于统计库中的案件彼此区分开来。我将这些案件描述成"属于统计库"，当然严格说来是比喻性的。这些案件并非本身就属于该统计库，毋宁说，它们是被推理者们放入该统计库的。[34]

牛津哲学家威廉·尼尔（William Kneale）在他对无差别原则的深刻批评中，讨论了这种专断性。尼尔写道：

> ［无差别原则］可以用来证成"骰子落下来数字 1 向上的概率是 1/6"这个主张，但它同样可以用于证成"骰子落下来数字 1 向上的概率是 1/2"这个主张。因为我们可以将以下两种情况作为选项："骰子落下来数字 1 向上"和"骰子落下来其他数字向上"；并且，当我们唯一知晓的信息只是一个骰子已被掷出时，我们可以说自己没有任何理由来断言这两种情况中的某一种而非另一种。因此应该说它们的概率各等于
> 77 1/2。当然，还可以做出一个非常相似的论证，表明数字 2 向上的概率也是 1/2；依此类推，六个可能的结果中的每一个都是如此。这是很荒唐的。[35]

尼尔进一步提出，为了避免这种荒唐，无差别原则只能适用于那些有同等具体性（specificity）程度的事实情境。[36] 该条件意味着，那些抽象的情境比那些包含具体个案细节的命题，更适于

〔34〕 Hawthorne 和 Bovens（前注〔14〕）通过将所有彩票和所有书页放入同一个统计库，来解决抽彩悖论和前言悖论。统计学上的标准部分信念就是这样做的。

〔35〕 Kneale，前注〔19〕，147。

〔36〕 同前，148－50。

用频率论概率来测量。将实际的事件构造成抽象的情境（如“没有利害关系的证人一般诚实地作证”），这种可能性既具有吸引力又存在问题。这种可能性之所以吸引人，是因为整个事实认定事务依靠事实认定者进行概括的能力。然而它也是有问题的，因为实际事件向抽象命题的转化，在操作上是善变的，在认识论上是不真实的。事实认定者们如何知道 W 确实是那些“诚实作证”的“没有利害关系的证人”中的一位呢？隐藏在“一般”这个限定词后面的实际情况又是什么呢？为了了解所有这些，事实认定者需要将附属于 W 及其证词的具体事实，与统计库中其他证人及其证词的具体事实进行比较。进行这种比较的需要，驱使他们为了获取更加个案具体化的信息而扩大调查。然而，这种对事实认定者信息基础的连续扩张，将逐渐以“差别原则”替代“无差别原则”。这种替代与本章第五、六部分所分析的“分量”标准的运行产生了共鸣。此处，注意到以下这点就够了：频率论概率框架未能提供一个在认识论上令人满意的对概率演绎难题的解决方案。

逃票者悖论和前文提及的其他悖论，凸显了司法事实认定中的裸统计证据问题。这些悖论的方法论目的，并不是明确地针对概率演绎难题——概率演绎附随于所有基于经验的概括。然而，这些悖论都衍生于这一普遍性的难题。一个令人满意的解决该难题的方案，将会消除所有这些悖论——逃票者悖论、蓝色公交悖论、院中囚犯悖论和两个证人悖论。前三个悖论都包含这样一个情景：它看起来满足了所适用的（民事或刑事）证明要求，然而，若做出承担法律责任的判决，将会明显违反直觉。在两个证人悖论中，有两位就同一争点独立作证且作证内容相同的可疑证人。这两个证人相互补强，该因素应该加强了他们的可信性。然而，将频率论概率算法运用到这一情景，产生了完全不同的且违反直觉的结果。由于怀疑的累积，第二个证人的加入降低了（而不是 78
提高了）证人所证明的事实之概率。

在逃票者悖论中，有 1 000 个人进入了一个马术竞赛场，但只有 499 个人付了入场费。没有其他可用的证据——这个悖论的创造者乔纳森·科恩说："要假设，没有发售实体的票，而且不存在关于某人是付费入场还是翻过围栏入场的证词。"[37] 因此，一个占优势的 0.501 概率支持了赛事举办方的如下指控：某位随机挑选的观众 A，是逃票者之一。"A 实际上是付费入场"这个命题就只有 0.499 的概率。根据普遍适用于民事诉讼的优势证据标准，举办方看起来似乎有权从 A 那里索取入场费。然而，根据普遍的看法，几乎任何法官都会支持 A 提出的直接驳回起诉的请求。[38]

蓝色公交悖论是说，一个色盲的人被一辆公交车撞伤，肇事车辆随后逃逸。由于镇上只有蓝色公交和红色公交两家公司，原告可以将他的受伤要么归咎于蓝色公交，要么归咎于红色公交。蓝色公交公司运营着镇上 80％的公交车，红色公交公司运营剩下的 20％。没有其他可用的证据。那么，原告对蓝色公交公司提起的人身伤害赔偿诉讼应当胜诉么？表面上看，应当胜诉：原告主张的事实发生的概率是 0.8，高于优势证据标准要求。但是这样的结果被普遍认为是反直觉的，而且在法律上是不被允许的。[39]

院中囚犯悖论是关于一个容纳了 1 000 名犯人的矫正机构。在那里，999 名犯人进行了一场暴动，期间还杀害了数个惩教人员。剩下的一名犯人靠墙站着，没有参与暴乱。但是无法辨识这名犯人是谁，所以每个被指控参与暴乱的犯人都会宣称自己就是这个人。随后，所有的 1 000 名犯人都被指控谋杀警员。因此针对每个人的指控成立的概率都等于 0.999。这一概率是否跨越了"排除一切合理怀疑标准"所设定的定罪门槛？[40] 表面上看，它是的：0.999 的概率是极其高的，因此应当满足了刑事案件证明

〔37〕 参见 Cohen，前注〔15〕，75。

〔38〕 参见 *Smith v Rapid Transit*，58 N. E. 2d 754 (1945)。

〔39〕 同前。

〔40〕 参见 Nesson，前注〔17〕。

标准。[41] 不过，事实认定者在区分犯人问题上的无能为力，以及 79
这些犯人中确有一人无辜这一确定知识，阻断了给这些犯人中的任何一位定罪的可能性。

这些悖论的目的，在于提取出一个大概的原则，据此使裸统计证据失去作为司法裁判中事实认定之根据的资格。[42] 可以说，这样的证据对于司法事实认定完全不适宜，因为它在从无知中创获知识。司法事实认定应当依靠具体个案证据；该要求在法律著述中引发了一场旷日持久且至今不休的争论，被称为“概率论辩”。这场论辩聚焦于许多重要的问题，有些与我们当前的讨论有关，有些则无关。[43]

支持具体个案证据要求的观点，处于这场讨论的中心位置。如前所述，这些观点和概率演绎难题有关，而概率演绎难题附随于事实认定者使用的所有概括。由于影响深远，这个问题比裸统计证据的问题更为重要。没有裸统计证据（这些裸统计证据不构成概括）帮助的事实认定者，仍然能够做出认识论上可靠的认定。使用裸统计证据，并非事实认定之推论过程的先决条件。然而，若没有概括，事实认定将会变得完全不可能。回想一下前文提及的隐喻：没有了概括，就没有了将不同证据联结为事实主张之网

---

〔41〕参见例如，Alexander Volokh，n Guilty Men (1997) 146 *U. Pa. L. Rev.* 173（检验了几种不同的定罪概率阈值；据此，0.999 的有罪概率通常足以将被告定罪）。

〔42〕Charles Nesson，院中囚犯悖论的提出者，还有其他的——而且更远大的——目的。根据他的论述（同前注〔17〕，1198－9）：“刑事审判程序的要求，比被告人有罪的高概率要求还要高。庭审旨在收集关于发生了什么的一切可用信息。如果本案中所有证据已用罄，仍有关于被告人是否实施了犯罪的不确定性疑问，那么这种不确定性怕是永远都无法解决了。陪审团的作用，正是以他们的裁决替代这种难以消除的怀疑，给出一个对此类冲突而言，尽管是技术性的、但仍然是可接受的解决方式。如果陪审团要成功地发挥这种功能，就不能只通过其裁决来表达对被告人有罪的信念，而且陪审团评议的证据必须不仅仅是证明了一个被告人有罪的统计概率：这些证据必须足够复杂，以阻止对有罪的概率量化。刑事案件中总会出现某种不确定性，但只要证据阻止了对不确定性程度的具体量化，外部观察者就别无选择，只能遵从陪审团的裁决。”

〔43〕有些问题已在第二章中讨论过了。也请参见 William L. Twining and Alex Stein (eds.)，*Evidence and Proof* (1992)，xxi－xxiv（总结了对概率的争论）。

的黏合剂。这些问题将在第五部分讨论。第六部分为抽彩悖论及其三个法律衍生物提供了一个统一的解决方案。

两个证人悖论源自雅各布·伯努利（Jacob Bernoulli）对补强证言的概率分析。[44] 这个分析聚焦于A和B两位证人，他们彼此
80 独立地给出了完全相同的证言陈述。证人A说实话的概率是p；证人B说实话的概率是q；事实认定者的任务是决定当A和B的陈述同一时，A和B都是在说实话的概率。这个概率（表示为w）等于：A和B都诚实作证时（pq）二者陈述同一的案件数，在A和B陈述同一（既包括都诚实作证也包括都不诚实作证）的案件总数中所占的分数比例。这个案件总数可以表示为囊括了所有可能场景的概率总数：$pq+(1-p)(1-q)$。因此，$w=pq:[pq+(1-p)(1-q)]$。这在数学上意味着，当p或者q低于0.5的时候，补强将是无效的。于是，当A和B都显得可疑时——一个是由于有伪证前科，另一个是由于视力很差——他们的证词将无法互相补强，即使他们独立地证明了同样的事实。如果p和q都等于0.4，那么w就等于0.31。相互补强的证人的证明力降低了，这显然是反常的。[45]

这种反常与前言悖论展现出的怀疑不可消泯现象紧密相关。为了简单起见，假设这个悖论里的小册子共10页，每页有错误的概率为0.1。这本小册子里有错误的概率几乎是达到了确定性。[46] 随着供选择的情境数的增加，附属在所有情境之上的几率确实变得更高了。从技术上来说，一个析取情境（即“事件A或者事件B”）的概率，等于A和B分别的概率之总和，减去A和B同时发生的概率（减去合并A&B事件的概率，防止重复计算）。

〔44〕 Jacob Bernoulli，*ArsConjectandi*，Part IV，§iii（1713）.

〔45〕 参见Cohen，前注〔15〕，95-6。

〔46〕 请比较Hawthorne and Bovens，前注〔14〕，248-9。

这个几率运算法则无差别地适用于积极证明的情境（affirmatively evidenced scenarios）和抽象的错误概率。因此，抽象的错误概率之总量得以累积。在两个证人悖论中，A 或者 B 虚假作证的概率等于 0.69。这个对怀疑的反常累积，与从无知中创获知识是类似的。第五和第六部分相连接，发展出了一个消除这些反常性的事实认定机制。

五、证据分量与个案具体化

具体个案证据的缺失，是第四部分讨论的所有悖论场景的共同特征。这个特征是否构成了一个认识论上的弊病？或者说它只是一个症状而已？

在不确定状态下的事实裁决，本身就是概率性的。当一个特 81
定事件既不是绝对确定的也不是完全不可能的，它就是可能的（probable）。[47] 然而，这个自明之理只是论述的起点——因为它并没有揭示“可能的”意指为何。根据某种观点，存在任何理论上的实现机会的情节，都算作是可能的。既然证据和逻辑都无法完全排除某个著名足球队（如皇家马德里）会招录我做前锋的可能性，那么这种观点将会把一个极低的、但依旧是正向的概率归属给这个不大可能的情况。其他任何一个想要将相同的概率加诸自身的法学教授，同样有权这样做，且这样做并不会变得不理性。而且，皇家马德里招录我们中的任一个人做前锋的概率，将会变得高于前两个概率中的每一个。因此，考虑到全球的法学教授（包括助教）的数量，我似乎已经证明了：仅仅是难以采取集体行动的问题——而不是教授们作为足球运动员的能力因素——阻止了他们累积起一个替换掉劳尔的威胁。这个主张当然是荒谬可笑的。然而，只要事实认定者将正向的概率归属给无证据证明的情

〔47〕 参见例如，Kneale，前注〔19〕，1－21。

节，这样的主张就无法被驳倒。

幸运的是，事实认定者们不必如此。“可能的”这个概念有两个维度。这个概念所囊括的，不仅仅是概率评估所计算出的几率，还有概率评估所依赖的证据支持度。特定事实假说符合实际事件的几率，可以从几乎任何一组信息之中推断出来，不论这组信息是多么的薄弱。此外，事实认定者也可以从信息的完全缺失之中得出这种几率。当几种不同的情形都完全没有证据证明时，事实认定者们可以假定，缺失的信息并没有任何特定的倾向性；最后，他们可以将这些情形视为同等地可能。所以，任何概率评估都以其证据基础（evidential base）为条件：基础越牢固，评估就越牢靠。某些概率评估可能因此而比其他评估拥有更多（或更少）的证据根据（evidential credentials）。换句话说，各种概率评估在分量上是不同的，这取决于支持它们的证据有多丰富。

事实认定者对一个概率评估的理性依赖，既取决于这个概率评估有多高，也取决于它的证据根据有多强。忽视这两个因素中的任何一个，都是不理性的。基于一个很高、但却证据根基薄弱的概率评估来做出决定，显然具有很大的风险。不过，忽视建立在不充分证据基础上的高概率，同样也是有风险的。如果系统性地适用，这两个策略都可能产生系统性的错误决定。

因此，这个证据根据标准应当一直伴随着对几率的计算。这
82 个标准区分了有证据证明的和无证据证明的概率评估，继而区分了伴随于不同概率评估的不同证据支持度。根据这个标准，一个概率评估的相对强度（strength）或力量（cogency），取决于支持它的证据所涵盖的事实范围大小。[48] 事实认定者们应当通过度量现有证据确证那些构成待验假说的具体事实的程度，来确定这个因素。从这个角度来说，正如前文所述，某些概率评估能够而且

〔48〕 参见 Cohen，前注〔11〕，27 - 39。

也应当被视为得到了更大程度的证明，因此比其他的评估更有分量。根据约翰·梅纳德·凯恩斯（John Maynard Keynes）创造的术语[49]，我将这个标准称为分量（weight）[这里要附带说明的是，其他描述这个因素的概念，比如“力量”（cogency）、“稳健性”（robustness）、“恒定性”（invariance）或“韧性”（resiliency）[50]，也同样合适]。[51]

这个标准引出了在将概率评估用于单个事件时的个案具体化要求。例如，赌客们的经验允许他们——在没有任何具体个案证据的情况下——认定：连续抛掷一个随机选定、未做手脚的硬币，正面和反面向上的次数将会大致相等。这个以经验为基础的认定，因此会给每一次硬币抛掷都归属一个50%正面向上的概率和50%反面向上的概率。在这个例子中，假定赌客们的抛掷硬币经验是真实的，那么50%这个概率评估就会具有很大的分量——只要它所说的是对一个未做手脚的硬币的一连串投掷，而不是想说任何一次个别投掷。

那么，对一个未做手脚的硬币的一次个别抛掷呢？——假设 83

---

〔49〕参见 Keynes，前注〔33〕，71－7。Keynes 是第一个系统性地区分概率及其分量的人。他对这个问题的著名论述如下（同前，77，84）：“随着我们掌握的相关证据的增加，一个论证的概率或者变大或者变小了，这取决于新的知识强化了有利的证据还是不利的证据；但是不管是哪种情况，某个东西似乎都增加了，那就是：我们据以得出结论的基础，变得更充实（substantial）了。我这样表达这一点：新证据的加入增加了一个论证的分量。新证据有时会降低一个论证的概率，但总会增加它的‘分量’。比喻性地说，分量度量着有利和不利证据之和……概率度量着二者之差。”对这个区别的进一步分析可参见 L. Jonathan Cohen，Twelve Questions about Keynes's Concept of Weight（1985）37*Brit. J. Phil. Sci.* 263；L. Jonathan Cohen，The Role of Evidential Weight in Criminal Proof（1986）66 *B.U.L.Rev.* 635；Cohen，前注〔11〕，102－9。

〔50〕对这些概念的分析可参见 R. A. Fisher，*Statistical Methods for Research Workers*（7th end.，1938），120ff；James Logue，*Projective Probability*（1995），78－95。

〔51〕Charles Pierce 也认可这一标准，他写道：“为了表述信念的恰当状态，我们需要两个而非仅仅一个数字。第一个取决于推断出的概率，第二个取决于该概率所基于的知识量。”Charles Hartshorne and Paul Weiss（eds.），*Collected Papers of Charles Sanders Peirce* Vol. 2（1932），421.

该硬币的所有其他属性，以及抛硬币的环境条件和相关物理法则是完全未知的。在这个情境中，事实认定者也可能会理性地将50%的概率各归属于正面向上和反面向上这两种情况。然而，这个概率评估不会有太大的分量，因为它没有依靠证据。更确切地说，它源于具体个案证据的整体缺失，以及将所缺失的证据视作没有倾向性的无差别假定。〔52〕但是缺失的证据是有倾向性的，只要它与任何特定的硬币抛掷有关。任何一次硬币抛掷，要么正面向上、要么反面向上——而不是50%的正面向上、50%的反面向上——这个结果是预定的。

这种不确定状态下的事实认定框架，消除了抽彩悖论和前言悖论，以及它们的法律衍生物（逃票者悖论、蓝色公交悖论、院中囚犯悖论和两个证人悖论）。在抽彩的情景中，事实认定者对整体的彩票抽取做出如下认定在认识论上是恰当的：这些彩票使得单个抽彩者中奖希望渺茫。事实认定者有足够的证据来作这个认定。然而，事实认定者没有掌握关于任何单独一次抽彩的证据，因此也对之无发言权。根据事实认定理性的基本原则，因为“某一次特定的抽彩不会中奖”并不具有高度的可能性（即这个命题无证据证明），事实认定者不能够理性地接受该命题为真。

在前言悖论情景中，阅览者记住该书包含一些错误，这在认识论上是正当的。作者的预先警告为阅览者提供了可靠的证据理由，来如此看待这本书。然而，他没有任何认识论上的根据，使他可以将任何错误概率归属给该书的特定某一页。任何这种概率归属都是无证据证明的，因此也是不正当的。以分量作为认识论有效性标准的事实认定框架，将这种概率归属看作是缺乏理由的。正是因为这个原因，该阅览者将概率归属给析取命题“第一页或者第二页包含一个错误”，是没有认识论根据的。由于阅览者没有特定附属于具体书页的关于错误的证据，他可能作出的关于特定

〔52〕 参见 Keynes，前注〔33〕，44－69（分析并批评了该假定）。

书页的任何描述，在认识论上都是无效的。该阅览者只能一般性地言及这本书中有错误的可能性——这是个重要的认识论限制，它阻断了抽象统计学怀疑的增殖扩散。

上述论点引出了下面这个问题：尽管分量是一个在认识论上可靠的用于评价概率评估之力度的标准，但我们为什么要让其否 84
决那些没有证据证明的概率？并没有认识论法则指令事实认定者在缺乏证据时应完全拒绝进行概率评估。假如事实认定者明确承认了现有的证据空白，而且可以在他们的决定中做出恰当的预先警告，那为什么还要阻止他们做出现有的最佳概率评估，而倾向于让他们搁置裁决呢？认识论并没有把“不做决定”规定为这种情况下的最佳行动方案。认识论是对知识的评价性理论，而非对行动的规定性理论。〔53〕就此而言，它只能将某些概率评估界定为强于或弱于其他概率评估。认识论无法告诉事实认定者：做出一个没有证据支持的概率评估，比停滞在犹疑不决之中更为糟糕。

上述问题也没有提出对于分量标准的反驳。毋宁说，它提出的观点认为，无证据证明的概率潜在地适合于某些决定，最明显的就是赌博。即使无证据证明的概率不是非理性的（没有人主张它们是非理性的），它们也不同于建立在牢固证据基础上的概率。如果是这样的话，事实认定者依据很高、但被证明得很不充分的概率作出决定，比依据不是很高、但有大量证据支持的概率作出决定，是否会做得更好？这个问题是无法回答的，因为有分量和无分量的概率是两种不同的东西。〔54〕不存在能让这两种概率通约从而互相比较的公分母。有分量的和无分量的概率是不可通约的。〔55〕所以，一个（无论出于什么理由）偏好有稳固证据支持的概率的事实认定政策，无法容忍无分量的概率。这样的政策拒绝

〔53〕可一般性地参见 Alvin I. Goldman，*Epistemology and Cognition*（1988）。

〔54〕请比较 David Kaye，Apples and Oranges：Confidence Coefficients and the Burden of Persuasion（1987）73 *Cornell L . Rev.* 54。

〔55〕参见 Cohen，前注〔49〕，in（1985）37 *Brit. J. Phil. Sci.* 263。

将分量低的概率作为影响事实认定的因素。请注意，这样的政策也适合于实践推理。与乍看起来可能相反的是，它们在那些无法得到有证据证明的概率的案件中，并不必然产生僵局。缺乏有证据支持的概率，在实践事务上不会引发犹疑不决之僵局。决策者们总是可以效仿司法事实认定，后者适用证明责任以避免僵局。

根据分量标准，我现在消除这三个法律上的悖论：逃票者悖论、蓝色公交悖论和院中囚犯悖论。在逃票者情景中，原告关于被告是逃票者的主张确实有 0.501 的概率。但这个主张——它个
85 别性地针对被告人——的证据基础非常薄弱，分量也相应地很低。由于绝大部分可能证实或反驳它的证据缺失了，这个主张分量不高。如此一来，这个主张能够以同等力度反对 1 000 名观众中的任何一人，而这些观众里有 499 人的确已付费入场。因此，赛事组织方针对被告的诉讼，可以被理性地予以驳回。在蓝色公交案例中，原告的起诉也无法逃过被告提起的驳回起诉抗辩。仅被告蓝色公交公司运营着镇上 80%的公交车这一事实，不能为原告之诉产生一个有分量的 0.8 概率。原告关于他事实上是被蓝色而非红色公交车撞倒的主张，是完全没有证据证明的。尽管可以在逻辑上分配给这个主张一个 0.8 的概率——也就是说，从长远来看，在对相似案件的 100 个支持原告请求的系统性裁决里，可能有 80 个是正确的；但这个概率分配没有太多分量。相似的，在院中囚犯案件中，控方的证据不足以使被告定罪。这一个别化指控的事实根据，未能被证据所涵盖（cover），所以证据的分量相应较低。该证据的分量对于 1 000 名囚犯中的每一个人来说都是相等的，然而我们确定地知道他们中的某一个人并没有犯罪。[56]

两个证人悖论可根据略有不同的理由而消除。如同在其他任何审判之中一样，在这个审判中，争点也是原告对事件的陈述是

---

〔56〕 我在之前的文章中指出了这些解决方法，参见 Stein，前注〔24〕，第 304 页第 115 段；Alex Stein，An Essay on Uncertainty and Fact-finding in Civil Litigation，with Special Reference to Contract Cases (1998) 48 *U. Toronto L. J.* 299，324 - 5。

否正确。原告提出了两名证人A和B，他们各自独立地提供了支持原告之诉的相同证言陈述。两名证人都显得可疑——一个是因为有伪证前科，另一个是因为视力很差；因此每份证词都被假定拥有0.4的准确概率。按照前文的解释，“A和B都诚实作证”这个命题的概率是0.31，这看上去很矛盾。因为，两个证人彼此独立地互相补强，原告之诉的概率应当提高，而不是降低。

这个悖论是不真实的。该问题的核心是对原告之诉的界定。两个证人悖论的成因在于，错误地界定了原告为胜诉而应证明的东西。原告需要证明的是，他对事件的描述可能性超过不可能性。因此，他只需要以优势证据显示，两个证人之一，在另一个证人的补强下，提供的证言是真实的。从技术上来说，原告需要证明“A或者B诚 86
实作证”这一析取命题的概率高于0.5。就像约翰·斯图尔特·密尔（John Stuart Mill）很久之前解释的那样，我们应当感兴趣的是以下析取推论的概率：A或者B是一个诚实的证人。[57] 在当前案件中，这一概率等于（p＋q）－（pq），即0.64（减去共同发生的概率pq以避免重复计算）。对这一问题的概念化分析，阻止了抽象统计学怀疑的扩散——这些怀疑附属于无证据证明的假设情境。两个证人悖论得以消除，原告可以正当地赢得诉讼。[58]

---

〔57〕参见 John Stuart Mill，*A System of Logic Ratiocinative and Inductive* (1891)，391。

〔58〕参见 Stein，前注〔56〕，第312页第28段。在 Jonathan Cohen 对这个最初由 Jacob Bernoulli（前注〔44〕）发现的悖论的分析中，Cohen 没有忽略该解决方法，尽管他没有归之于 John Stuart Mill，而是归之于：P. Olof Ekelöf，Free Evaluation of Evidence (1964) 8 Scand. Stud. L. 47，58（参见 Cohen，前注〔15〕，99）。在 Cohen 看来，解决了该悖论后，这个解决方法引发了另一个困难，可以称为“反方向聚合悖论”。在当前例子中，鉴于p和q都等于0.4，A没有说实话的概率等于0.6，B也是如此。因为两个概率相互补强，它们的合取值等于0.84（即0.6＋0.6－0.62）。

然而，这个批评具有误导性，因为它混同了相互补强的证据的支持者和反对者所各自面临的任务。对于在我的例子中A和B的支持者来说，证明证人之一诚实作证就足够了。对于该证据的反对者来说，证明A或者B提供了不诚实的证词则是不够的。如果这些证人中的一个说了实话，反对者就会输掉官司。反对者的责任，从性质上来说，是要进行合取性的证明，而不是像支持者那样进行分离式的证明。因此，反对者的案件的概率等于0.36（即0.6×0.6），而不是0.84。

一个更现实的例子，州诉斯格坡（State v Skipper）案〔59〕，进一步发展了我对概率和分量的分析。罗伊·斯格坡被宣判性侵犯一名年轻女孩，根据是控方通过DNA鉴定取得的父子关系统计数据。鉴定所使用的血样，分别取自斯格坡、诉称因他怀孕的受害人、被堕掉的胎儿。该鉴定将斯格坡与胎儿联系起来；它表明，在3 497个随机抽取的男性中仅有一人拥有与他和胎儿相同的遗传配型。这个匹配概率〔60〕——还不是一个有罪概率——被控方专家转换成了一个斯格坡有罪的事后概率，这个概率等于0.999 7。专家假定斯格坡和受害人发生性关系的先前概率是“中立”的（即等于0.5），由此得到上述结果。专家作证说，既然对斯格坡的不利指控的先前几率是1∶1，而且发现DNA是在加害者与胎儿之间匹配的概率是3 496/3 497；那么，根据贝叶斯定理，斯
87 格坡有罪的概率等于（1/1）×（3 496/3 497），即0.999 7。康涅狄格州最高法院认为该假定违反了无罪推定原则，将案件发回重审——因为陪审团可能遵循了专家意见。〔61〕

对控方的两项关键证据——DNA鉴定结果和受害人指证斯格坡的证词——进行比较，有益于对本案的分析。第一项证据倾向于大大提升斯格坡有罪的概率。然而，鉴于除开斯格坡之外还有一些人的遗传配型可能满足要求，这项证据不能充分地涵盖个别化的指控根据。在其他所有因素相同的情况下，这项证据产生了一个极高的有罪概率：0.999 7。但是，由于斯格坡和被堕掉的胎

〔59〕 *State v Skipper*，637 A. 2d 1101（1994）.

〔60〕 参见 Bernard Robertson and G. A. Vignaux，*Interpreting Evidence*：*Evaluating Forensic Science in the Courtroom*（1995），16－20。

〔61〕 具体来说，法院认为（前注〔59〕，1107－8）：“不管是否自动适用了一个50%的先验概率，或者陪审团是否被指示自行采用一个先验概率……陪审团在听审全部证据之前都需要做出一个假定——存在一个被告人实施了犯罪的可量化的概率。实际上，如果把无罪推定作为因素计入贝叶斯定理，那么父子关系统计数据将会毫无用处。如果我们假设，无罪推定标准要求有罪的先验概率为0，那么刑事案件中的父子关系概率总是会等于0……换句话说，只有在不考虑无罪推定的情况下，贝叶斯定理才能发挥作用。”

儿远非这个遗传配型的唯一携带者，这个概率的分量没有满足“排除所有合理怀疑”标准。控方专家暗示这个概率满足了该标准，以此误导了陪审团。

但受害人的证词完全涵盖了指控的事实根据。因此，这项控诉证据的分量很重。然而，这项证据自身不能排除一些情况，在这些情况中，对斯格坡的指控是错误的或恶意的。例如，受害人可能是想找个人为她并不期望的怀孕负责。如果是这样，单从她证词中引出的斯格坡有罪概率，可能不足以定罪。

不过，这两项证据是相互独立的。它们在分量和概率这两个维度上互补。被害人在 DNA 鉴定之前确认斯格坡是攻击她的人，所以她可能并不知道 DNA 鉴定结果。〔62〕受害人不大可能既虚假指控斯格坡、又从 DNA 鉴定结果中得到对自己证词的无法预料的支持。因此，源于 DNA 鉴定结果的斯格坡有罪概率，附到受害人的证词上（从技术上来说，其成倍地增加了诚实性概率——这一概率本来会附到受害人证词上）。受害人的证词被 DNA 鉴定结果补强后，变得足以将斯格坡定罪。反过来说，受害人证词所
产生的证据分量，附到那个极高的——但仍是没有分量的——由 88
DNA 鉴定得出的斯格坡有罪概率上。这样的证据组合结果，同样足以认定斯格坡犯了所控之罪。不管以哪种方式，假设控方的证明负担包括分量和概率这两个方面的要求，那么这两项证据合力满足了该要求。

附到概率评估上的证据分量，不仅决定了概率评估的相对力度。它还影响着概率评估所针对的事实主张的内容。如果待证主张在性质上是一般化的（例如，没有利害关系的证人通常诚实地作证），它的分量就取决于包含各种诚实和不诚实证人的实例之性质和数量；如果待证主张是个案具体化的（例如，吉姆·史密斯在一个谋杀案件中为被告的不在场做了伪证），它的分量就取决于

〔62〕这是不容争辩的。

与吉姆·史密斯的证词具体相关的证据能够涵盖指控的程度。将概率归属给单个事件，总是需要有个案具体化证据的支持，这样才能变得有分量。

这一点看上去无关紧要。然而，它引出了一个非常重要的考察结论，这个结论对于司法事实认定有重要影响。在具体事件的领域，采取过于严苛的分量标准，将会把那些远离“确定性”（标示为1）和“不可能性”（标示为0）这两端的概率评估都排除在考虑之外。只有那些接近确定性（或不可能性[63]）的概率评估，才会被考虑。引入一个相关的信息，不仅使事实认定者能够作出比先前更有分量的概率评估，而且提炼并由此修改了待证主张的内容。事实认定者被迫通过将一个比之前更有分量的概率归属给一个更精确的主张，来修正他最初的主张。这个提炼过的主张是全新的，与最初考虑的主张完全不同。随着信息流的持续，事实认定者也不得不继续这种提炼过程。最终，他形成了他所掌握的信息能够允许的最精确的主张。与最初检验的主张相比，这个主张显然更详尽、更个案具体化。它更有韧性（或更恒定[64]），因此也更不可能被信息基础的潜在变化所撼动。不断增加具体个案
89 信息，以及同时进行可信性过滤，也影响了对待证主张的概率评估。这个评估可能接近确定性。[65]

假设一个裁判者被要求去评估某证人W的可信性概率，但是他既没见到该证人、也没听过其证词。既然W要么可信要么不可信，这个任务与评估所抛掷的硬币正面（或背面）朝上的概率没有什么不同。在关于W和他的证词的信息缺失的情况下，决策者只能提出如下断言：“鉴于没有理由相信缺失的信息有任何特定倾向性，W是一个可信的证人的可能性与不可能性相等。因此他的

〔63〕不可能性（impossibility）是确定性（certainty）的一种形式。说“事件E是不可能的”，类似于说“E没有发生或不会发生是确定的”。

〔64〕参见 Robert Nozick，*Invariances：The Structure of the Objective World*（2001），17－19，79－87。

〔65〕参见 Stein，前注〔56〕，307－10。

可信性概率等于 0.5。”要反驳这个概率评估是很困难的。唯一能够替代它的理性方案是拒绝裁判，但是裁判者被禁止这样做。与法官和陪审员相似，他必须以此种方式或彼种方式裁决这个案件。

此时，裁判者收到了一条额外的关于可信性的信息。具体而言，他被告知：W 在一个谋杀案中，作为辩方证人出庭作证。W 告诉法庭，当他在监狱中与一个叫格林的人一起服刑时，格林向他透露说，实际上是他而非本案被告人杀死了被害人。裁判者很清楚，这种第三方供认可能涉及捏造问题。在了解到 W 是一名有许多前科的职业罪犯后，裁判者决定将 W 的可信概率从 0.5 降低到 0.2。请注意，这个新的概率评估（0.2）附属于一个全新的事实主张。裁判者不再是谈论一个匿名者 W 的不明证词；而是，他在谈论一个有许多犯罪前科的辩方证人，这名证人与许多罪犯一样作证说，自己的一名狱友向自己承认实施了本案控方归咎于被告人的这桩罪行。

在得出这个概率评估后，裁判者又知道了另一条关于可信性的信息：他被告知：W 的名字是吉姆·史密斯，和被告人约翰·史密斯是兄弟。裁判者和我们一样，意识到人们经常趋向于帮助所爱之人摆脱麻烦——这是个迫使人们在宣誓后撒谎的自然欲望——于是裁判者进一步降低了 W 的可信性概率。他认为这个概率现在是 0.05。裁判者的先前主张再次转变为一个新主张，这个新主张涵盖了更多的案件具体特性。裁判者不再是谈论一个有许多犯罪前科的、无名的辩方证人（W），该证人像许多罪犯那样作证说，自己的一名狱友向自己承认实施了本案被告人正在受审的这桩罪行。 90
裁判者谈论的是：吉姆·史密斯，被告人约翰·史密斯的兄弟，显然有动机通过伪证使他兄弟脱罪；他的证词还因为另外两个原因而存疑——吉姆·史密斯是一个有许多前科的职业罪犯；而且，与许多罪犯相类似，他提出了一个故事，宣称自己的狱友格林（不管出于什么原因）告诉他：“你兄弟约翰·史密斯没有杀人，是我杀的”。因此，裁判者得出结论说，吉姆·史密斯一定在作证时撒谎了。这个结论实际上准确的可能性很高。遵循严格的分量标准，使得上述修正过程既难以避免又十分可取。根据这一标准，附属在单一事件命题上的中等程度的概率评估，其分量总是不足以依赖。

但是很显然，这个结论不能扩展适用于关于一般事件种类的命题。任何附属于这类命题的概率评估都可能是有分量的。因此，在抽彩悖论的情景中，（针对所有情况）“这些抽彩不会中奖的概率非常高”这一命题是有分量的。相似的，（针对所有情况）“这些抽彩中奖的概率非常低”这一命题，也是有分量的。在硬币没有被动手脚的情况下，正面（或背面）朝上的 0.5 中等概率，也带有足够的分量——只要它贯穿所有的单次硬币抛掷，而不是意图对任意一次抛掷发表意见。

然而，裁判者们并不贯穿（cut across）一类案件。他们裁决的是个别案件，关注个别事实。因为实际上每个审判的最终争点都是个别化的，裁判者们看起来必须要遵循关于分量和个案具体化的硬性标准。如上文所述，对这种标准的遵循，将那些远离“确定”（标示为 1）和“不可能”（标示为 0）两端的中间范围概率排除在考虑之外。一个断言“这份证言为真的可能性等于其为假的可能性”的事实认定者，要么是懒惰的，要么是信息匮乏的。若不考虑懒惰的可能性，我们可以断言：该事实认定者对这个证人和其证词所知不多。相比之下，一个断言“这个硬币没被动过手脚，因此抛掷后正面或背面朝上的可能性相等”的赌客，既不是懒惰的也不是信息匮乏的。但裁判争端不能以抛硬币的方式进行，也不能以下述更奇异的方式进行：让一只猴子在两根看上去一样的香蕉之间做选择，一根香蕉上面写着“无罪”，另一根香蕉上面写着“有罪”。

对中间范围概率的排除，给民事审判提出了一个难题，因为民事审判遵循优势证据标准。表面上看，这个标准要求：当原告
91 的主张之概率超过 0.5 时，法官和陪审员就应裁决原告胜诉。如果是这样，对证据分量和个案具体化的硬性要求，就剥夺了其主

张处于0.6～0.7概率范围、应当胜诉的原告的权利。这个结果是不合理的，我也不打算支持它。下一节将会解决这个问题。

抽彩悖论和前言悖论都有一个非认识论维度。这两个悖论裹蔽着这个维度，以停留在认识论领域中。这给解决这些悖论带来了困难。抽彩悖论和前言悖论中的决策者，实际上需要进行错误风险分配——这个视角能够为其决策提供完全不同的阐释。在抽彩悖论案例中，以将每张彩票都当作是无奖票的方式分配错误风险，是没有矛盾的。在前言悖论案例中，以将书的每一页都认为是零错误的方式来分配错误风险，也是没有矛盾的。在这些案例中，对错误风险的分配成为一个决定性因素，这仅仅是因为：决策者们没有认识论上的充分基础，来进行零风险的事实认定。对错误风险的分配，填补了这个认识论空白。然而，这个决定性的填补，却非认识论性质的——尽管它所填补的空白是认识论性质的。如同第六节所解释的，这种填补在司法事实认定中的性质，是由政治道德限定的。在抽彩悖论案例和前言悖论案例中，这个填补与道德和政治都无关，但其性质也并非是认识论的。这种填补并没有一个统一的推论框架，这个至关重要的决策要素悬而未决。由此引发的不确定性，促使它盲目（和不恰当）地附属在认识论领域中。

六、最大个别化原则

我先前的讨论提出了一个双标准事实认定模型，它在不确定性条件下裁决事实既适用概率也适用证据分量。根据这个模型，概率评估若要在最终的裁决中发挥作用，就必须被充分地证明(adequately evidenced)。证明不充分（或完全未证明的）的概率评估不会起作用，即使它们超过了有效证明标准所设定的概率阈值。一个特定的概率评估是否被充分证明，取决于它所附于其上的主张。支撑概率评估的证据也必须是可靠的。另外，证据需要涵盖争议主张的事实基础。如果该主张是普遍性质的（例如，它

认为：通常来说与审判结果没有利害关系的证人会诚实地作证），
92 那么，所需的证据能够且应当与构成该主张所描述的一般事件类型的多数实例相关。对任何这样的命题来说，强调某些具体事实背景的证据可能没有相关性。然而，当争议主张指向单个事件（比如：吉姆·史密斯在对他哥哥约翰·史密斯的谋杀案审判中提供了不实证词），事实认定者就需要涵盖该事件具体细节的个别化证据。附属在一般的相似事件类型上的概率评估（不管是高还是低），对于最终的裁决不起作用。

该事实认定模型解决了开启上述讨论的理性信念悖论。这些悖论源于一个在认识论上存疑的转换：从一个被恰当证明的、附属于一般事件类型的概率评估，转换为一个完全未经证明的、附属于具体事件的概率评估——这一转换是没有根据的。在该转换过程中，这个概率评估的数字没有改变，但其命题的内容和证据的分量却改变了。因此，这里存在两个不同的（而不是同一个）概率评估，它们是不可通约的。它们指向了两组不同的事实（一般性的事实，和具体性的事实）并带有不同的证据分量（一个概率评估很有分量，另一个则没有分量）。因此，这两个概率评估之间的相互转换，是没有根据的。这种转换引起了悖论，因为它违背了事实认定体系的内部通约性。它类似于对基数不能除以零这条代数规则的违背。如果基数可以除以零，那么整个代数体系就会散架，因为它不再有可通约的概念来维持其运转。

双标准事实认定模型在司法裁判中并不那么容易适用。司法事实认定大量使用来自一般经验的概括。在使用这些概括的过程中，事实认定经常诉诸违反分量标准的概率演绎。这种违反往往是不可见的，因为事实认定者在他们的推理中援引的基于经验的概括——不同于将这些概括与单个事件联系起来的论证——通常带有足够的分量。概括（“涵盖的一致性”）源于经验，就此而言，这些经验可算作是该概括的证据支撑。然而，分量不足的问题系统地伴随着概率演绎——事实认定者借此将概括与单个事件相联结。这些联结在性质上都是有争议的，因为它们只能通过将当前案件归类到某个概括之下的论证来实现。这种归类论证当然不是武断的，它们（在逻辑上或其他方面）的力度可以争辩。然而，这些论证 93
缺乏证据支持，也不能满足个案具体化要求。

正如文中指出的，基于经验的概括是司法事实认定的动力。如果没有这些概括，司法事实认定将完全不可能。事实认定是两类不同的证据的相互作用：基础的（rudimentary）和推论的（inferential）。基础类的证据包括证人、书证和物证。任何一项基础证据（比如一个目击证人的证词、一张发票或一颗子弹）都包含了某些具体的主张内容。只有当这样的证据包含了关于当前案件的主张时，它才是相关的。然而该主张内容并不是仅凭自身将该物转化为证据的。例如，证人 W 作证说发生了事件 E。这个基础证据的主张内容是："W 说了 E"，而不仅仅是"E"。当被单独拿出来时，W 的证词只能证实其自身的存在，而非其宣称的 E 的发生。事实认定者为了在这个证词或其他任何基础证据的基础上确立 E，需要使用一个推论性的论证。证据，正如其定义，是一项事实认定者能够从其中推论出某些额外信息的信息。缺少这种特性的信息不能算作证据，因为它除了自己直接的主张内容之外无法证明任何其他东西。一项信息要成为证据，必须引导事实认定者发现某些新的信息。[66]

这个推论步骤只能在一个产生新信息的论证的协助之下，才可能实现（旧信息自身不能产生新信息）。为了具有说服力，这样的论证需要提供从已有信息推出新事实主张的理由。这些理由只有在推论性的而非基础性的证据之中才能找到。基础性的证据仅能证实其自身的存在[67]；它不能仅凭自身证明其他任何事实。事

〔66〕 参见 Nicholas Rescher and C. B. Joynt, Evidence in History and in the Law (1959) 56 *J. Phil.* 561，562。

〔67〕 当然，从技术上来说，为了证实基础证据之存在，事实认定者需要关于确信其知觉经验的概括。（而且从本体论上讲，也需要关于确信其自身之存在的概括：我思，故我在?）然而，我的讨论只针对实践性推理，事实认定也属于这个范围。该框架毫无疑问地规定了，事实认定者所知觉到的证据，已证实了自身之存在。

实认定者知道 W 关于 E 发生的证词，以及（随后发现）W 与审判结果没有个人利害关系这个事实，仍然无法准许得出“E 确实发生”这一结论。为了得出该结论，事实认定者还需要如下概括：“总的来说，没有利害关系的证人会诚实作证，因此是可信
94 的。”〔68〕否则，这个结论就是缺乏根据的——这个观点适用于每个从基础证据中得出的推论。〔69〕

“没有利害关系的证人通常是诚实的”这一概括属于推论性证据种类。这个种类里包含着事实认定者从常识和经验中提取出来的普遍规律性。这些规律性被常识和经验证实，便利了新案件中的事实认定（这又进一步促进了经验对于常识的强化）。它们是通过将自身转化为概括和涵盖的一致性来做到这点的。为了被一个这样的概括所涵盖，一个新案件需要展现出与该概括能够涵盖的一般案件模式（如“一个无利害关系的证人在庭审中作证”）相似的事实模式。这种概括属于推论性证据种类，因为它们推动着推论过程向前发展。若缺乏这类概括，将会完全阻断推论过程。事实认定者需要基于经验的概括，不仅是为了完成由基础性证据启动的推论进程，而且是为了使这样的推论过程开始。没有这种概括，事实认定者不仅无法从基础性证据中得出推论（这是我已经在几个情况下得出的观点），而且不能适当地确定其主张内容。〔70〕

基础性证据和推论性证据除了在功能上异于彼此之外，还有

〔68〕 参见 John H. Wigmore，*The Principles of Judicial Proof*（2nd edn.，1931），17－26。

〔69〕 事实认定者也可能使用其他关于证人证言的概括。这些概括与个人观察事件以及随后记忆和复述它们的能力有关。参见 Edmund Morgan，Hearsay Dangers and the Application of the Hearsay Concept（1948）62 *Harv. L. Rev.* 177（严格地指出，感知力、记忆力、叙述力和诚实性是事实认定者需要在每个案件中评估的证言因素）；Laurence H. Tribe，Triangulating Hearsay（1974）87 *Harv. L. Rev.* 957（在一个描述传闻规则之例外范围的有用方法论框架内，阐述了与前述相同的因素）。

〔70〕 正如 Wigmore（同前，11）解释的：“将一把刀带到法庭上，严格来说并不算是给出了关于刀的存在的证据。这是一种令法庭感知到刀的存在的模式，它只是在这个意义上是一种产生说服的方法，然而它没有在要求法庭做出推论过程这一意义上给出证据。”

另一个重要的不同之处，即它们的信息领域不同。基础性证据总是个案具体化的，而推论性证据——也被称为二阶证据（second-order evidence）——在性质上总是一般化的。基础性证据所显露的，是关于单个事件的信息，而不是关于事件之常规过程的信息。该证据确定了当前案件的具体特征。反之，推论性证据没有揭示与任何单个案件之特征相关的东西。推论性的证据指出了反复出现的规律性，这种规律性转换为概括，并通过将基础性信息转换为证据来推动推论过程向前发展。事实认定者诉诸 95
将相关概括与符合其事实模式的基础证据联系起来的论证，来完成推论过程。[71] 这些论证结合了基础证据和概括，并随后将其转化为当前案件中的事实认定。这些事实生成型论证，对于司法事实认定是基础性的。它们一方面是从基础性证据中提取出事实的唯一方法，另一方面也是从可用的概括中提取出事实的唯一方法。

这些事实生成型论证非常重要，但在本质上是有争议的。事实认定者和诉讼当事人能够很容易就基础性证据的内容达成一致。这些内容少有争议（如果有，真正的争议是关于事实生成型论证，它超出了对基础证据的无争议描述）。就概括源自普通经验而言，该领域也应当受制于合意。在这类概括方面真正存在的分歧，可能是关于概括的范围和边界。任何这种分歧最终都转化为范围界定的问题。例如，“与审判结果没有利害关系的证人不说谎”这一概括，可能对许多人来说过于刚性了。我也认为它过于刚性，所

〔71〕可以说，当基础证据所证明的一个主张是“自证性”（self-evident）的时候，这个推论过程是完全不必要的；即，当事实认定者能够直接通过“单一的感知理解行为”从基础证据中提取出该主张时（例如，当一把刀为了证明自身存在而被作为证据提交时；当一个据说是哑巴的人为了证明他不是哑巴而说话时）。参见 Wigmore，同前。这一论证是不精确的，因为感知理解的真实性不能自我证明。毋宁说，它是从仍然是呈现规律性的经验中获得确证的。对于实践事务，在每个案件中援引和重新检验该规律性，既任务繁重又浪费时间。然而，隐瞒该规律性在起作用这一事实，具有很危险的误导性。这种隐瞒扭曲了对事实认定的理解，阻碍了对规律性在单个案件中的范围和有效性的再评估。

以使用了一个不同的概括，即“无利害关系的证人通常会说出真相”。对有些人来说，“通常”这个限定词可能不够有力；有些人可能认为它太模糊；而另一些同样值得尊重意见的人可能不喜欢“真相”这个词，因为它太形而上学了。为了与所有这些人建立共识，我很愿意将自己的概括替换为“除了（这种和那种）例外情况，没有利害关系的证人一般不会说谎”。我的观点很简单：有共同经验的人总是有方法将该经验构建成概括（语言学意义上
96 的）。[72] 如何将这些概括应用于个案，则是一个完全不同的——而且的确既很重要又在本质上有争议的——事情，它取决于事实生成型论证。

由于对其进行评估的种种困难，事实生成型论证是有争议的。这种论证的分量取决于三个因素：它所依赖的基础性证据；它使用的概括；以及最成问题的是，它通过结合基础性证据和概括所产生的对新事实的推论。在这三个因素中，基础性证据是问题最少的。正像形容词“基础性”所透露的，这种证据没有分量维度：它要么存在要么不存在。一项信息只有去证明超出其自身之外的某些东西时，才会存在分量问题。分量的概念和评价标准只能适用于事实生成型论证，即那种通过将基础证据和有关概括相连接而产生新的事实的认识论活动。

概括这个因素本质上也是没有问题的。事实认定者使用的概括的分量，取决于那些系统地展现出某种事实类型（该事实

〔72〕也有可能，生活在同一社会中的人们有着极为不同的经验，以及不同的理性。可一般性地参见 Kenneth Graham Jr.，There'll always be an England：The Instrumental Ideology of Evidence (1987) 85 *Mich. L. Rev.* 1204。对于这样一个分裂的社会，共同点的缺失在政治上可能是灾难性的：这个社会未能发展出的诸多制度中，可能就包括可靠的司法裁判制度。然而，Graham 教授仍然保持乐观。根据他的观点，证据理论或者依然能在这样分裂的共同体中发挥重要作用，因为可以建立一个会阻止文化帝国主义的事实认定框架。但是如何建立这样的框架？为零和博弈问题所困，Graham 教授甚至未试图回答这个问题。关于对 Graham 教授方法的类似批评，参见 Peter Tillers，Prejudice，Politics，and Proof (1988) 86 *Mich. L. Rev.* 768；William L. Twining，Hot Air in the Redwoods，A Sequel to the Wind in the Willows (1988) 86 *Mich. L. Rev.* 1523。

类型拟成为一个概括）的经验实例。“系统地”（systematically）这个词包含了两个标准：数量标准和多样性标准。[73] 当个案实例的数量及其多样性都增加时，一个重复发生的事实类型就取得了概括的地位（不符合这种类型特点的实例，则会对形成之中的概括带来界定上的改变）。[74] 满足该标准的概括，提供了关于它所指向的事件之频率的可靠信息。在最现实的情况中，这个频率信息缺乏数学上的精确性。生活具有许多抽彩性质，但是不存在一个确定的中奖数量。在典型案件中，事实认定者只能进行粗略的评估，例如，大部分无利害关系的证人都是诚实地作证。事实认定者几乎从来都不会将这个经验以及其他相似的经验转换成百分比。然而，这些粗略的概括仍可靠地代表了具有重复性的事实类型。事实认定者能够在将这类概括带入空 97
白领域时恰当地运用它们。在这一点上，深层次的认识论问题浮现出来。

事实生成型论证起作用的范围，是没有被过去经验所解释说明的新领域。事实生成型论证不同于它们所适用的概括：是论证——而非概括内部的认识论力量——将概括与新的事实情境相联结。概括自身并不要求这种联结。“所有人都会死”这个概括，并不要求它自身对苏格拉底的适用性，除非被以下论证所援引：苏格拉底是一个人，其各方面都相似于该概括所涵盖的那种人。一个事实生成型论证所适用的概括的相对分量，只是影响着——而不是决定了——该论证的分量（或认识论力量）。这种论证的分量，关键取决于概括和基础证据分别展现的事实类型之间的相似性。若非常清楚地表明这两种类型在各个方面都是相似的，那么该事实生成型论证与被援用的概括一样有分量。然而，这种确定

〔73〕 参见 Cohen，前注〔15〕，199-244。

〔74〕 参见例如，Alan H. Goldman，*Empirical Knowledge*（1988），289-306（倡导并从哲学上维护了归纳法优越论者的方法）；Marc Lange，*Lawlikeness*（1993）27 Nous I（界定了不同于偶然事件的似律性概括）。

性从来都无法获得，因为基础证据和概括这两个信息源永远是不完整的。每个可以被事实认定者使用的概括，都来自不完整的信息库。这就是为何概括本质上是概率性的，而非确定性的；对它们的界定也是暂时性的。任何基础证据的集合也是不完整的。总是会缺失某些具体个案证据，而事实认定者需要这些证据以作出裁决（实际上，概括就是要帮助填补这个信息空白）。当前案件中实际存在的事实，是否与所适用的概括的事实类型契合，是不得而知的。

基础证据和概括的永久不完整性，使得事实生成型论证本质上来说是推测性的。总是可以如此驳斥任何事实生成型论证：如果找到了遗失的证据，就可能将整个案件从一个涵盖的一致性转移到另一个涵盖的一致性之下。可以不断地提出这种反驳，因为每一个事实生成型论证都包含一个关于其自身韧性（或说恒定性）的主张，或含蓄或明确。根据该主张，遗失的证据——即使它们出现了——不会改变该事实生成型论证。举个具体的例子，请再考虑在庭审中作证的证人。关于该证人，没有任何特别的相信或不相信他证词的理由。事实认定者需要但却没有更多关于这个证词可靠性的信息。他们能够根据“与审判结果没有利害关系的证人在绝大多数案件中都诚实作证”这个概括来决定这个证词是真实的，或者至少是真诚的吗？表面上
98 看，这是事实认定者能做出的最好的（如果不是唯一的）决定。但是，鉴于基础证据和概括两者的不完整性，他们应当如何考量关于上述决定缺乏正当性的可能主张呢？具体地说，该异议主张为：如果能够找到更多个案具体化的（基础的）证据，事实认定者就会找到怀疑该证人所宣称的中立性的理由。该异议进一步断言：如果能够找到更多的关于证人的普遍信息，就可以将“没有利害关系的证人”这一类别区分成一些更精细的子类别，分别对应于在不同审判类型中有更强或更弱的诚实作证倾向性的证人。当然，第二个问题不像第一个问题那么严重，

因为过去的经验较为有力地支持着目前适用的概括。将概括所支持的命题附上适当的概率，可能足以回应这个问题。然而第一个问题却不像第二个问题那样，容易通过一个概率方案来解决。如果要以概率方案解决第一个问题，事实认定者需要知道以下反事实情境（counterfactual）的概率：找到了所遗失的具体个案证据，但仍然不要求事实认定者修改他们关于证人可信性的最初结论。对于该反事实情境，事实认定者是完全无知的。这个概率也不可获知，因为它指向一个缺乏经验的反事实设定。这种空白是概率演绎难题的实质。

如上文已论述的，附在基于经验的概括之上的概率，测量了这个概括中的事实类型的确证度（confirmation）。这个确证度构成了这个概括的归纳支持度（inductive support）。这里的支持是归纳性的，因为它是由许多具体实例组合成一个概括，而不是相反（也就是说，事实认定者的推理是从具体到一般）。相应的，附加在这些实例组合之上的概率评估，是对整体组合的评估；如果这个概括的确证度是充分的，这个概率评估就是准确的。确证度是否充分主要是一个经验问题。事实认定者能够通过考量所确证的数量和多样性，从经验上解决这个问题。这种经验—概率的解决方案有其理性基础，它既切实可行又是正当的，绝不是无足轻重的。〔75〕然而，事实生成型论证主要是演绎性的。通过选择一个概括并将之施加到当前案件上，这种论证自上而下地展开（即从概括的领域到具体事件的领域）。这种推论过程缺乏经验支撑，因而无法依靠经验性的概率。采用加登福斯（Gardenfors）和萨赫林（Sahlin）这两位瑞典哲学家提出的区分〔76〕，我们可以说：基

---

〔75〕可一般性地参见 Goldman，前注〔74〕（提出了一个全面的对事实认定的经验主义描述）。

〔76〕参见 Peter Gardenfors and Nils-Eric Sahlin，Unreliable Probabilities，Risk Taking and Decision Making (1982) 53 *Synthese* 361。同时参见 Frank H. Knight，*Risk，Uncertainty and Profit*（1921），19－20；197－232（区分了：具有可知概率的随机性——称为“风险”，以及具有不可知概率的随机性——称为“不确定性”）。

99 于经验的概括只涉及错误风险（risk of error），而事实生成型论证则蕴含认识风险（epistemic risk）。错误风险既是可知的也是可控的，而认识风险难于计算和规制。[77] 这就是为何事实生成型论证有其本质上的问题。

出于已经阐明的原因，事实生成型论证难以被计算和规制。这种论证要求事实认定者对所缺失的具体个案证据在一个完全假设性的事实认定场景中可能产生的影响进行反事实评估；在该假设场景中，这些证据是已知且可用的，而在现实中它是未知且不可用的。事实认定者按照这个框架评估非现实存在的证据之概率影响。为了具有正当性，这种评估必须不能逾越理性的界限，并且不能降格为纯粹的臆测。因此，在进行评估的时候，事实认定者只能使用他们过去的经验。也的确只有借助这些经验，众多的“如果……将会如何？”问题——该问题与非现实存在的证据概率相伴而生——才能得到貌似合理的（尽管仍然是反事实的）回答。这样的回答将相关假设的概率（即“可能世界”[78]）与事实认定者持有的证据合并在一起。这个思维过程分为三个基本步骤，其中既包括对事实认定者根据现有证据暂时建构的不同假设的否定，也包括对这些假设的保留。首先，事实认定者需要将每个可能的假设（“前因”）添加到现有证据和概括中。其次，他需要做出为了维持事实认定中的逻辑一致性而必须做的任何调整（但不修改前因中的假设信念）。最后，事实认定者应阐述所产生的事实命题

---

〔77〕 正如 Ronald J. Allen，Richard B. Kuhns，and Eleanor Swift，*Evidence: Text，Problems，and Cases*（3rd edn.，2002），159－60 文中指出的：“这个概括（看到对其他狱犯施暴行为的狱犯，通常都变得惧怕攻击者）中所表达的法官的粗略概率评估——这种人变得害怕的频率被估计为‘通常’——是法官评价（证人的）证言之证明力的主要因素。没有表达这个概括的唯一‘正确’方式，也没有评估其频率程度的精确或准确方式。人类行为很少能被确切地预测。**的确，所提供的证据的细节会影响表达概括的方式。**打斗有多么强烈？额外的证据性事实也可能提高或降低所举证据的证明力。”（粗体为本书所加）

〔78〕 参见例如，Nicholas Rescher，*Hypothetical Reasoning*（1964），21ff；Richard Otte，Indeterminism，Counterfactuals，and Causation（1987）54 *Phil. Sci.* 45。关于反事实推理的论文集可参见 Frank Jackson（ed.），*Conditionals*（1991）。

并确定它们的概率。[79]

这三个步骤中的第一步是尤为存在问题的，因为它包含了一 100
个本质上不确定的认识风险（但不是错误风险，错误风险能够转换成可通过经验核实的概率）。这种风险损害了事实认定，因为该事实认定涉及将假设情境以演绎的方式添加到现有事实上。非现实存在的证据概率通常指向不止一个这样的情境（当它们确定只有一个可能的情境时，这个情境就变为真实的而不是假设的，因此没有证据是真正遗失的）。每个可能的情境都是可证明的，但当任何事情都是可证明的时候，也就没有什么事情是可证明的了。缺失的具体个案证据可能将事实认定者带往不同方向，因此其不可得性造就了每一个别案件的信息开放性。这个开放性允许多个概括竞相主张自己有资格成为适用于当前案件的涵盖的一致性。这类概括的数量并不像空中的鸟儿那么多，但已经多到足够制造不确定性了（尤其是，两个相冲突的概括会带来事实僵局）。因为这个开放性起因于证据的缺失，事实认定者用以填补这个开放性的假设情境可能缺乏经验可靠性。这些情境没有可确定的概率。如上文所说的，事实认定者只能将这些情境演绎性地添加到一组得到归纳性证明的事实上。抽彩悖论和前言悖论都是围绕着这个基本问题，并利用它将推理者们逼入概率演绎的陷阱。

因此，事实生成型论证需要克服开放性问题，并且需要以某种方式设置一个信息闭合口（informational closure）。为了达到该目的，事实认定者需要且应当适用最大个别化原则（principle of maximal individualization），简称 PMI。这个原则包括两个具体的要求：**第一，事实认定者必须接受和考量所有与本案有关的具体个案证据。第二，除非生成事实认定的论证，以及该论证所依赖的证据，经受且通过了最大个别化检验，否则事实认定者不能做出任何不利于诉讼一方的事实认定。**在这个框架下，“最大个别化

〔79〕参见 Robert Stalnaker, *A Theory of Conditionals*, in Jackson，同前，28，33。

检验”是一个刚性的、但也是实践性的标准。这个标准要求，事实生成型论证及其背后的证据和概括，向每个关于相关性和真实性的实践性检测开放，从而使该论证的反对方能够检验其对当前案件的适用性。这个标准与许多现有司法程序和实践一致。因此，在“无利害关系的证人”例子中，事实认定者需要得到所有能够得到的关于证人可信性的证据，而该证人证言的反对方必须有足够的机会来对证人进行交叉询问。这些基础性要求是法律中必不
101 可少的组成部分。〔80〕在这个例子中，如果所有可用的证据和交叉询问没有揭示任何关于该证人可信性的特殊之处，那么事实认定者下结论说这个证人确实没有特殊之处，在认识论上就是正当的了。事实认定者接下来就能够适用“无利害关系的证人在绝大多数案件中诚实作证”这个概括。根据这个概括，事实认定者能够得出结论：这个证人向他们提供了诚实的证词。这个结论是恰当的。普通法系事实认定者们实际上做出的众多类似裁决，也同样如此。在普通法系中，民事审判中的优势证据即可使原告胜诉，只要原告的证据向 PMI 之下的恰当检验开放。原告会在任何这类案件中胜诉，即使他的主张之概率仅仅比 0.5 略高一点。

PMI 看起来已经提供了事实生成型论证亟须的补救机制。按照这一原则，裁判者应当区分两类事实问题：事实认定者能够通过 PMI 程序检验的问题，和不受这些程序检验的问题。事实认定者只能裁判属于前一类别的问题，对后一类别的问题则没有认识上的权威。对于不向 PMI 程序开放的问题，事实认定者唯一能作出的裁决，就是视该问题未得到证明（所以在审判中负有证明责

---

〔80〕 参见例如，*Crawford v Washington*，541 U.S. 36（2004）（认为交叉询问是采纳一份不利于被告人的证词陈述的宪法性前提条件）；*Pointer v Texas*，380 U.S. 400，405（1965）（论述道：“也许，没有其他主题会比本法院和其他法院所表达的以下信念，更接近使他们全体一致了：对质权和交叉询问权是作为国家宪政目标的公正审判之必要和基础性要求”）；John H. Wigmore，*Evidence* Vol. 5（3rd edn.，1942），§1367（强调了交叉询问的重要性，称其为“为发现真相而设计的最伟大的法律装置”）；《联邦证据规则》602（具有对事件的亲身知识的证人才能作证）和 802（未经交叉询问的传闻性陈述在民事和刑事审判中一般不可采）。

任的一方当事人，将承担关于该问题的不利后果）。在抽彩悖论场景中，“未得到证明”是事实认定者关于每一次彩票抽取所能做的唯一决定。在前言悖论场景中，对书的每一页都成功适用了 PMI 之后，事实认定者能够正当地得出结论：每一页的正确无误概率都非常高。这个认定能够依靠作者（大概还有其声誉）所提供的关于每一页都正确无误的证据。同时，鉴于没有任何证据指出该书任何特定的某一页可能含有错误，该错误假设——事实认定者对此也进行了考量——未向 PMI 程序开放。最终，事实认定者必 102
须将这个假设视为未得到证明而舍弃掉。

抽彩悖论和前言悖论所展现出的情境，只是看起来相似。两个悖论都试图利用这种表面相似性。事实上，两个情境迥异。抽彩悖论呈现出 PMI 的完全对称的不适用性：这个原则对关于每一次彩票抽取的“中奖”和“不中奖”两个假设，同样地不可适用。前言悖论则表现为 PMI 的不对称的可适用性。在这个情境中，只有“该页无误”这个假设向 PMI 审查开放（这种审查将会检验作者关于他为避免书中错误而做的努力的证词）。“该页有误”情境是一个没有证据证明的假设，PMI 程序无法检验它（因为作者只是给出了关于抽象的错误可能性的证词）。这两个悖论所指出的认识论难题——从无知中创获知识和怀疑不可消泯——都源于将正面的概率分配给了无证据证明的、未受 PMI 检验的情境。事实认定者能用 PMI 程序检验的假说，则不会引起这些问题。

从认识论的角度来说，一个经受了 PMI 充分检验的事实主张，既不是不可检测的也不是开放性的。充分的 PMI 检验是事实认定者们能够实现的认识论最佳选择。因此，实施直至穷尽这种检验，就给了事实认定者认识论上的许可，令其可以忽视那些依然不可得的信息。经受住了根据 PMI 的全面检验的事实主张，就获得了充分证明的资格。事实认定者可以依靠这样的主张。在完成了恰当的 PMI 程序之后，事实认定者在认识论意义上有权假定一个信息闭合口。更准确地说，事实认定者有权将他所有的具体个案信息视作一组完整的信息。这个假定确立了事实生成型论证所要求的认识稳定性。所得到信息背景变得确定了。如此一来，只有一些（而不是很多）概括被采纳。基于这些概括和已有的基础性证据，事实认定者就能恰当地决定相关概率并裁判案件。

继续考虑“无利害关系的证人”这个例子，假设这个证人是作为专家出庭作证。我们进一步假设：双方当事人和法官全面地询问了该证人，且该询问显示了，证人的两本学术出版物与其证词相符。当然，这个证人使用这些出版物来证明自己的可信性。但是这个证人也承认：对于这些出版物报告中的科学发现，他“有利益牵涉”（is invested in）。如果这些发现是虚假的，他会有
103 很大损失——包括经济方面和声誉方面。在这个情境中，两个相互矛盾的概括都潜在地可适用。第一个概括强调以下事实：证人针对其科学发现而作证，她在法庭之外独立地得出该发现，该发现受到同行评议的证伪检验。这个概括将证人保持在“没有利害关系的证人”这一类别内。第二个概括主张该证人可能与审判结果有利害关系。根据这一概括，因为证人与其发现有利益牵涉，她可能力求对这些发现的确证，而不顾它们实际上正确还是错误。事实认定者通过分析具体个案证据来解决这些概括之间的冲突。该分析会确定，证人在使自己的科学发现被确证方面的利益关涉之强度（该分析也可能会适用事实认定者需要用以理解其基础证据的、不那么有争议的概括）。最终，事实认定者会比较适用这两种概括的相互冲突的事实生成型论证之概率，然后基于最高概率者作出决定。如果这两个概率相等，事实认定者则认定不利于负有证明责任的一方当事人的事实。在认识论领域中，我们无法期待事实认定者超越这个认识论上的最优选择。因此 PMI 看起来成功地解决了伴随着事实生成型论证的难题。具体而言，该原则消除了概率演绎的问题（概率演绎确定了概括与个别案件的联结，这种联结是未经证明的，因此是假定性的）。PMI 的应用使个案具体性在可行的限度内最大化。这一特点令该原则对实践推理非常

具有吸引力，而司法事实认定属于实践推理。它为将个案的事实类型归类到具有相似事实类型的概括之下，提供了认识论支持。那么，本章提出的事实认定难题能够就此得到解决吗？

不会这么快得到解决。这一解决方案只是从认识论角度来看令人满意。它只是这些有待解决的难题的认识论方面。因为这些问题出现在司法事实认定之中，对它们的解决还有道德和政治的方面。PMI 没有为消除存在于司法事实认定中的不确定性提供魔法公式。毋宁说，它确定不可能发现这样的公式，并且提出了自己管控不确定性的方法。具体而言，该原则提供了在不确定条件下裁判法律权利和义务的方法。通过这种方式，它告诉法官和陪审员如何处理事实认定中的错误概率，这些错误概率对认定上述权利和义务及对它们的执行至关重要。适用该原则，也就以某种方式在诉讼双方之间分配了错误风险。

“以某种方式”这个词对诉讼当事人来说有极为关键的意义。 104
假设所有的当事人都是以自我利益为导向，那么若当事人泽维尔偏好某种错误风险分配方式，他的对方当事人伊冯就会倾向另一种方式。对这种争议的裁判本质上属于道德问题。这个问题也是政治性的，因为裁判者们决定的事实，是他们同时或随后做出的其他决定的基础，而这些决定要么确认、要么否认所诉义务或权利的存在。这个问题最终归结为，国家是否应当将其强制性的实施权力适用于特定个人——泽维尔或伊冯。如果泽维尔是原告或控方，他会推动对伊冯适用该权力的观点。泽维尔会根据他所主张成立的事实，来推动这个观点。然而伊冯会强烈抵制这个观点，而且可能将这种抵制建立在另一套事实上。相应的，泽维尔会要求把决定案件事实时的错误风险分配给伊冯。反之，伊冯会认为这个要求是荒谬的，她会主张这个风险应分配给泽维尔。

风险分配问题不仅与事实认定者据以界分权利和义务的最终案件事实相关。否则的话，所适用的证明标准和证明责任就已经解决了这个问题。本章所指出的以及 PMI 致力于解决的事实认定难题，不仅存在于最终的事实认定裁决上。这些难题存在于每一组产生那些最终裁决的事实认定调查之中。由于未能经受 PMI 审查而被取消资格的事实主张，并不仅仅包括案件最终事实。它们还包括许多中间性的主张（如“证人泽维尔是不诚实的”或“被告伊冯于 2003 年 12 月 1 日在 M25 高速公路上开着她的车”）。更为重要的，这些主张与它们所依靠的基础证据一起被取消了资格。PMI 为了排除不受最大个别化检验的整个调查，而使这样的证据不可采。这种排除将错误风险分配给该证据的举证方，而有利于对方。

为了例证该策略，请考虑规制传闻证据〔81〕、品格证据〔82〕和意见证据〔83〕可采性的规则。第六章和第七章分别在刑事和民事诉讼中论证了，这些普通法系证据法中的主干性规则，有一个共同的
105 原则。根据该原则，未经当事人和事实认定者个别化检验的证据是不可采的。如果一个证据与当前案件的关系无法被个别化，那么它就只是许多可能关系中的一个。因为这个证据不受个案具体化审查，它对案件的证明影响就是不确定的。使这个证据的反对者面临任何其可能产生的不利后果，都是不公平的。正如在第六章和第七章所论述的，品格规则、传闻规则和意见规则并非唯一源自 PMI 的证据规则。这个原则解释并证成了最佳证据规则。除此之外，它给许多补强要求和其他一些证据机制提供了支持。PMI 也应当规制着法官和陪审团在事实认定事务中行使的自由裁量权（当然，这个论点纯粹是规范性的）。

因此，PMI 最终是关于错误风险分配的。司法裁判中的错误风险分配是一个道德和政治选择。所以 PMI 需要具有政治道德上的正当性。该正当性何在？为什么我们要遵循 PMI，而不是其他分配事实认定错误风险的道德和政治原则？

---

〔81〕 参见例如，《联邦证据规则》801－7。

〔82〕 参见例如，《联邦证据规则》404、405、608、609。

〔83〕 参见例如，《联邦证据规则》701－2。

这些问题有一个充分的答案。PMI 有许多对民事和刑事裁判兼具好处的优点。首先，PMI 阻止了证据的片面性。根据这一原则，只有一方当事人为了推进他的案件而举出的证据，向个别化审查和随后的逆向利用开放，它才是可采的。不受该审查的证据被认作是片面的和不可采的。这个机制促进了错误风险分配中的平等性，这一引人注意的特点使该机制适于被民事审判所采用。可以说，在任何民事审判中，原告和被告都应当被平等对待。其次，通过使每个事实生成型论证经受全面的个别化检验，PMI 揭示了伴随着相关事实主张的怀疑。通过指出刑事被告人可从中获益的怀疑，PMI 保护无辜的被告人远离错误定罪的风险。通过使检方未受个别化检验的事实生成型论证丧失资格和宣布支持它们的证据不可采，该原则为无辜的被告人远离那种风险提供了一种甚至更关键的保护。最后，PMI 决定了豁免于各种被强加的错误风险，而这些风险应当被分配给民事或刑事诉讼中的当事人。〔84〕第四、五和七章分析了这些优点及其衍生影响。

尽管有这些优点，但我绝不是提倡将 PMI 作为一个包罗万象的、胜过任何功利主义目标的事实认定原则。社会可以正当追求的那些功利目标，也许会规定——正如它们经常做的那样——一 106
种完全不同的司法事实认定错误风险分配方式。这些目标可能允许事实认定者为了使发生错误的数量最小化和正确裁决的数量最大化这一目的，而使用任何有成本效益的证据。该政策促进了威慑力这一法律的实体功利目标的实现。使错误判决的数量最小化——包括根据错误的事实施加义务的判决（“积极错误”）和错误地拒绝施加义务的判决（“消极错误”）——提升了威慑力。消极错误冲淡了威慑力，但仅仅是减少了潜在违法者预期中的惩罚。积极错误对威慑力的冲淡则更重要：它侵蚀了违法的法律后果与

〔84〕 参见 Stein，前注〔24〕，282－4，289－96。关于这一问题的随后讨论，参见 Larry Alexander，Are procedural Rights Derivative Substantive Rights?（1998）17 *Law & Phil*. 19。

不违法的法律后果之间的界限。[85]

第五章将会再论述这些以及许多其他的关于事实认定之成本—收益的问题。在此处，我希望强调：本书并不宣扬任何唯一正确的特定政治道德观点——从中可演绎出分配事实认定错误风险的规则和原则。但是，我确实主张：这些规则和原则是必要的。事实认定必然会被政治道德所驱动。

〔85〕 参见 A. Mitchell Polinsky and Steven Shavell，The Economic Theory of Public Enforcement of Law (2000) 38 *J. Econ. Lit.* 45，60 - 2（借鉴了 Ivan P. L. Png，Optimal Subsidies and Damages in the Presence of Judicial Error，6 *Int. Rev. L. & Econ.* 10）。以一个可能被错误地判决受贿罪的公务员为例。与这个可能性相联系的预期负效应（有罪判决和刑罚所带来的自由、金钱和名誉损失）是－500。他可以通过辞职来排除该可能性。但他发现这一选择并无吸引力，因为这会带来比 500 更大的损失。因此他考虑另一种做法：在偷取一大笔钱后再辞职。这样做的前景给他提供了一个最低的负效应：－450。他以如下方法计算出这个量：将他被逮捕并宣判为盗窃的概率，乘以伴随该可能性的（法律上和社会上的）制裁；然后，从这个负效应量中（比如－1 000），扣掉盗窃所带来的效应量（比如 550）。因此，他最终选择了偷钱。倘若这位公务员最初处于 0 的效应位置而不是－500 的效应位置，他就不会这样做。

第四章

证据法：目的何在？ 107

本章将考察传统证据理论，并批评其未能有效规制司法裁判中的事实认定。本章也将对证据的自由评价（或自由证明）提出一个综合的反对意见。[1] 尽管这一观点存在缺陷，但它仍在律师、法律改革者和法学学者中有影响。这一被法律改革者（包括立法者和司法者）所认同的观点，导致了废除证据规则的持续浪潮以及司法事实认定中自由裁量权的扩张。这一废除主义趋势在英格兰特别引人注目。最近在英格兰，一个由规制传闻和品格证据可采性的严格规则组成的精密网络，已被一个广泛的司法自由裁量权所取代。该自由裁量权基本允许审判法官采纳传闻和品格证据，如果他发现该证据的证明价值明显超过了偏见（的影响）。[2] 在这一发展之前，议会已经消除了大多数要求证据补强的规定。[3] 法官在他们的职权范围内，已经强化了在证据问题上对自由裁量权和具体案件具体分析裁判方法的使用。[4] 还有其他一些发展，包括：他们已经对专家证言的可采性适用了一个相当宽松的“全面考虑”（all-things-considered）标准。[5]

本章认为证据法恰恰应该朝着相反的方向发展。对司法事实认定的法律规制需要加强，而不是减弱。特别是，证据法应该规制司

---

〔1〕 关于这一反对意见的初步论述，参见 Alex Stein，The Refoundation of Evidence Law (1996) 9 Can. J. Law & Jurisp. 279。

〔2〕 参见 Paul Roberts and Adrian A. S. Zuckerman，*Criminal Evidence*（2004），pp. 519－34，582－4；Adrian A. S. Zuckerman，*Civil Procedure*（2003），pp. 661－4。

〔3〕 参见 Criminal Justice and Public Order Act 1994，ss. 32 and 33（废除了除伪证之外的所有传统证据补强要求）；Criminal Justice Act 1988，s. 34（废除了对由未成年人提供的宣誓证据之补强警告的强制要求）。

〔4〕 参见 Roberts and Zuckerman，前注〔2〕，32。

〔5〕 参见 Roberts and Zuckerman，前注〔2〕，305－7；Zuckerman，前注〔2〕，617－19。

法事实认定中的错误风险分配。这种规制应该控制两种类型的裁决：
108 （1）在当事人之间的错误风险分配[6]；（2）实体错误成本与旨在避免这些错误的事实认定程序成本之间的权衡。[7]

一、废除主义浪潮

每个属于英美法律传统的裁判制度都包含了一个规制对证据之采纳、询问和评价的规则、原则和理论体系。这个体系在学术著作和法学院课程中被称为“证据法”，它看起来拥有和其他具体法律部门相同的地位。然而，这仅仅是看起来而已，因为证据法的实际地位最不清晰。很少有学者（即便有的话）提出废除合同法、刑法或宪法的观点。许多学者乐于接受边沁的以下著名主张：证据规则在原则上应当被废除。[8] 这一废除主义的主张，已经在法律论著中弥漫了近两个世纪。[9]

证据法是一个独特的英美法系现象。例如在欧洲大陆，法律制

---

〔6〕 第六章和第七章分别在刑事和民事审判中讨论了这种裁决。

〔7〕 第五章讨论了这种裁决。

〔8〕 Jeremy Bentham，*Rationale of Judicial Evidence* Vol. 5 (1827)，pp. 477 - 94.

〔9〕 参见 Bentham，同前；Charles F. Chamberlyne，The Modern Law of Evidence and Its Purpose (1908) 42 *Am. L. Rev.* 757（赞成对证据规则的简化，以及一般不受规制的事实认定制度）；Learned Hand，The Deficiencies of Trails to Reach the Heart of the Matter，in *Lectures on Legal Topics*：1921 - 22，(1926)，pp. 89，96 - 104（主张废除正式的证据规则）；John H. Wigmore，*A Treatise on the Anglo-American System of Evidence in Trials at Common Law* Vol. 1 (3rd edn.，1940)，§8c（尽管赞同边沁的许多主张，但不支持对证据规则的完全废除）；Kenneth C. Davis，An Approach to Rules of Evidence for Non-Jury Cases (1964) 50 *A. B. A. J.* 723，726（支持欧洲的自由证明模式，并断定“如果我们美国的证据法医生们多向欧洲医生们咨询的话，我们病态的证据法机体将会很快恢复健康”）；Kenneth C. Davis，*Administrative Law Treatise* (1980)，§16：2（主张废除证据规则，并支持事实认定中的自由裁量）；William Twining，*Theories of Evidence*：*Bentham and Wigmore* (1985)，pp. 66 - 82（在一般性的层面上，以及在与边沁相关联的语境中，讨论了废除主义者的主张）；A. D. E. Lewis，The Background to Bentham on Evidence (1990) 2 *Utilitas* 195（讨论了边沁的废除主义主张及其思想渊源）；Mirjan R. Damaska，*Evidence Law Adrift* (1997)，p. 149（预测了现有证据规则的瓦解）；Eleanor Swift，One Hundred Years of Evidence Law Reform：Thayer's Triumph (2000) 88 *Cal. L. Rev.* 2437（描述、解释和批判了审判法官自由裁量对证据规则的替代）。

度一般不会将证据法视为一个（相对于刑事和民事程序而言的）独立法律分支。[10] 这种不认可并不是因为不存在民事、刑事和其他审判——在这些审判中事实认定者需要处理证据并裁决事实。毋宁说，它产生于这样一种观点：事实认定者在裁决事实的时候，一般不需要法律规则。许多人认为这一观点是根本性的，因此它也获得 109
了一个标签。这一观点被称为"自由证明"（free proof），或者"证据的自由评价"（free evaluation of evidence）[11]。通过泛泛地提及自由，这一名称暗示：事实认定者从正式法律限制中解放出来，是迈向一个更好的法律制度的一步。这一理念是宏伟的，但却没有基础。从法律限制中解放出来可能实际上导致（司法的或其他的）专制。我在本书中审视了这种可能性。

以前的英美证据法比现在的英美证据法要丰富得多。[12] 与其

〔10〕 参见 Mirjan R. Damaska, Evidentiary Barriers to Conviction and Two Models of Criminal Procedure: A Comparative Study (1973) 121 *U. Pa. L. Rev.* 506；Mirjan R. Damaska, *The Faces of Justice and State Authority* (1986), pp. 29 - 38, 54 - 8；Damaska，前注〔9〕，8 - 12，149 - 52。

〔11〕 William Twining, *Rethinking Evidence* (1990), pp. 194 - 7.

〔12〕 关于这一点，参见 James B. Thayer, *A Preliminary Treatise on Evidence at the Common Law*, (1898), Ch. 12；Wigmore，前注〔9〕，§8；Ezra R. Thayer, Observations on the Law of Evidence (1915) 13 *Mich. L. Rev.* 355, 364（询问任何有能力的、公正的法官，他在裁决证据问题时能够从书中得到多少东西，他的回答将证实乔特先生在谈论我父亲的证据专论时对我所说的话。他说："告诉你父亲它是一本好书。但遗憾的是，当尚存在证据法这样一个事物的时候，他没有出版它。"）；Charles McCormick, Tomorrow's Law of Evidence (1938) 24 *A. B. A. J.* 507；Edmund Morgan and John Maguire, Looking Backward and Forward at Evidence (1937) 50 *Harv. L. Rev.* 909, 922 - 3；Edmund Morgan, The Jury and the Exclusionary Rules of Evidence (1937) 4 *U. Chi. L. Rev.* 247；John Maguire, *Evidence, Common Sense, and Common Law* (1947), p. 10 ff；Edward Cleary, Evidence as a Problem in Communicating (1952) 5 *Vand. L. Rev.* 277；Jack Weinstein, Some Difficulties in Devising Rules for Determining Truth in Judicial Trials (1966) 66 *Colum. L. Rev.* 223；Philip McNamara, The Canons of Evidence—Rules of Exclusion in the Federal Rules of Evidence (1986) 10 *Adelaide L. Rev.* 314；Thomas M. Mengler, The Theory of Discretion in the Federal Rules of Evidence (1989) 74 *Iowa L. Rev.* 413；Twining，前注〔11〕，178 - 218；Swift，前注〔9〕。也请参见 David P. Bryden and Roger C. Park, "Other Crimes" Evidence in Sex Offence Cases (1994) 78 *Minn. L. Rev.* 529, 561。（"几个世纪以来，发展趋势是朝向废除那些证据规则——这些规则将误导事实认定者的危险性作为自己的基础。律师和学者们越来越倾向于支持边沁的观点，即被设计出来阻止事实认定者犯错误的技术性证据规则，充其量也是麻烦多于价值。"）

他变得更丰富和复杂的法律分支不同，证据法已经被压缩和简化了。那种曾经对具有潜在证明力的证据之可采性施加严格法律限制的早期证据规则，已经被废除了。其他证据抑制性理论（evidence-suppressing doctrines）——比较典型的体现是排除传闻、意见和品格证据的规则——已经被修正了。对它们的修正，使它们的范围缩小了，同时也引入了定义上的灵活性、例外和自由裁量权。〔13〕这些规则连同其他一些证据规则——包括那些规制证言资格、司法认知和证据补强的规则——已经逐渐被自由裁量标准和指引所取代。在陪审团制度中，这些标准和指引一般会采取陪审团指示的形式。〔14〕因此，司法事实认定转变成一个对相关过去事件的几乎不受限制的调查过程。这种制度极为依赖事实认定者对证据证明价值的评价。在这里，是常识而不是普通法在发挥指导原则的功能。

110 许多学者和律师将当代证据规则看作是在自由证明之海洋上航行的离散船只。以下文献引述段落代表了这种普遍观点：

> 证据规则规定了在证明事实的过程中可以考虑什么事项，以及某种程度上说，它们拥有什么样的分量。证据规则大多数是不统一的和离散的，并且互不相干地存在着，有时还相互矛盾。原因在于：它们是令人惊讶的司法产物，也是没有效果、徒增困扰的败笔。存在着一个合同法，或许在某种程度也存在一个侵权法，但是却只存在一组（group）证据法律。〔15〕
>
> 在我们的文学经典《爱丽丝梦游仙境》中，有一个角色是柴郡猫。它时隐时现，所以人们有时能够看到整个身体，有时只看到一个头，有时却只能看到一个模糊的轮廓，有时什么也看不到，以至于爱丽丝无法确定它是否在这里，或者

---

〔13〕参见前注〔12〕所引文献。

〔14〕参见 McNamara，前注〔12〕；Mengler，前注〔12〕；Twining，前注〔11〕，178－218。

〔15〕J. D. Heydon，*Evidence*：*Cases and Materials*（2nd edn.，1984），p. 3.

> 根本不确定它是否存在。在实践中，我们的证据规则看起来与之类似。[16]

上面的引述是描述性的。学者们所建构的规范性证据理论，不一定与他们的描述性陈述等同。然而，将主流的规范性立场表述如下，仍是公允的：支持从对证据可采性和充分性的强制性法律规制，转变为不受法律控制、因而是自由的证据评价。[17]

对动摇了英美证据法的废除主义浪潮的这一描述，需要持一个保留意见。促进外部目标的事实认定规则（第一章已经证明了其并不真正属于证据法）还没有被这一浪潮所改变。英美法律制度继续保护特定交流和事项的秘密性，这种保护是通过使它们被特免权覆盖而实现的，但是以事实认定准确性为代价。该制度也保留了排除有证明力的证据的规则，比如排除通过违反宪法或其他法律的手段获得的刑事被告人供述。它们是为了其他目的和价值而牺牲事实认定准确性的证据规则中的典型例子，但不是这类规则的全部。然而，这些规则和类似的规则，应当被认作是外在于事实认定目标的。[18] 它们并不属于英美证据理论的核心，而正是在这核心之处发生着对正式法律架构的废除。

正式法律架构之大规模废除——这在其他法律领域是没有先例的——的影响是，会使英美事实认定制度同与其对应的大陆法
系制度变得非常相似。[19] 边沁的废除主义预言，现在更接近于实 111
现了。的确，一些证据法学者甚至已经开始质疑他们事业的功用了。[20] 鲁伯特·克罗斯爵士（Sir Rupert Cross）——20 世纪最

〔16〕 Twining，前注〔11〕，197。

〔17〕 参见前注〔9〕至〔12〕所列文献。也请参见 Roberts and Zukerman，前注〔2〕，30-2。

〔18〕 Wigmore，前注〔9〕，ξ11。

〔19〕 参见例如，Karl H. Kunert，Some Observations on the Origin and Structure of Evidence Rules Under the common Law System and the Civil Law System of "Free Proof" in the German Code of Criminal Procedure (1966-7) 16 *Buffalo L. Rev.* 122。

〔20〕 参见 *Symposium*：Does Evidence Law Matters? (1992) 25 *Loyola L.A.L. Rev.* 629-1023。

杰出的证据法学者之一——甚至宣称，“我正在为我的专业被废除的那一天而工作”〔21〕。被废除主义浪潮所煽动的主导性观点，已经被证明是不成熟的。新证据学（The New Evidence Scholarship）——一个将学术注意力从证据规则转向事实认定推理的跨学科运动〔22〕——尽管伴随着持续的争议，但已经证明了一个重要而没有争议的深刻见解。那就是：证据法中正式法律架构的削弱，并未引起足够的反响，以至于带来终结性威胁。这一运动值得信赖，因为它在概率论和归纳推理领域产生了重要见解，可以适用于司法事实认定。对这些问题的学术探究将继续吸引许多注意力和占据着期刊。〔23〕

有几个因素可以解释废除主义浪潮。这些因素中最重要的是，对关于实践事务之实证方法的彻底赞同。这种方法产生的科技进步已经增强了人类对自身认识能力的信心。它们也揭示了形而上学知识或者假设性知识的不切实际——如果不是毫无根据的话。这些进步产生了一个普遍的理论观点，即有效和无效事实假定之间的经验区别规制着所有的实践事务。事实假定的真理价值已经变得等同于它们的实际价值了，因为它们由该假定的实际效用所决定。这一实证方法已经成为一种压倒性的意见，常常被认为是唯一的理性方法。该实证主义转变不仅是自然科学家的特点，而且在很大程度上成了许多社会科学家、法律改革者、政治家和公众的特点。正是这种转变提升了我们社会的认识论自信。〔24〕

---

〔21〕 参见 Twining，前注〔9〕，1。

〔22〕 Richard Lempert，The New Evidence Scholarship：Analyzing the Process of Proof (1986) 66 *B. U. L. Rev.* 439；Roger C. Park，Evidence Scholarship，Old and New (1991) 75 *Minn. L. Rev.* 849，859 - 71.

〔23〕 参见 William Twining and Alex Stein，*Evidence and Proof* (1992)，pp. xxi - xxiv。

〔24〕 参见 L. Jonathan Cohen，Freedom of Proof，in William Twining，ed.，Facts in Law (1983) 16 *A. R. S. P.* 1；Twining，前注〔11〕，32 - 91；Peter Tillers and David Schum，Hearsay Logic (1992) 76 *Minn. L. Rev.* 813，815（“证据法，按其性质，是一种认识理论。美国证据法的认识论有一种经验主义的味道”）。

这一实证主义转变已经产生了一个排他性的影响。不信任任何来自假定基础的演绎推理，这一转变削弱了许多用道德真理（moral truths）来取代碎片式、多样化的道德性（morality）的努力（不管是基于坏的动机还是好的动机）。实证主义谴责这种基础 112
主义的努力（foundationalist efforts），因为后者鼓吹自己为“优先原则”，抑制了与之冲突的观点。一些道德真理还被诟病为促进了极权主义、种族主义和加剧了贫乏（在很多情况下确实如此）。这些让人厌恶的经历，进一步强化了在道德领域的怀疑主义思潮。受科技的巨大成就与道德和政治领域的众多失败之间的巨大差异的影响，这种怀疑主义思潮已经引起了广泛的重视。这一思潮服从于对任何用官方道德观来限制个人之企图的怀疑审查。因此，它可以被称为道德怀疑主义。道德怀疑主义是现代自由主义的显著特点之一。[25]

这两种社会趋势——一方面是认识论自信，另一方面是道德怀疑主义——的结合效果，能够解释证据法中的废除主义浪潮：

> （1）认识论理性（epistemic rationality）不能也不应被法律规制。的确，考虑到法律对事实的依赖，法律自身也应当从属于认识论理性。事实认定者不需要那些规定他们如何解决经验事实争议的规则。通过使用被证明是值得信赖的经验知识，他们能够且应当通过使用证据来解决事实争议。
>
> （2）然而，上述观点不适用于关于价值的争议。对于这类争议，找不到能够依赖可证实的优先原则的解决方法。因此，赋予法官个人以确定价值偏好的权力——这些价值偏好可予强制执行，就等同于认可了法官独裁主义。具有强制力的价值偏好，只能经由社会共识机制（如法律）形成。毕竟，

〔25〕 参见 Edward A. Purcell Jr.，*The Crisis of Democratic Theory*：*Scientific Naturalism and the Problem of Value*（1973）；James Fishkin，*Beyond Subjective Morality*（1984）；James Fishkin，Liberal Theory and the Problem of Justification（1986）XXVIII *NOMOS* 207。

法律已经被证明是唯一可行的（尽管不是完美的）社会共识机制。[26]

废除主义改革仅仅是被认识自信理论所驱动。因为这个原因，这一改革不触及大多数促进事实认定外部目的和价值的证据规则（比如保护特定秘密交流的特免权，以及排除由警察通过侵犯被告
113 宪法权利而获得的证据的规则）。废除主义改革只是瞄准了那些与认识自信理论相冲突的证据规则。[27]

边沁最初的废除主义计划几乎是针对所有的证据规则[28]，因而这一计划只是局部性地实现了。边沁将事实认定的准确性——用他的术语说是“裁决公正”（rectitude of decision）——作为司法裁判的首要目标，这不是彻底的功利主义。[29] 这种一元论路径，偏爱一种从“家事裁判场景”（family tribunals）中引入的“自由证明”（free proof）之“自然制度”（natural system）[30]，而不是一种充满了技术性的事实认定制度——据边沁所言，法律职业群体即“法官和其他法律工作者”（Judge & Co.），为了从他们的客户那里获得利益而发明了这样一种制度。[31] 这种路径及其家事裁判模型都太简化了。家事裁判场景中所适用的事实认定程序之所以具有吸引力，是因为它们在家庭内的可接受性。这种可接受性源于家庭的团结及家庭成员利益的共同性。[32] 在这种环境中，家庭共同利益倾向于对家庭成员个体私人利益有支配地位。[33] 然而，这种利他性情形，与法庭（包括事实认定者）在其

---

〔26〕 请比较 Joseph Raz, *The Morality of Freedom* (1986), p. 181。

〔27〕 Cohen，前注〔24〕，12－14。

〔28〕 参见 Twining，前注〔9〕，66－100。

〔29〕 参见 Bentham Vol. 1，前注〔8〕，1－15。

〔30〕 Jeremy Bentham, *A Treatise on Judicial Evidence* (1825), pp. 6－7.

〔31〕 参见 Twining，前注〔9〕，75－9。

〔32〕 请比较 Richard Rorty, Solidarity or Objectivity, in John Rajhman and Cornell West (eds.), *Post-Analytic Philosophy* (1985), p. 3。

〔33〕 参见 William L. Twining, Hot Air in the Redwoods, A Sequel to the Wind in the Willows (1988) 86 *Mich. L. Rev.* 1523, 1539－41。

中担任纠纷裁决者的现代社会组织相去甚远。与给予边沁启示的家庭关系不同，社会组织不会呈现出利益的共同性。相反，它呈现出彻底的个人主义，这种个人主义表现为目的、道德感和生活方式的多元化，也相应地表现为社会的复杂性和疏离。例如，社会组织中可能包含潜在地相互竞争的人群——他们既需要得到**来自**（*from*）刑事司法机制的保护，也需要**被**（*by*）刑事司法机制所保护。某些人要求获得免于被罪犯侵害的保护，而另一些人所要求的保护是为了免遭警察和其他执法官员非法侵害。前一个人群首先是对提高他们的安全、其次才是对他们的自由感兴趣；而后一个人群可能怀着一种对自由和安全的自我矛盾的期望。人们可能会同意一元化的裁判制度，与边沁的“家事裁判场景”类似，但前提是要贯彻他们的价值偏好。因此，只有司法事实认定具有纯粹的认识论意义上的“自然”性质，边沁的“家事裁判场景”和“自然事实认定”观点才是合理的。但情况并非如此。就像本书自始至终所论证的那样，价值偏好——或者更准确地说，对错
误风险分配的偏好——遍布于司法事实认定。必须承认的是，主 114
流的证据理论对这种现象和它所导致的问题的关注，比我的关注范围更有限（并且我认为它目光短浅）。但是它确实在某种程度上关注了这一现象，因此就像我所热情投入的那样，拒绝了边沁的事实认定一元论路径。

边沁的司法事实认定一元化路径是不可持续的。例如，认为刑法应该最有效实施的人们倾向于实际上采纳所有具有证明力的证据，以便使事实认定者能迅速和便利地裁决事实真相。在本章的以下部分，我将用它自己的标准来质疑这种偏好。其他人不同意这一观点，因为他们相信警察通过违反法律而获得的证据应该继续被抑制。因而，这些人采取了司法正当原则（integrity-of-justice principle），该原则不允许国家通过违法行为来实施刑法。这些人可能也持有这样一种观点：不管什么时候，只要它对个人权利造成了不成比例的威胁，法律就应当限制这种法律执行权。

这种观点可能也会证成对警察通过明显滥用权力——该权力滥用行为侵犯了被告的合法权利——而获得的证据的抑制。然而，偏爱高效刑事司法机制的人们强烈地反对这种观点。这些观点以及与其相矛盾的其他道德观点无法相互衡量，更不用说客观上彼此调和了。用技术性的语言来说，这些观点是不可通约的（incommensurable）。[34] 任何认为它们可以通约的主张，都一定会泛泛地谈到一些所谓的更高的道德原则，但却无法证成该原则。对于任何这样的企图，道德怀疑主义都会投以深切的怀疑——如果不是径行排斥的话。这种怀疑主义思想，反对所有关于道德和政治争议的具有清晰界限的解决方案。因此，它阻止了英美证据理论转向一个固定价值等级体系，而边沁的“裁决公正”目标居其首。

自治和权威之间的相互作用使得边沁的“家事裁判”类比完全无效。出于很好的理由，珍视个人自治的人，可能会在该理由所证成的限度内放弃自治。如果一个人渴望生活在相对和平与有序的社会中，那么他将愿意接受由国家主导的裁判，作为解决个人纠纷的制度。他也因此将接受这一制度的排他性权威，以及将其裁决适用于个人的强制性权力。从某种程度上讲，只要此人接受了这些权威和权力，他就放弃了他的自治。权威和自治之间存在零和博弈：施予个人的权威更多，意味着个人所拥有的自治更
115 少；反之亦然。因而，如果一个人决定像家长式作风家庭里的孩子那样行为，他可能会完全放弃他的自治，完全使自己个人的行动理由服从于“家事裁判”的裁决和理由。[35] 与该主要决定一致，此人将不会非常关心“家事裁判”所遵守的事实认定程序。对该裁判之理由和裁决所持有的信念，使他认为它们对他有益。此人的行为，类似于一个病人将自己的信赖交给医生的百忧解处方，而无须调查了解该处方的化学成分及其对人心理和生理造成

---

〔34〕 可一般性地参见 Ruth Chang (ed.), *Incommensurability, Incomparability, and practical Reason* (1997)。

〔35〕 请比较 Joseph Raz, *The Authority of Law* (1979), pp. 19 - 25。

的影响。此人允许他的个人行为理由服从于或者次于[36]他的权威裁决者所设计的理由和裁决。对此人行为理由的完全掌控，导致了他的自治的完全丧失。反之，一个人不加分辨地不顺从，则颂扬了他的自治性。然而，如果这个人真正需要百忧解却服用了阿司匹林，那么这种颂扬不会长久；如果他只是个 5 岁的孩子，却决定闯荡街头，不受家事裁判约束，这种颂扬也不会长久。基于类似的理由，不愿意体验霍布斯的自然状态的人们，就需要接受法庭的裁判权威，以此管辖他们的自治，并优先于他们的行为理由。任何人都应当在他作为个人和作为社会成员的福祉所要求的限度内，让自己的自治服从于恰当的国家权威。[37]

但是，这种为了维持一个恰当的裁判制度所必须付出的牺牲，在多大程度上是必需的呢？这是一个非常难的问题，而且我不相信任何人能够恰当地回答它。然而，在裁判者应当有和不应当有权威去裁决案件的理由之间的基本区别，将这种探讨推向了正确的方向。裁判者当然不应当被允许将他们的裁决奠基于他们可能拥有的任何理由。在家庭裁判场景之外，没有任何合理的理由让人们牺牲自己的自治到这样一种不受限制的程度。但是，什么样的牺牲程度是恰当的呢？一个理性的人只应允许好的裁判理由优先于他个人的行为理由。但是，考虑到所涉及的大量个人及其感觉，就此目的而言哪些理由能算作是“好的”理由呢？从个人自治的角度出发，这一问题似乎只有一个答案。如果所有的人都接 116
受它，或者它被一个集体的、共享的、被所有个体赞成的决策机制——比如由负责任且可罢免的立法者组成的民主投票机制——所确立，那么这个理由对于个体来讲就是好的。因此，裁判理由若想成为好的、有优先权的理由，就需要从社会中获得一些形式

〔36〕 同前。也请参见 Joseph Raz, Authority and Justification (1985) 14 *Phil. & Pub. Aff.* 3。

〔37〕 对这一问题的一般哲学讨论，参见 Raz，前注〔36〕；Scott J. Shapiro, Authority, in Jules Coleman and Scott J. Shapiro, *The Oxford Handbook of Jurisprudence and Philosophy of Law* (2002), pp. 382, 385 - 91, 402 - 8。

有效性。不应授权裁判者按其所好来发展限制自治的理由。他们不是在家事裁判场景中裁决孩子纠纷的家长，由自治个体组成的社会也不是一个幸福的家庭。

当然，边沁更多地偏爱于自由证明。根据他的理论，不存在关于恰当的事实认定方法之争论的立法空间。该方法应该是经验主义的。因此，它倾向于一个不受规制的事实认定制度。根据边沁的理论，经验主义理性既先于法律规则的制定，也对它们的准确实施非常重要。因此，理性应当统辖法律领域，而不是允许法律领域统辖它。〔38〕不应以法律规则干涉司法事实认定，除非很有必要防止拖延和困扰〔39〕，以及在极少数例外情形下保护宗教圣洁〔40〕和国家秘密。〔41〕然而，对于实体法领域，边沁描述了一个将规则法典化的制度，以此约束法官和架构其裁量权。〔42〕边沁信赖作为事实认定者的法官，但是不认为法官是合格的实体法律规则（其中包含价值偏好）创制者。〔43〕对于道德性质而非认识论性质的实体法领域，边沁描述了唯一的价值：功利主义。这一观点非常著名。他还认为，实体规则的法典化，相比于司法自由裁量，会更好地符合功利主义。〔44〕与普遍的证据理论相似，边沁在认识论领域和道德领域之间，做出了明确的分析性界定。

二、分离认识论和道德

主流的证据理论将自由证明作为其核心，将现有证据规则作

〔38〕参见 Twining，前注〔9〕，52-66。

〔39〕参见 Twining，前注〔9〕，91-4。

〔40〕参见 Bentham，前注〔30〕，237。

〔41〕参见 Bentham Vol. 1，前注〔8〕，566-8。也请参见 George W. Keeton and O. Roy Marshall, Bentham's Influence on the Law of Evidence, in George W. Keeton and Georg Schwarzenberger (eds.), *Jeremy Bentham and the Law* (1948), pp. 79, 95。

〔42〕参见 Gerald J. Postema, *Bentham and the Common Law Tradition* (1986), pp. 442-52。

〔43〕同前，345-50。

〔44〕同前，445（强调了支持法律形式主义的功利主义理由）。

为自由证明的分散和孤立的例外，从而分离了认识论和道德。证据规则的边缘化以及对事实认定规制的相应弱化，源于认识自信理论，我并不质疑这种理论。这种认识论理论已经获得许多认可，且没有其他理论能够实际上替代它。〔45〕但是我确实要质疑司法事实认定中道德和认识论之间的理论分离。 117

主流的证据理论认为，事实认定者必须根据常识、逻辑和经验裁决诉讼事实，但是要受到以下制约：（1）将一些特定利益和价值置于事实认定准确性之上的一些规则；（2）证明责任和证明标准；（3）一些灵活的指导和指示；（4）一些事实认定规则，例如传闻规则、意见规则和品格证据规则。对证据的自由评价处于这一理论的核心。对于事实认定者来说，证据的自由评价意味着免受对从证据到事实之推论的法律约束。这一基本的自由被构成证据法的那些法律规则所包围，但是不受后者干涉。这些规则促进了重要的裁判目标，这些目标和事实认定相关，但是不构成事实认定。主流的证据理论认为，当事实认定者在证明标准的控制下裁决案件事实的时候，他们从事的是纯粹的认识论工作。对事实的裁决产生于事实认定者所进行的对证据的整体衡量。因而主流证据理论认为，事实认定者对证据分量的评价也是一个纯粹的认识论活动。因为法律“不能对逻辑能力发号施令”〔46〕，并且假定它对认识能力也如此，我们可以说，它不应对认识活动施加控制。因此，既没有“将证明规则写入法律的一般需要，也没有规定事实裁判者智力资格的相应水平的需要。我们只需要一个理性的外行——而不是一个逻辑学家或统计学家——来裁决什么是确信无疑”〔47〕。

主流证据理论通过加强证据规则之各种例外所发挥的功能，进一步强化了自由证明。根据这一理论，证据规则的例外有一个

〔45〕参见 Cohen，前注〔24〕。

〔46〕James B. Thayer，前注〔12〕，314n。

〔47〕Cohen，前注〔24〕，21。

一般性的功能：恢复自由证明。主流证据理论将现有证据规则描述成自由证明的一系列例外，而自由证明又从这些规则的例外那里得到印证（它们重塑了自由证明）。这就使得司法事实认定中的现有法律边缘化了。因为法律干涉事实认定的典型情况，是被价值偏好所驱动，所以这一理论也将道德和政治选择对事实认定的影响边缘化了。

主流证据理论将现有例外性的证据规则分为两类，进一步促进了这种边缘化。第一类包含了所谓"证明的"（probative）、"附
118 属的"（auxiliary）或"内在于"（intrinsic）事实认定的规则。[48]认识论理由支持着这些规则。另一类包含了由完全外在于事实认定的偏好所驱动的规则，即所谓"超证明的"（extra-probative）或"外部的"（extrinsic）规则。[49] 这些规则为了促进对法律制度非常重要的道德和政治价值，而将事实认定的准确性置于一边。按照该理论，与在边沁理论中一样，道德和政治价值对司法事实认定的影响是极少数的例外。[50]

通过将证据规则描述成自由证明的一系列分散的例外，主流证据理论激发了废除主义。如果事实认定者通常被许可从证据到结论做出推论，在这个过程中他们的认识理性不受束缚，那么为什么不扩张这种许可，将它适用于整个裁判过程呢？这的确是一个值得追问的问题。如果对证据法的这种传统描述，在规范性上是可靠的，那么回答这一问题将是一个相当令人生畏的工作。但是这一描述在规范性上可靠吗？我认为答案是否定的，下文将详

〔48〕 参见 John H. Wigmore, *Evidence* Vol. 1 (Tillers Rev. 1983), pp. 688 - 9。

〔49〕 同前，689。

〔50〕 Dale Nance 的纲领性的文章解释了这一边缘化。参见 Dale Nance, The Best Evidence Principle (1988) 73 *Iowa L. Rev.* 227。他在文中认为："撇开那些所谓服务于外部社会政策的规则（例如规制特免权的规则）不谈，其余的证据规则更可能是在促进法庭的认识论利益"；"这种操作性意义，指向了'认识论上最佳'的证据，这是我们的主要关注点"。同前，229，240。任何标准的证据法专著都能很容易地印证这一观察。也请参见 Michael S. Pardo, The Field of Evidence and the Field of Knowledge (2005) 24 *Law & Phil.*（即将出版）（指出证据法主要关注认识论）。

述理由。正如第三章所解释的，我认为道德领域与认识论领域在理论上的分离，有分析上的错误。基于类似的理由，影响司法事实认定的道德选择在理论上的边缘化，也同样有分析上的错误。这一批判性见解具有操作性意义，因为道德和政治选择都确实且应当对司法事实认定产生影响。在下文，我会回到这一见解并做进一步分析。此处，我只指出：提出证据规则的例外性地位，作为自由证明的规范性基础，是一个逻辑谬误。用例外的和离散的方式对事实认定进行规制，可能确实不令人满意。然而，这种规制不令人满意，不是因为它在不应该限制的地方限制了事实认定者。它之所以不令人满意，很可能是因为它在应该限制的地方没有限制事实认定者。本章和整本书都将论证，对司法事实认定的规制需要加强而不是放松。

三、打破分离：错误风险的分配

为了得以正当化，自由证明制度需要维持其对道德与认识论的区分。这一制度还需要成功地论述道德选择在司法事实认定中 119
的边缘化。具体而言，它需要主张这样一个事实认定制度的正当性：在这一制度中，裁判者所发挥的错误风险分配功能，只是残存性质的，而不具有普遍性。然而在下文我将论证，这种所谓的区分是难以维持的。分离之墙的崩塌致使自由证明制度在规范性上站不住脚。

自由证明理念主张，事实认定者既能够也应该决定证据的相关性和分量（此处指证据的总体证明力），这无须诉诸价值偏好。事实认定和价值偏好以此保持了分离。从法律在一定程度上承认并强化道德价值——正如道德价值与探究经验真相之间存在一定冲突——来讲，道德价值可能影响着司法裁判者的裁决结果。然而，这些价值并不涉及针对事实认定本身的规则。事实认定的内在理性是，而且应当维持，纯粹的认识论性质。道德和认识论的分离对于坚持自由证明是必要的。若无该分离，自由证明制度将只能依靠一个非常值得怀疑的政治合法性理论，即允许法官和陪审团通过适用他们的个人价值来裁决案件。这种理论缺乏吸引力，它将道德和政治争议交给了作为个体的司法裁判者。认可这一理论的人，无法在司法事实认定的自由证明与关于合同、侵权和犯罪的自由裁判之间做出任何原则性的区分。毫不令人奇怪，自由证明的当代拥护者从未赞同这一理论。

第二章和第三章已经论述了许多观点，它们将为下文的讨论所用。为了便于论述，我在此总结这些观点。

事实认定者要裁决相关事实的概率性，因此他们的认定具有不确定性。在裁决概率性的时候，事实认定者使用了基于经验的概括（比如“与审判结果没有利益关系的证人一般会诚实作证”，“目击证人对嫌疑犯的辨认常常是不准确的”；“专家基于受过同行评议的出版物而作的证言一般都是可信的”，“庭外证言一般不如法庭证言可信”等）。这些概括对于推进推论过程是必要的。如果不能获得这些概括，事实认定者就不能从他们已有的证据中得出任何结论。这些概括是一般性的，其与个案的联结远非显而易见。因此，提供这种联结的事实生成型论证，存在深刻的问题。只有概括中的事实类型与当前案件之间真正地吻合时，这种联结才是可能的。

120 然而，这一吻合总是有条件的，而不是绝对的。事实认定者需要用来做出准确裁决的证据总是不完整的。所以，任何在个案与可适用的概括之间的可辨识的吻合，都取决于以下假设：所缺失的证据不会破坏这种吻合。更具体来讲，该假设认为，如果得到了缺失的证据，也不会使案件从现有概括所提供的涵盖范围内（例如“没有利害关系的证人一般会诚实作证”），转移到另一个不同的涵盖一致性之下（例如“对某一当事人怀有敌意的证人，有时会作出不利于该当事人的不实证言”）。这一信息稳定性假设，用认识论上的封闭性取代了开放性。通过这种方式，它使事实认定者能够完成一个否则即不能完成的推论过程。凭借这一假定，事实认定者可以将他们案件中的事实类型（例如，证人的证言，以及缺乏指向证人对审判结果之个人利益的证据）认定为与概括中的事实类型（即“没有利害关系的证人”）相似。然而，任何此类假设，都不可避免是推测性的。所以，任何此类假设的有效性都不仅非常依赖于事实认定者已拥有的证据，而且——更关键的是——依赖于他们尚未拥有的证据。更准确地说，此类假设的有效性取决于，缺失的证据会产生一个不同事实结论的未知可能性。与支持当前概括的一般经验一起，相关的稳定性假设之可信程度，决定了事实生成型论证的证据分量——该事实生成型论证将概括用作对于当前案件的涵盖一致性。这一因素决定了论证的韧性，也就是：它被证据证明的程度，以及更关键的，它能够经受潜在证据基础之变化的程度。

一些事实生成型论证比其他论证更有分量，或更具韧性。因为事实生成型论证对于事实认定来说不可或缺，它们的相对分量（或者韧性）对于事实认定者的裁决就是至关重要的，不管该分量是否得到了明确或模糊的解释。一个被认定有很高可能性的命题并不一定拥有很高的可信性，如果它的高度可能性来自一个没有多少分量的事实生成型论证。这类命题因为具有太大的风险而不能被依赖。基于这种命题的裁判，在认识论上是存在问题的，如果不是完全没有正当性的话。因此司法事实认定应当被视作一种要遵循双重标准的工作，它需要同时满足恰当的概率标准和恰当的分量标准。司法裁判者采纳为他们裁决之基础的事实主张需要有充分的可能性；赋予这些主张概率的事实生成型论证需要有充分的分量。

就像第三章解释的那样，分量标准涉及证据充分性的**质**（*qualitative*）和**量**（*quantitative*）两个方面。在理想情况下，事实认定者赖以作出概率判断的证据需要在质上和量上都是充分的。121
在量上是充分的，意味着证据需要涵盖相关事实主张的每一个部分。为了满足理想的量的充分性标准，证据需要提供关于当前案件的完整信息。在质上是充分的，意味着证据需要避免依赖那些影响其可信性的信息——也就是是“二阶证据”（second-order evidence）。为了满足理想的质的充分性标准，一项证据必须要么被确证为真（demonstrably true），要么使它自己受到所有可能的审查，这种审查能够决定它的可信性并最终认可它。在实际的司法事实认定中，这些标准绝不可能被满足。事实认定者最终只能退而求其次：他们的证据充分性标准，不管是量上的还是质上的，都需要从理想标准变为可行标准。这种转换迫使事实认定者将概率评估建立在具有一定非充分性（质上或量上的，或者二者兼有）的证据之上。因而任何此类评估都不可避免地包含错误风险，这种风险不是由评估本身所致。事实认定者通过让这种风险反映在概率评估中，并不能恰当地解释这种风险。产生于证据非充分性的错误风险，并非具体地附属于某一个概率评估。相反，它同时附属于事实认定者作出的所有概率评估。因为这种风险所针对的是多个事实情境的真实可能性，所以它的存在并不能提供理由，以降低其中某一个情境的概率而不是提高这个概率。因而，如果事实认定者拥有的证据指向了“被告人强奸了被害人”这一情境的高度可能性，那么仅仅是证据不完整这一事实，并不会增加与之相互竞争的“被告人和被害人发生了相互同意的性行为”这一情境的可能性。但是证据的充分性仍然很重要，因为基于薄弱的证据基础（尽管这些证据指向了有罪的充分高度可能性）判决一个人有罪，在认识论上是没有根据的。以这种特定方式分配错误风险，也缺乏了道德正当性，这种裁决在道德上是难以得到辩护的。相关的概率评估和它的证据分量，是事实认定裁决中彼此分离、却同等重要的组成部分。

为了恰当地处理案件，事实认定者需要正确回答两个基础性的问题。第一，由当事人提出的事实主张为真的可能性是多少？第二，据以确定可能性的证据基础是否足够坚实？对第一个问题的解决，是根据认识论理由。为事实认定裁决而设置的概率门槛分配着错误风险——这是一种不同的道德选择，我在后文讨论。在这里，我假定相关概率门槛已经被法律设定好。事实认定者的任务是评估双方当事人的主张是否超过了这一门槛。事实认定者能够在没有逾越认识论领域的情况下作出这种评估。但是为了回 122
答第二个问题，认识论领域就显得太狭窄了。事实认定者可以获得的证据总是不完整的，因此对于作出可靠的概率评估来说，将证据基础视为充分的或不充分的，就是以此种或彼种方式分配了错误风险。就像整本书所讨论的那样，对于这一道德和政治问题，认识论保持沉默。因此可以断定，事实认定涉及以下三种不同类型的风险分配决定。“证据分量”这个概念抓住了第二种和第三种风险分配决定。

(1) 规定一般的证明标准和证明责任，为事实认定设置适当的概率门槛；

(2) 决定整个证据基础在量上的充分性；

(3) 决定构成证据基础的每个单一证据在质上的充分性(或充足性)。

这一分析提出了关于现有证明责任和证明标准的许多有趣问题。民事和刑事证明标准实际上表达了什么要求？刑事证明标准(即公控方需要将其指控的被告人的案件证明到排除所有合理怀疑的程度)是否扩展到了证据分量？或者，它仅仅是一个设置定罪概率门槛的标准？如果是这样的话，评估事实生成型论证之分量的标准在哪里？民事证明标准又如何？第三章对这些问题作了一般性回答，后文将更深入地探讨这些问题。在这里，我只是指出这些问题的答案所处的领域。正如第三章所述，该领域是政治道德性质的，而不是认识论性质的。

有两种反对我的方法的意见，对于事实生成型论证所包含的风险分配问题，采取了实用主义的回应方式。根据其中一种反对意见，当事实认定者已经在最大可行限度内收集了裁判所需的信息，就可以理性地将风险分配问题从议程上移除。符合该标准的信息基础因此可被视为具有实践的完整性。这一实用主义路径允许事实认定者用信息封闭性替代信息开放性。将相关的涵盖一致性（即概括）适用于当前案件，也会因此获得确定性。该假定显然包含错误风险。然而该风险是不可避免的，因为事实认定者不可能超出可行限度获得更多信息。可以说，实用主义路径使这种风险降至最小的限度。

这种论证是站不住脚的。边沁主义者的格言“搜集所有能够
123 实际获得的相关信息”，没有根据地假定了，在事实认定者拥有的信息总量和他们裁决的准确性之间存在一个线性持续关系。更多的信息可以产生更高的准确性。该论证以一个正确的前提开始，即完整的相关信息保证了事实认定中的完全准确性。该论证又进一步认为：在信息不完整的场景中，事实认定的准确性程度与事实认定者拥有的相关证据数量成正比。这一主张表面上吸引人，但它是错误的。在完整的和不完整的信息之间，不存在**数量上的**类比。完整的和不完整的信息条件之差异，不仅是数量上的，而且是实质上的。在信息不完整的场景中，信息可信性因素（information-credibility factor）发挥着作用（而且确实是关键的作用）；而在信息完整的场景中，不会要求发挥这种作用。可以将该因素称为“关于信息的信息”，或者更技术性的“二阶信息（second-order information）”，它再次强调了基础证据在本质上的不完整性。正像在事实生成型论证中那样，已有信息和缺失信息之间的可能关系（或者更准确地说，已知信息的可信性被未知信息的出现所破坏的程度），决定着这一因素。只要事实认定者们的信息仍然是不完整的，获得更多的信息（这些信息的根据是不确定的）就不会改善他们的认识论地位。新信息的获得只不过用一个新的错误风险替代了先前已经存在的错误风险，而新的错误风险与新信息的可信性相联系。更重要的是，这并不能保证新的错误风险将小于旧的错误风险。

因为信息不完整性是普遍存在的（司法裁判中的事实认定只是众多示例之一），这可能引发普遍的认识论怀疑主义。但是这一方向不是我的目的之所在。我相信，通过向选定的方向倾斜分配的方式（而不是通过纯粹增加基础证据），能够有效地管控事实认定错误风险。我的观点只是反驳了这种直觉性的（但却是错误的）观点：信息的增加**必然会**提高事实认定的准确性。但我远非在散播怀疑主义。边沁主义者的上述观点显然是错误的。通过强调在不确定性条件下**任何**信息的增加所固有的风险替代现象，我的观点对于司法事实认定具有特别的含义。有些错误风险是可以接受的，有些则不可接受。如果一项新的信息会带来不可接受的错误风险，那么它就应当被阻止。具有不可接受的风险性的事实认定探究方式，应被禁止启动。这种观点为那些使具有潜在证明力的证据不可采的特殊排除规则之确立，提供了正当理由。我将在后文阐述该理由。

在那些信息基础太薄弱而难以证成一项裁决的案件中，“收集所有实际上能够获得的相关信息”这一规则是完全是没用的。这些案件呈现出第三章所指出的分量问题。正如第三章所阐释的，不存在从认识论上解决该问题、而不诉诸风险分配的方法。某些错误风险（如将无辜的被告人定罪），潜在地要比其他错误风险（如错放真正的罪犯）更有害。因此，对司法裁判中错误风险的分配不能是偶然性的。它应当是一个深思熟虑且具有政治合法性的裁决的产物。不是让错误风险随机地发生，而是要让法律制度管控这种风险，并且使它向正确的方向倾斜。 124

反对我的方法的实用主义者可能会同意该观点。但是他会坚持认为，法律制度可以通过证明责任和证明标准充分地控制错误风险。可以将这种实用主义观点称为解决错误风险的“自动售货机”方法。作为处理司法裁判中事实不确定性的一种方法，该方法在传统证据理论中获得了一定认可。大法官霍尔斯伯里（Halsbury）伯爵在一个具有重大影响的裁决中解释了普通法中的证明责任的功能。他坦承如下：

> 我必须承认……我所得出的结论是，我无法说自己能够以某种方式得到一个令人满意的结论；然而随后法律将我从窘迫中解救出来——这种窘迫原本将谴责我对一个无法解决的难题的解决——因为它在我的头脑中指示我，去考虑是谁在承担证明责任？〔51〕

该裁决是关于威廉·路易斯·怀南斯（William Louis Winans）的，他是一个出生于美国巴尔的摩的金融家和铁路巨头（也是一个钻石收藏者）。怀南斯于1859年来到英格兰，并一直生活到1897年过世。怀南斯遗留下了数百万计的财产，这些财产主要在英格兰。他的遗嘱将这些财产在他的继承者之间进行了分配。怀南斯是遵循医生的建议，因为健康原因而来到英格兰。他将自己视为“完全的美国人”，并且常常表达他想回到巴尔的摩这个他常常谈及的家乡的愿望。但这个愿望并没有实现。司法部长主张，因为怀南斯定居英格兰，应该从他的财产中征收遗产税。由于所适用的对居住地定义的规定，在随后的诉讼中，主要争议为：怀南斯居住在英格兰是否已经形成了“一个固定的定居目的”？因为诉讼标的额很高，我们可以合理地假定：这场诉讼的双方当事人都收集并提出了所有在当时可以获得的证据。

125 英国上议院以有利于怀南斯继承人的方式解决了这场争议。正如上述引用所显示的，大法官因为该争议实际上是不确定的，以及司法部长应负担证明责任，从而得出了这样的结论。按照本书的分类方法，该证据基础**在量上是不充分的**（*quantitatively insufficient*）。林德利（Lindley）法官对证据的评价是不同的。他认为王国已经履行了证明责任。林德利法官解释道，尽管怀南斯

---

〔51〕 *Winans v Attorney-General* [1904] AC 287，289（HL）.

是一个骄傲的美国人，但他的疾病摧毁了任何返回美国的希望。怀南斯生活在英格兰如此长久这一明显的事实，被林德利法官看作是决定性的。然而，对证据的这一评价未能吸引麦克诺顿(Macnaghten)法官，他基于不同的理由加入了霍尔斯伯里大法官的裁决。麦克诺顿法官认为，怀南斯返回美国的希望从来没有破灭。

看起来，霍尔斯伯里大法官的裁决理由比林德利法官的反对意见和麦克诺顿法官的协同意见更充分。在确定自己无法在相互冲突的证据评价中做出选择后，作为最后的手段，大法官转向了证明责任理论。但是这一转向必须被正当化，〔52〕而大法官的认定完全使其豁免于这一基本要求。单纯是断言原告和被告的事实陈述之可能性相等，并不能正当地证明它们确实是相等的。正当化理由的缺失，给大法官的认定增添了主观臆断色彩。〔53〕认定两种相互冲突的事实假设可能性相等的裁决，与其他的事实认定裁决没有什么不同。任何这样的裁决都取决于事实生成型论证，因此都会导致第三章所指出的问题。林德利法官的反对意见依赖于这样一个概括：人们常常会放弃不能实现的希望。为本案件所选择的这个涵盖的一致性，与麦克诺顿的选择非常不同。根据麦克诺顿的选择，拥有与怀南斯类似财产和性格特点的人，会无条件地坚持他们最热切的愿望，几乎从不放弃。这个涵盖的一致性，看起来与林德利法官的概括同等合理。这解释了——但仍然没有证成——为何霍尔斯伯里大法官会诉诸证明责任理论。根据证明责任理论，当原告的主张被证明至可能性与不可能性相等时，法庭应当视其为未得到证明，从而驳回原告诉求。适用证明责任，要求对相互竞争的事实假设做出理性的评估；这些假设若仅仅是看

〔52〕参见 Albert Ehrenzweig，*Psychoanalytic Jurisprudence*（1971），pp. 278 – 9（要求为在事实不清情况下的裁决提供正当化理由）。

〔53〕就像 Ehrenzweig 正确阐释的那样，“可以作出事实不清裁决的司法权力，很容易导致自身的滥用”。Albert Ehrenzweig，*Law: A Personal View*（1977），p. 86.

起来同等可能，不能满足该评估要求，因为“看起来”不等于
126 “理性的”。大法官应当有理由既反对麦克诺顿法官的涵盖一致性，也反对林德利法官的概括。大法官认为，没有足够的证据证明当前案件可以归入二者之一。但是为什么会这样呢？缺失了什么证据？更重要的是，有任何理由来评估，所缺失的证据能够**同等地**支持两种假设吗？[54] 如果没有，那为何两种假设的可能性相等？

完全未知的缺失证据能够同等支持相互冲突的多个假设，这一主张在认识论上是有问题的。我们都说，向空中抛一枚硬币，它落下来要么正面朝上要么反面朝上。然而，如果我们有关于该硬币、抛投的情况、周围物理条件的完整信息，我们就能够确定地预测它落下时哪一面朝上。我们没有拥有的信息，并不是同等地支持正面朝上和反面朝上两种假设。实际上，威廉·路易斯·怀南斯要么已经决定了定居在英格兰，要么没有作这样的决定。因而，分配给这些假设同等的可能性，既是不真实的，也缺乏认识论上的根据。只有当该案件能够被归入一般性领域（domain of generality）——其中包含了许多具有相似构造的个案——的时候，这种分配才是可能的。此时，如果那些个案中的一半可归至麦克诺顿法官的涵盖一致性，而剩下的另一半可归至林德利法官的概括，那么大法官关于怀南斯的案件能够同等地归入两者之一的评估将得以正当化。该评估将构成一个与抛硬币的直接类比，即一系列未受操纵的硬币抛投将产生大致相等的正面朝上和反面朝上次数。“大数规律”（law of large numbers）在起作用。

但是小数规律（law of small numbers）也在起作用。为什么要剥去案件的独特性，将其归入一个一般性的“大数”类别，而不是保持案件本来的样子，即保留其全部的具体性？为什么要寻

---

〔54〕 怀南斯尚未决定永久居住地的假设，与麦克诺顿法官的假设融合在一起了。因为在麦克诺顿法官的假设中，怀南斯也没有决定定居英格兰（根据确定永久居住地的方法）。

找某种一致性，以此种或彼种方式解释案件的事实类型？为了让事实认定者能够认定事实，决定着案件具体事实类型的基础证据确实需要与相关的概括进行互动。但为什么要将具体归入一般（就像大法官所做的那样），而不是以麦克诺顿法官或林德利法官的方式，将一般适用于具体？

该问题有一个貌似合理的答案。该案件的证据基础在量上是不充分的。因为存在两种不同的将一般适用于具体的方式，所以无法真正地将一般适用于具体。当任何事情都能够被证明时，也就没有任何事情能够真正被证明了。基于这样的原因，需要删减威廉·路易斯·怀南斯的个案中的具体特性，然后将其转至一般性领域。该领域可以容纳未受操纵的硬币抛投以及对竞争性假设的普遍平等分配。王国诉怀南斯的遗产税案件就是以这种方式被 127
证明为“可能性等于不可能性”的。

上述主张可能是有效的，但是它有效的领域不是认识论性质的。该领域可以容纳“根据无知做出决定”这一规则，而不是“验证知识”这一规则。占据该领域的多个竞争性假设的实际分配情况，是未知的。因此，上述分配方式被认为是无偏向性的。但是“未知的”与“无偏向性的”不是同义的。事实认定者仍然被允许继续根据以下假定行事：相关的多个竞争性假设在各案件中是被同等分配的。从认识论的角度看，该假定是没有根据的；但是它确实有特定的吸引力。将所有未知表现形式视为对事实认定者的裁决具有同等影响，就是在用一个平衡的方式分配错误风险。然而，从道德和法律的角度看，这种风险分配可能仍然是不恰当的。在刑事审判中，如果法律制度旨在保护被告人免于被错误定罪，这种风险分配就是完全不可接受的。例如，就像第三章和第六章所描述的，裸统计证据不能被视为定罪的充分理由，即使它指向了一个非常高的有罪概率。在民事诉讼中，这种风险分配应被普遍接受。通过将不利于原告和不利于被告的错误视为具有同等危害性，该假定平等地关注和对待双方当事人。一般情况下，这种平等对待在道德和法律上都是恰当的，但是它与认识论没有关系。认识论并不涉及作出风险均衡的裁决；它所涉及的是根据严格的事实基础来作出裁决——至于风险均衡与否则在所不问。

事实认定者对证据（量的或质的）不充分性的判断，以及随后使用平等几率假设，都依赖这种错误风险分配。确定证据基础已足供做出相关概率评估的裁决，也同样依赖这种风险分配。在怀南斯案中，根据要求原、被告应平等分担风险的原则，该案件才能够被以均衡方式裁决。偏向原告或者偏向被告都是缺乏理由的，因此平等原则具有强烈的直觉上的吸引力。但是这种吸引力不应掩盖其本质，就像在怀南斯案以及许多其他案件中很可能已经发生的那样。这种吸引力是道德和政治性质的，而不是认识论性质的。通过将案件归到证明责任理论之下，大法官在怀南斯遗产税案件中以均衡的方式分配了错误风险。该错误风险分配与常识一致。第七章论证了它与普通法也是一致的。然而，大法官应当清晰
128 地阐述：他将怀南斯案归类为不确定，就是在分配错误风险。这一归类要求他指出据以分配该风险的平等原则。正如第七章所解释的那样，该原则在民事诉讼中可以普遍适用，但也有一些例外限制。所幸这些例外都不适用于怀南斯案。因此，尽管大法官对证明责任的适用缺乏理由，但是他的裁判之最终结果是正确的。

著名的 *Rhesa Shipping Co. v Edmuds* 这一海事保险诉讼案[55]，是关于上述观点的更现代案例。该案展示了质（而非量）的证据不充分性。原告的船向被告投保了“海洋事故”和“船员疏忽”险，最后该船在地中海沉没了。大多数关于轮船适航性和事故原因的证据，与这艘船一起沉没了。原告无法援引适航性推

---

〔55〕 *Edmunds et al* (*The Popi M*) *v Rhesa Shipping Co* [1983] 2 Lloyd's Rep. 235 (Commercial Court); *Rhesa Shipping Co v Edmunds et al* (*The Popi M*) [1984] 2 Lloyd's Rep. 555 (CA); *Rhesa Shipping Co v Edmunds et al* (*The Popi M*) [1985] 2 All ER 712 (HL). (后文将该裁决简称为 *Rhesa*。)

定——如果没有关于船只漏洞的证据，该推定常常会基于“海洋事故”保险政策而使原告赢得海洋保险诉讼。〔56〕被告也没有证据指明该船不具有适航性。被展示的证据很少。但是证据显示：某物在左舷外壳板上造成了一条巨大裂缝，从而严重毁坏了轮船；水通过裂缝流进船里，船因为严重进水而沉没。因此，造成该裂缝的因素，在保险诉讼中变成了争议焦点。

关注该因素的以下两种理论都被法官排除了，法官认为它们事实上不可能：

(1) 原告理论：裂缝与所引发的船只损失，都是船员疏忽所致；

(2) 被告理论：船只不具有适航性。

然后留给法官的是另外两种理论：

(3) 原告理论：裂缝是由某个水下物体造成的；

(4) 被告理论：裂缝可能是由磨损造成的。

支持这两种理论的证据，不能确证任何一个理论。两种理论都被法官认为具有很低的可能性。尽管如此，法官仍然认为理论 129
(3) 比理论 (4) 更有可能。基于这种比较优势，法官做出了有利于原告的裁决。〔57〕就像上议院评论的那样〔58〕，该认定好像遵循了夏洛克·福尔摩斯给华生医生的著名格言：“我跟你说过多少次了，当你排除了所有的不可能之后，不管留下来的是什么，尽管看起来不可能，却一定是真相。”〔59〕

该认定构成了一个明显的法律错误。根据优势证据标准，原

〔56〕对该推定及其实际运行影响的分析，参见 G. Brice，Unexplained Losses in Marine Insurance (1991) 16 *Tulane Maritime L. J.* 105 at 113-4，120，122-3，129。

〔57〕请比较 Ronald J. Allen，A Reconceptualization of Civil Trials (1986) 66 *B. U. L. Rev.* 401（基于政策性的理由而支持类似的方法）。

〔58〕*Rhesa*，at 718a.

〔59〕A. Conan Doyle，The Sign of Four，in A. Conan Doyle，*Sherlock Holmes*：*The Complete Illustrated Novels* (London：Chancellor Press，1987)，p. 138.

告的主张必须被证明至“比**不可能**更可能”（more Probable *than not*）。为了胜诉，该主张必须胜过**任何**可能的有利于被告的事件陈述。被告断然地否认该主张并且他完全有权利这么做。在发展理论（4）的过程中，他们并没有将它承诺为自己唯一的论点。[60]审判法官的错误通过了上诉审查[61]，但最终被上议院纠正，原告被驳回诉求。

如果原告没有提出另一个看似更有希望的论证，这可能是一个毫无疑问正确的裁决。原告主张，致命的裂缝是由某个无法确认的海洋事故造成的，这是根据证据能够得出的最可能的结论。该论证可以转换成形式化的概率术语，指向析取命题“$p1$ 或 $p2$ 或 $p3$ 或……pn”的概率；其中 $p1$、$p2$、$p3$……和 pn 代表所有（已知或未知的）海洋事故所构成的集合。因而，该论证认为：事件“$p1$ 或 $p2$ 或 $p3$ 或……pn”的概率大于 0.5。因为证明了 p 集合中的任何单个元素后，原告即有权赢得诉讼，该论证看起来似乎是合理的。[62] 在这个集合中，许多个体 p 的概率是未知的，其概率可能也是非常低的。然而，“p 中之一造成了原告损失”这一无所不包的命题之概率，已经足够高而向有利于原告的方向倾斜。也有足够的证据去支撑这个一般性的概率。这一论证本身看起来没有太大的不妥，它也被上诉法院的裁判所支持。[63] 然而，上议
130 院认为：“船主不能……惯例性地念叨着‘海洋事故’这个一般性

〔60〕 该程序权利被以下裁决所认可：*Theodorou v Chester* [1951] 1 Lloyd's Rep. 204，238；最近也被以下裁决认可：*Lamb Head Shipping Co. Ltd. V Jennings* [1994] 1 Lloyd's Rep. 624，627。

〔61〕 *Rhesa Shipping Co. v Edmunds et al*（*The Popi M*）[1984] 2 Lloyd's Rep. 555 (CA).

〔62〕 请比较 D. H. Hodgson，The Scales of Justice：Probability and Proof in Legal Fact-finding (1995) 69 *Aust. L. J.* 731，750（支持上议院提出的具体性证明要求，认为其“不可反驳”；但同时认为：“可以将单个事件——原告可以根据这些事件之一而胜诉——统括为一体”）。

〔63〕 Rhesa Shipping Co. v Edmunds et al（The Popi M）[1984] 2 Lloyd's Rep. 555，558-9（Sir John Donaldson，M. R.）；561（Lord Justice May）.

术语；为了成功地履行证明责任，他们必须……**在这个问题上落脚于具体性**（*to condescend to particularity in the matter*）。”[64]该观点明确地指出，有利于原告的抽象概率，对于他获得救济而言是不充分的。为了使原告胜诉，有利于他的主张的可能性，必须不仅仅是纯粹的几率。这种可能性还需要附属在一些有利于原告的具体事件陈述上。当然，为了获得有效性，这种附属必须是基于充分的证据。

上议院法官关于涵盖原告事件陈述的具体个案证据的要求[65]，在认识论上是合理的，但不是认识论所必需的。可以说，超过 0.5 阈值的抽象概率，应当已满足优势证据标准。但是，接受这样一个论证，也不是认识论所必需的。在这两种认识论上有效的标准之间的选择，取决于：法律（而非认识论）是否愿意满足于裸统计证据[66]以及（更深刻地说来是）没有分量的概率。[67]裸统计证据能够满足质的充足性吗？——考虑到它未能反映个案情形，以及相应的，双方当事人和事实认定者无法审查其对当前案件的适用性。事实认定者应当依靠这种证据吗？或者，裸统计证据应该被适当的分量标准所阻挡吗？更现实的是，事实认定者应当采取另一个不同的方法，根据其裁决的性质和含义，转而适

---

〔64〕 Rhesa，at 716. 该裁决呼应了 Devlin 法官在以下案件中的裁决：*Waddle v Wallsend Shipping Co.*（*The Hopestar*）[1952] 2 Lloyd's List L. Rep. 105 at 106（“在几乎所有的事实都已公开的案件中，以下主张毫无疑问是合法的：必须调查原因，从而选择最有可能的原因。公正地讲，所有可能的原因都应当被仔细审查，使最有可能的原因胜出。但是在所有的直接证据都缺失的案件中，就没有理由说最有可能的推测必然是真实的解释了。可以给出的最好答案是：对损失的环境没有足够的认知，因此调查者不能认定发生原因”）。

〔65〕 将“大推论”（large inferences）建立在“小事实”（small facts）上，上议院似乎赞成夏洛克·福尔摩斯的另一个不同格言。参见 Conan Doyle，前注〔59〕，115－16。

〔66〕 参见 David Kaye，The Limits of the Preponderance of the Evidence Standard：Justifiably Naked Statistical Evidence and Multiple Causation （1982） *Am. Bar Found. Res. J.* 487。

〔67〕 参见 Alex Stein，An Essay on Uncertainty and Fact-Finding in Civil Litigation，with Special Reference to Contract Cases（1998）48 *U. Toronto L. J.* 299。

用分量要求吗？认识论的标准不能回答这些问题。证明责任理论也未包含解决这些问题的任何标准。正如第三章所解释的，恰当的错误风险分配是回答这些问题的关键。为了回答这些问题，事实认定者需要在证明责任理论中引入适当的风险分配标准，这些
131 标准是道德和政治性质的。在证明责任理论之内，再一次：认识论罢手处，道德接手。怀南斯案和前述海事保险诉讼案就是该观点的生动例证。[68]

在刑事案件中适用“自动售货机”方法，是不可能的。根据这种方法，任何认识上的不确定性，都算作是合理的怀疑，这会构建起一个不可逾越的定罪障碍。若将该路径推向其逻辑极端，所有的刑事被告人，甚至可能包括那些明确认罪的人，都将不得不被无罪释放。整个刑事司法制度会变得功能失调。因为很明显的原因，该结果会产生巨大的负面社会效应。

对于司法裁判中的基本事实认定难题，“自动售货机”方法没有提供解决方案，不管是原则性的还是实用主义的方案。该方法甚至还没有着手解决关于证据基础的质量的问题——事实认定者只是将控制性的证明标准适用于证据基础。这些问题的产生与以下裁决有关系：采纳具有潜在证明力的证据，或者将其排除在事实认定者的考虑之外。排除具有潜在证明力的证据，给该证据的提出者施加了错误风险。因为此类证据可能包含了事实认定者将

〔68〕 *Rhesa* 案裁决是很有问题的。在该案中，像其他案件一样，法官有四种分配错误风险的选择：（1）**平等原则**（***the equality principle***），要求在原告和被告之间以一种平等的方式分配风险；（2）**期待原则**（***the expectation principle***），要求风险分配应与双方当事人明示或暗示的合同期待一致；（3）**违约惩罚方法**（***the penalty-default approach***），要求以当事人不能相互接受的方式分配风险，这会强迫他们制定一个明确的合同条款，规定以不同的方式分配该风险（这样转而会节省与合同解释相联系的诉讼成本）；（4）**错误最小化原则**（***the error-minimizing principle***），要求以一种将错误判决减至最低的方式分配风险。该原则在保险案件中尤其重要，比如 *Rhesa* 案。它有助于有效分摊事故成本，以此实现保险法的一个关键目标。根据这些原则，如果原告的主张（即他们船上的裂缝是由未经确认的海洋事故造成的）的确比不可能更可能，那么原告应被裁决获赔。参见 Stein，前注〔67〕，323 - 51。

会忽略的可靠信息，该错误风险是显而易见的。同时，因为任何此类证据也可能会扭曲真相，所以采纳该证据可能为它的对手增加了错误风险负担。在这两种情况下，错误事实认定的风险都源于信息的缺失。排除具有潜在证明力的证据，产生了信息空隙。因为这个原因，边沁和他的追随者们批评了这种排除。采纳此类证据，也产生了信息空隙，不过是以不同的方式，边沁和自由证明的其他支持者忽略了这一点。正如上面所提到的，一个新采纳的证据引出了一些新的可信性问题，只要它的可信性根据仍然处 132
于不确定状态。因为在司法裁判中这些根据从来都无法确定，所以事实认定者需要更多证据来评估它们。额外的证据引起了关于它自身的可信性问题，事实认定者可能常常不能解决这些问题。有的时候，司法裁判者为了解决这些问题而需要的信息，是无法获得的。司法裁判者在排除和采纳具有不确定证明根据的证据之间的选择，归结为更倾向于此种信息空隙还是彼种信息空隙的决定。这种零和博弈情形，强调了证据选择的风险分配特征。

司法事实认定中的错误风险分配是普遍存在的。事实认定者通过塑造证据基础来分配这种风险，他们根据该证据基础来决定当事人的竞争性主张之概率。事实认定者在不确定状态下决定这些概率时，也在分配错误风险。证明责任规则告诉事实认定者如何根据已决定的概率来分配错误风险。只有在决定了相关事实主张的概率之后，事实认定者才能适用证明责任规则。然而，这些规则不会指导事实认定者如何决定这些概率。主流的证据理论假定，事实认定者能够基于纯粹的认识论理由而做出此类裁决。但是该假定是不正确的。某些对概率的裁决，比其他的概率裁决，具有更好的证据支持，因此也更有分量。理性的事实认定者应当考虑到该因素。[69] 但是他们到底应如何考虑这一重要因素呢？任何被选定的证据基础都具有潜在的扭曲性，依赖它都会存在风险。事实认定者应当不加选择地使用证据作为进行概率评估的平台吗？如果不是，那么他们应当如何区分可接受的错误风险与不可接受的错误风险呢？

正如上文所解释的，对于这一关键性的问题，认识论罢手了。
133 认识论原则只能帮助事实认定者做出概率评估，并确定这些概率评估的相关分量。然而，认识论原则没有设置关于证据分量（即事实认定者的证据基础在量和质上的充分性）的最低标准。该原则也无法提供用以区分可接受的和不可接受的概率评估错误风险的标准。从纯粹认识论的角度看，任何证据基础——不管是薄弱的还是坚实的——都是为了裁决概率而可以使用的平台，只要事实认定者将该因素考虑进去。从这一角度看，事实认定者根据薄弱的证据基础，认为已满足或未满足优势证据标准，都是完全理性的。更准确的说法是：将司法裁判后果附属到认识论规则上，本不是认识论的分内之事。认识论不能决定，事实认定者是否应当将他们的司法裁决建立在不具有多少分量的概率评估基础上。任何司法裁决都以此种或彼种方式分配着错误风险，并且涉及重要的道德和政治因素。因而，道德和政治选择遍布司法事实认定的所有阶段。司法事实认定既依赖认识论也依赖道德。

---

〔69〕 David Schum 有关限制推论的观点，促进了对这一点的理解。Schum 写道："推论在本质上只能是概率性的，我们的结论应当以某种方式得到限制……若仔细观察就会发现，许多看似简单的推理，揭示了一些非常微妙的、常常没有被意识到的属性。推论能够被分解成各种层次的'微粒'。当我们对推理作了很好的分解的时候，我们就揭示了额外的且常常是有趣的不确定性之来源。我们面临的一个困难是，看起来不存在任何对推论的最后或最终分解。确实，可能有多个相互替代性的分解，但我们不能将它们中的任何一个贴上唯一'正确'的标签。我们常常不得不删减一些边边角角，从而简化推论任务……认识到简化推论的必要性之后……再去觉察和理解我们在这个过程中可能忽略或抑制了的证据之微妙性，看起来就是明智的。在概率性推论中，我们所没有考虑到的，能够伤害我们，而且经常是很大的伤害。" David Schum, *Evidential Foundations of Probabilistic Reasoning* (1994), p. 2.

四、通过证据法分配错误风险：证明责任、排除、优先、补强、成本—收益

分配事实认定中的错误风险，应当是证据法的主要目标。司法裁判者如何分配该风险，与司法裁判者如何裁决案件一样重要。[70] 有的裁判者可能会支持事实认定错误风险分配中的平等性，另一些裁判者可能倾向于经济效益，而其他的一些裁判者可能采用实用主义的方式，允许风险随机地分配。不应当授权司法裁判者按其所好在上述方式（或者其他方式）之间进行选择。为了具有合法性，他们的风险分配裁决应当被权威性的道德和政治原则所证成。这些原则应当反映在风险分配方面的社会偏好。这些一般性的偏好需要被证据法所采纳和调整。它们应转化为一系列分配事实认定错误风险的具体规则和原则。这些规则和原则，理应由普通法的法官或立法者发展。当然，在普通法模式下，立法者享有废止或修改任何由法官创造的规则的至上权力。

分配错误风险的规则和原则可划分为两大类。第一类是那些 134
规定在不确定情形下作出事实认定的概率门槛的规则和原则。它们包括在民事和刑事审判中适用的证明责任和证明标准，以及许多推定。这些规则和原则的功能是双重的。在一般的层面上，它们确定了在民事和刑事诉讼中可接受的错误率。在个案的层面上，它们确定了各种情形下的错误风险承担者，因此也必然决定着对风险的豁免。

然而，第二类规则和原则发挥着另一种风险分配功能。它们规制着事实认定者据以作出概率评估的证据基础之分量。具体而言，这些规则和原则设定了不同的证据充足性标准，包括量上的和质上的。通过设定这些标准，它们将错误风险分配给了那些所

〔70〕 Ronald Dworkin，*Law's Empire*（1986），p. 1.

提证据未能满足所适用的充足性标准的当事人，因此也必然赋予了对方当事人错误风险豁免权。在不受这些规则和原则控制的地方，自由证明起着支配作用。在这种情形下，事实认定者可以根据任何证据基础来决定相关的概率，并且（在受制于控制性证明标准的前提下）按照其认为恰当的方式分配错误风险。

第二类规则和原则遵循了四种基本策略：排除（exclusionary）、优先（pre-emptive）、补强（corroborative）和成本—收益（cost-efficient）。[71] 首先，某些事实认定调查方式可能包含的错误风险太高，因而是完全不可接受的。这些调查方式中的一个极端例子如下：一位控方证人在谋杀案审判中作证说，有来自黑社会的谣言表明，被告人杀了被害人。[72] 旨在查明这种多重传闻证言之真实性的调查，所引发的错误风险通常是非常大的。因此，这种调查方式不应获准启动，即使它们也可能会导向真相。证据法通过排除那些会启动某种被认为具有不可接受的风险性的调查方式的证据，来实施该禁止。这种前置性的排除，将错误风险强加给证据的提出者——这样的结果明显不同于允许事实认定者将风险施加给任何一方的自由证明制度。

其次，某些事实认定调查方式，尽管本身不具有不可接受的风险性，但仍然比其他可以导向同一目标的可能调查方式有更大
135 风险。在这种情况下，将错误风险降至最低的调查方式，要优先于其他可用的调查方式。启动这种调查方式的证据，应当优于任何其他的、启动较差调查方式的证据。只要这种最佳证据是可以获得的，任何替代性的证据就应被排除。该优先策略的最简单例子，是关于原始文件及其复制件的规则。一般来讲，如果原始文

〔71〕 前三种策略源于 PMI。第三章对此有论述。

〔72〕 这个扭曲的例子，既非不现实，也非来自极权主义的法律制度。在比利时，由未证实身份的警方线人在庭外作出的陈述，可以被采纳为指控被告人的证据。参见 Application 8417/78 X v Belgium [1979] 16 European Commission of Human Rights—Decisions & Reports 200。

件可以获得，事实认定者就不应采纳复制件作为证据。另一个简单的例子涉及愿意当庭作证的证人与他先前作出的庭外陈述。同样的，该证人证言应优先于庭外陈述，司法裁判者因此应认定该庭外陈述不可采。优先策略把启动次佳调查方式的人作为错误风险的承担者。风险仍然存在，因为排除次佳证据并不能保证最佳证据会产生预期的事实认定准确性。在某些情形下，被认为是次佳的证据可能实际上会促进发现真相。

排除和优先这两种策略，旨在保证事实认定者的证据基础在质上的充分性。第三种规制策略，我称之为补强，关注证据充足性问题的量的方面。一般经验认为某些类型的证据通常没有可靠到足以依赖的程度。根据这样的经验，证据法可能限制事实认定者基于此类证据认定事实的权力，要求他通过某种额外的调查方式核实该证据——这种额外的调查本来是选择性的而非强制性的。共犯证言是这种规制策略的一个范例。在一些普通法辖区内，事实认定者不能仅仅依据被告人同伙的可靠证言将被告人定罪。事实认定者若要将被告定罪，就需要以其他证据补强该证言——事实认定者应审查补强证据并认定它的可信性。[73] 该规则具有经验性的基础原理。共犯常常有说谎的动机。在很多案件中，为了获得免罪判决或宽松量刑，他们需要将对整个犯罪或其实质部分的实施转嫁到被告人身上。共犯也有成功混淆真相的手段：他们知悉内部信息，这能使他们掩盖其自利证言的虚假性。当然，并不是所有的犯罪同伙都会给出虚假的证言，但是提供虚假证言的人与不这样做的人混同难辨。结果，在缺乏其他证据的情况下，事实认定者通常无法区分骗子和诚实证人。包含共犯证言的案件，总是会涉及这种风险。自由证明制度允许事实认定者将错误风险 136
分配给被告人，如果他们发现共犯证言具有充分可信性的话。补

〔73〕 参见下文第 208 页。（本书页边码——译者注）

强理论认为该问题不属于自由裁量领域，它将错误风险分配给了控方。

第四种规制策略是成本—收益。该策略规定了在事实认定错误成本和旨在避免这些错误的程序成本之间的权衡。这种权衡源于成本—收益理论，该理论要求事实认定者使成本的总量最小化。正如第五章所论证的，该理论在证据法中有一些表现。为了实现其经济目标，成本—收益理论使用了每一种证据管控手段：排除、优先和补强。然而，它是以严格的工具化方式使用这些手段的，而不是将它们作为当事人对其拥有内在权利的错误风险豁免机制。在功利主义领域内——成本—收益理论也在该领域发挥作用——不承认超越功利的权利（utility-trumping entitlements）。按照成本—收益理论，诉讼当事人没有被授予可以强迫事实认定者按照有利于他们的方式分配错误风险的权利。他们受益于风险分配，仅仅是出于偶然，即当他们的个人利益刚好符合成本—收益理论所促进的社会目标的时候。该理论影响证据法中排除规则的一个普遍例子，是《联邦证据规则》403。根据规则403，任何证据“如果它的证明价值实质性地被不公正偏见、混淆争议或误导陪审团的危险，或者对不当拖延、浪费时间或无需出示累积证据的考虑所超过”，都应被排除。对该抽象规则的适用，肯定存在个案间差异。但是——如果该规则被恰当地适用——它的社会效果总会相同。该效果就是最大化地降低由以下两种成本之总量所代表的社会损失：事实认定错误的成本，和减少这些错误的事实认定程序成本。〔74〕该理论借助优先机制的例子，是《联邦证据规则》803（8）、902（1）-（5）和1005中关于公共记录文件可采性的规定。这些记录文件的可靠复制件，一般都可以作为证明其内容的证据。不需要提出一名证人来证明该记录文件以及它的真实性。

〔74〕 参见Richard A. Posner，An Economic Approach to the Law of Evidence (1999) 51 *Stan. L. Rev.* 1477，1480-7。

这种安排撇开了传闻规则、最佳证据规则和一般的鉴真要求；并
且它有很好的理由这样做。经验证明，公共记录和它们的可靠复
制件通常是值得信赖的。将这些记录从文档中拿出来，以及随后
再将它们重新归档，都是有成本的。若公共服务人员被惯例性地
要求在法庭上对这些记录作证（经过大量人为地刷新他们个人的 137
而非制度性的记忆之后），社会也将承受大量成本。如果允许耗费
这些成本，就可能产生一个利益：严格地遵守传统的证据规则，
可能会消除一些事实认定错误。然而，考虑到公共记录及其可靠
复制件的一般可信性，我们可以合理地期待这些错误只是稀少和
零星地发生。对这些错误的消除，没有使相应的成本正当化。因
此，替换常规的事实认定程序——该程序以提交原始文件和合格
的当庭证人证言为特点——就是正当的。[75]

在少数情况下，成本—收益理论也会使用补强策略。例如，在一些司法辖区，原告的证言通常不会赢得案件，即使法庭认定它有充分的可信性。原告为了胜诉，就要以其他证据来补强其证言。[76] 这种安排具有合理的经济上的理由。“言词对言词”的案件——在这种案件中，除了原告与被告相互矛盾的陈述，事实认定者没有其他的证据——是众所周知的难以解决。在许多这样的案件中，原告的证言未能构成优势证据。然而，为了得出这一结论，事实认定者需要经过一个昂贵的审判程序和评议过程。补强要求设置了一个裁决捷径，从而节约了该成本。如果原告的证言未被补强，事实认定者就会驳回原告的主张，视之为未证明。在某些个案中，该捷径可能会产生不公正，但是它对司法裁判成本的系统性节约能够使它获得正当性。那些事实认定者可以正当地将原告证言评估为可能性大于不可能性的“言词对言词”案件，数量相对较少。因此，在所有的“言词对言词”案件中花费司法

〔75〕 公共记录证据的反对者，可能仍然会传唤相关证人作证。

〔76〕 参见下文 242 - 3 页（本书页边码——译者注）。该规则理应扩张适用。

裁判成本，只为找出这些少量的例外，在经济上是轻率的。

这些问题以及相关的问题，将在第五章进一步阐述。第六章和第七章从另一个不同的、非功利主义的、关注个人权利的角度审查了风险分配。它们基于以下假定而展开：法律制度应当既关心事实认定者所犯的错误数量，也应当关心这些错误发生在谁身上。与勒恩德·汉德（Learned Hand）不同，我并不像恐惧生病和死亡一样恐惧诉讼。〔77〕尽管如此，我也不愿让自己承担事实认定错误风险，即使以此为代价可以极大地增加社会福利。基于这
138 样的原因，我也不能将风险推给他人。在一般的层面上，权利本位的路径认为，对不同风险的分配贯穿于许多社会事务之中。〔78〕它为个人免于司法事实认定错误风险的要求提供了支持。这种豁免要求应当被允许胜过社会功利。第六章和第七章将这种路径放在反对功利主义观点的位置，并且指出了分别适用于刑事和民事诉讼中的错误风险豁免。

第五、六、七章所提出的论证主要是规范性的，只具有部分的描述性特征。它们分析了英美证据制度的核心原理。该分析表明了，属于该制度的证据规则和原则有一个非常重要功能：分配错误风险。该分析也将现有规则和原则塑造成四种类型，每一种都代表了一个独特的风险分配技术。如上文所述，这些类型是排除、优先、补强和证明责任。对英美证据制度的描述，仅仅是例证了我的规范性理论，但是远远不够全面。因而第五、六、七章不具有强烈的描述性意图。

对英美证据制度的这种描述，既是概括式的，也是理论性的。它并非要给这些法律制度提供一个专论式的阐述，而只是挑出它

---

〔77〕 参见 Learned Hand，前注〔9〕，105（“经历了十几年的诉讼经验之后，我必须说，作为一方当事人，我可能恐惧诉讼超过了几乎任何其他除了生病和死亡的事情”）。

〔78〕 有关该问题的新近哲学讨论，参见 Sven Ove Hansson，Ethical Criteria for Risk Acceptance (2003) 59 Erkenntnis 291。

们的核心原理，并通过本书所发展的理论之镜来理解它们。这种理论描述的目的在于优化对证据法及其理论基础的一般理解，而不在于促进在特定司法辖区中对证据规则的适用。该目标有明显的优点，也有其局限性。我不能证明我的理论是唯一正确的，但它是简单有效的。如果被要求在元理论的层面上为其辩护，我只能回应说要击败一个理论就需要引入另一个理论〔79〕。不过我还应当补充说：我的理论不仅仅是提供"大教堂的另一个视角"〔80〕。证据法按照传统的描述，不能被类比为莫奈的大教堂。在传统智慧中，法律的这一分支更多地让人联想到比萨斜塔。我的理论就是要将证据法的斜塔扳回垂直位置。

如前所述，第五、六、七章的讨论主要是规范性质的。该讨论得出了许多关于证据法应该如何的主张。这些主张的规范性目标是语境化的，而不是抽象的。这些主张没有试图从零开始发展 139
证据法（我认为这很难结出实践之果）。相反，它们是内生的，提出了对这一法律分支的重要改善。对错误风险的分配遍布于司法事实认定。事实认定裁决的这个方面是道德和政治性质的，因此不应当依靠裁判者私人信奉的偏好。它需要从证据法那里得到原则性的和全面的规制。现有证据规则和原则没有完善地提供这种规制。因为这个原因，而且由于它们零散和不统一的面貌，证据规则和原则常常因赘余而饱受批评。我的规范性论证走向了相反的方向。相比于对事实认定的不完善的和无组织的规制而言，自由证明可能是、也可能不是一个更好的制度；但是以原则性的和全面的方式规制司法事实认定的制度，比上述二者更好。因而，对司法事实认定的法律规制需要加强，而不是消除。带着这样一个目标，我从制定法中提取出一些一般性的原则，这些原则应当

〔79〕 参见 Richard A. Epstein，Common Law，Labor Law and Reality：A Rejoinder to Professors German and Kohler (1983) 92 *Yale L. J.* 1435，1435。

〔80〕 该隐喻借鉴自 Guido Calabresi and A. Douglas Melamed，Property Rules，Liability Rules，and Inalienability：One View of the Cathedral (1972) 85 *Harv. L. Rev.* 1089。

具有正式的理论地位。这些原则反映了法律所呈现出来的涉及司法事实认定错误风险分配的一般偏好。这些原则包括适用于刑事审判的**平等—最佳要求**（*equal-best requirement*），以及规制民事诉讼的**基础**和**矫正平等**（*primary* and *corrective equality*）标准。这些原则也包括 *PMI*（即最大个别化原则），它在民事和刑事审判中有不同适用方式，具体取决于想要如何分配错误风险。我的描述性论证认为，这些原则解释了许多现有的证据规则和理论。我的规范性理论认为，证据法应该正式承认这些原则并且全面地适用它们。[81]

该理论没有系统区分法官审判和陪审团审判。很可能，法官比陪审员更能扮演好事实认定者的角色，因为法官是更有经验的专业人士。外行陪审员倾向于受流行的偏见的影响，且容易犯认知错误。对于这些普遍信念，仍有待提供实证支持，因而我在这里不讨论这一点。我的理论假定：陪审员通常会遵循审判法官的指示，现有的陪审团控制机制能够充分防止偏见和认知错误。我的理论要求：审判法官通过合理适用适当的法律机制（包括排除机制和优先机制），为陪审团筛选证据。该理论还要求：审判法官给陪审团的指示，应包括控制性的证明标准和证明责任，以及可
140 适用的补强要求。为了进一步保证陪审团裁决符合现有证据机制，审判法官应当使用他们所享有的据法裁判（deliver judgments as a matter of law）权力（既包括在陪审团裁决前适用，也包括在陪审团裁决后适用）。上诉法院应当在常规的上诉框架内，既监督审判法官的裁决，又监督陪审团的裁决。我的理论包括对已经存在的法律机制的建议。[82]

对于法官审判而言，我的理论建议：审判法官应通过适用控

〔81〕德沃金的法学理论说明，这些原则属于法律的一部分。参见 Ronald Dworkin，前注〔70〕，225－75。我克制自己未做出如此有雄心的主张。

〔82〕请比较 Ronald J. Allen，Structuring Jury Decision-Making in Criminal Cases：A Unified Constitutional Approach to Evidentiary Devices（1980）94 *Harv. L. Rev.* 321。

制性的法律机制（排除机制或优先机制），为他们自己筛选证据。按照该理论，属于这些机制的规则和原则并不抵销偏见或者矫正认知错误。毋宁说，它们是在不确定状态下分配错误风险。基于这种理解，法官在履行其事实认定任务的时候，忽视他们先前排除的证据应该不会有困难。他们也应当能恰当地适用证明标准和补强要求。〔83〕

〔83〕 实证研究没有提供明确的结论，说明陪审员和法官是否能避免受不可采信息（假定他们之前知悉了该信息）的影响。参见 Gregory Mitchell，Mapping Evidence Law (2003) *Mich. St. L. Rev.* 1065，1121（观察到："对无评议程序的模拟陪审员的研究通常发现，在陪审员随后作出裁决的时候，他们很难忽略在模拟审判中听到的不可采证据。但是对有评议程序的模拟陪审员的最新研究发现，这些陪审员在经过评议程序后作出的裁决中，似乎确实忽略了不可采的证据"）；Jeffrey J. Rachlinski，Andrew J. Wistrich，and Disregarding (2005) 153 *U. Pa. L. Rev.* 1251（受制于特殊的案件，法官常常不能忽略他们已注意到的不可采信息）。正如前文第 60－3 页（本书页边码——译者注）所解释的，行为研究只能证明人们认知表现中的缺点，而不是认知能力上的缺点。被这些研究所证明的缺点，是可以矫正的。

第五章

141

成本—收益

一、成本—收益原则：使准确和错误的总成本最小化

司法事实认定应当符合成本—收益要求。为了维持成本—收益，事实认定者应当使错误和避免错误的总成本最小化。错误的成本取决于法律体系未能保障实施的权利的价值以及未能敦促履行的义务的效用（utility）。而避免错误的成本则由为增强事实认定准确性的审判程序、审前程序以及裁定的总成本共同构成。当事实认定使以上两项成本的总额最小化时，意味着事实认定是有效率的。反之则事实认定无效率。

在该框架下，当一个程序以耗费 1 000 英镑的成本使错误的风险降低 10%（在边际成本上）时，则裁判者将仅在诉讼权利或义务的价值超过 10 000 英镑的案件中使用它。当一项特定的证据带着引起错误的可能性而被用于探知真相时，裁判者会将错误的负效用同真相的正效用相比较。如果真相的正效用没有超过错误产生的负效用，裁判者应当排除该证据。采纳或考虑该证据将是不经济的。如果真相带来的正效用比错误造成的负效用多出 1 000 英镑，那么裁判者就应当在考虑过程成本的条件下，采纳该证据。因为这个证据提供了一个 500 英镑（1 000 英镑的 50%）的预期回报，所以裁判者应当仅在处理或考虑该证据的成本低于 500 英镑时采纳它。总而言之，程序上的或证据上的努力应当仅在产生积

极的预期回报时才做出。[1]

表述这一目标很容易，但实现这一目标却很困难。实现这一目标需要克服两项互相关联的障碍。第一个障碍是由审判产生的 142
个人利益与社会利益之间的背离。[2] 正是这一背离造成了运行于审判之中的个人激励与社会需求之间的根本性错位。[3] 例如，在刑事审判中，社会的关注点在于开释无辜者并对有罪之人科处刑罚。很自然的是，有罪的被告人怀有与之不同的动机。他们不但不会推进事实真相的发现，反而常常试图去阻碍它。无辜被告人的动机也同社会的利益相左，这些被告人仅仅关心他们自己的无罪判决和相关花费。他们一味寻求无罪判决而不考虑因此带来的社会成本。然而社会资源具有有限性。因此社会在彻底消除错误的刑事定罪方面的愿望会受到相应的限制。社会会接受对某些无辜被告人的错误定罪，将此视为不可避免之举。尽管通过要求裁判者仅在掌握压倒性的和无可争辩的有罪证据时方能对个人做出有罪判决，可能会有助于实质性地减少错误刑事判决的发生率，但是司法裁判者并不乐意采纳这样的标准。这样的严苛标准，会迫使裁判者开释大量的罪犯，对正在进行有预谋犯罪的个人缺乏充分的威慑力，从而带来实质性的危害。尽管无辜被告人在面对可能被判处的刑罚时并不关注这一危害，但社会不能不考虑将它最小化。

民事诉讼在个人与社会利益相背离这一问题上呈现了与刑事诉讼相似的特征。在民事诉讼中，社会的关注点也在于降低积极错误（错误地强加责任）和消极错误（错误地拒绝强加责任）的发生率。而诉讼当事人的头脑中却装着完全不同的目的。原告方

---

〔1〕 参见 Richard A. Posner，An Economic Approach to the Law of Evidence (1999) 51 *Stan L. Rev.* 1477，1480 - 7。

〔2〕 参见 Steven Shavell，*Foundations of Economic Analysis of Law* (2004)，pp. 415 - 28。

〔3〕 参见 Steven Shavell，The Fundamental Divergence between the Private and the Social Motive to Use the Legal System (1997) 26 *J. Leg. Stud.* 575。

与被告方都在追求审判的胜诉结果，为私人利益而不顾事实真相。他们并不关心民事裁判所推动的社会利益（如威慑性或者矫正正义）。他们同样也不关心社会为民事裁判所负担的巨大补贴成本。只要能促进他们的利益，这些成本就在所不惜。当在案件中的个人成本投入低于胜诉的预期回报时，每个私人诉讼参与者就会采取一切措施来赢取诉讼。

成本—收益原则的第二个障碍同私人信息有关。几乎所有的刑事被告人都掌握着他自身是否犯有所控之罪的信息。任何民事诉讼中的被告都掌握着他自身是否存在原告所指控的违法行为的信息。同样的，原告人对于自身是否遭受了该违法行为的损害，也是最为知晓的。因果关系要件则是一个不同的问题。诉讼双方
143 以及事实认定者都不是该知识的知情者。任何此类信息都常常处于一种潜藏的或隐秘的状态，因为它们无法被观察。[4] 这些信息的私人性质（被称作“信息不对称问题”）创造了可被当事人加以利用的欺骗机会。[5] 当事人不仅具有采取机会主义行为方式的动机，而且他们常常有相应的机会与方法。为解决这一问题，法律制度需要抑制机会主义行为。

成本—收益原则包含四类规则[6]：

（1）确定证明责任和证明标准的**裁决规则**（*decision rules*）。这些规则通过将错误风险向选定的方向倾斜（通过在积极错误与消极错误间做出倾向性选择），从而使准确性和错误的总成本最小化。

（2）确定可以采纳何种证据、可以使用何种事实认定方法的**程序规则**（*process rules*）。这些规则通过对错误成本相对较高的裁决配备更加精确因此也更加昂贵的事实认定方法，同时对错误

〔4〕参见 Ian Molho, *The Economic of Information: Lying and Cheating in Markets and Organizations* (1997)。

〔5〕同前，1-10。

〔6〕属于该类的某些规则，已在前文讨论过。参见第 8-9、50-56、136-137 页（本书页边码——译者注）。

成本相对较低的裁决配备更为基础同时也较为廉价的事实认定方法，而使准确性和错误的总成本最小化。

（3）**可信性规则**（*credibility rules*）。通过调整和实施惩罚与奖励，这些规则会从掌握私人信息的诉讼当事人那里引出可信的信号（即那些声称为真实而且可被证实的信息）。对这些规则的适用，总是包含着对错误风险的分配。

（4）**证据损害原则**（*The evidential damage doctrine*）。该原则将错误风险施加给最可能使风险最小化的诉讼一方，即最廉价的风险避免者。

二、裁决规则

当其他因素相同时，如果诉讼一方的主张可能性大于不可能性，他就会获得胜诉。这种分配错误风险的方法即所谓的“$P>0.5$ 规则”。该规则将错误裁判的预期发生率最小化。任何其他的裁决规则都将比该规则产生更多的错误和更少的准确性。这一观
点可以得到直接的证明。当聚焦于案件总量，而非关注事实认定 144
错误的个体结果时，错误最小化的目标将每一个错误视为一个确定的负效用单位（u）。所以，不利于被告方的错误（积极错误）和不利于原告方或控方的错误（消极错误）并无不同。在这一假定下，功利性考虑要求：当案件一方的主张之概率 P 在满足 $Pu>(1-P)u$ 条件（也即 $P>0.5$）时，即获得胜诉。裁判者通过将获得实际正确结果的最佳选择看作是决定性的，从而使正确裁判的总量最大化。使正确裁决最大化的努力服务于重要的功利主义目的，这是自边沁以来所提倡的。事实认定的准确性（即边沁所说的“裁决公正”[7]）是法律得以充分贯彻执行的先决条件。对事实的认定更加准确，对责任的归属也就更加准确。更多的有罪

〔7〕参见 Jeremy Bentham, *Rationale of Judicial Evidence* Vol. 5 (John Stuart Mill ed., 1827), pp. 1-8。

者和更少的无辜者会受到追究。该法律制度也就将威慑不足与威慑过度的情况最小化。[8]

P>0.5 规则在民事诉讼中（但不是在刑事诉讼中）占据着统治地位。就此而论，它还有另一个基础原理。该规则的价值并不仅仅在于使正确判决的数量最大化；它还使错误裁判的总量最小化，以及因此使无效转换（inefficient transfers）最小化。[9] 该原理假定：法律依据有效的标准分配实体性的权利和义务。在该假定下，任何对控制性的实体法的偏离，都违反了有效性。

我们使用 D 表示涉诉标的的价值；用 P_1 和 P_2 分别表示原告、被告互相冲突的主张之概率。和在所有案件中一样：$0<P_1<1$；$0<P_2<1$；1 表示确定性，0 表示不可能。因此，至少有一方当事人必定会承担错误风险，即承担相当于 D 的损害（出于简化计算的目的，忽略审判成本）。在这些条件下，司法裁判者可以做出以下裁决：

> d_1＝原告方败诉（将错误风险施加给原告一方）
>
> d_2＝被告方败诉（将错误风险施加给被告一方）
>
> d_3＝以妥协的方式反映各方诉讼主张的预期值：原告从被告处获得 p_1D 的赔偿额；p_2D 的赔偿额则保留给被告（即不允许原告获得该数额）。

用 S_1 和 S_2 分别表示事件的实际状态——S_1 代表事实符合原告的主张，S_2 代表事实符合被告的主张。借此，政策制定者可以计
145 算上述每一种裁决会产生的平均损害和长期损害。该计算呈现在以下表格中。

---

〔8〕 参见 John Kaplan, Decision Theory and the Factfinding Process (1968) 20 *Stan. L. Rev.* 1065, 1071－2；David Kaye, Naked Statistical Evidence (1980) 89 *Yale L. J.* 601, 605 n. 19。

〔9〕 参见 David Kaye, The Limits of the Preponderance of the Evidence Standard: Justifiably Naked Statistical Evidence and Multiple Causation (1982) *Am. Bar Found. Res. J.* 487。

裁决	S_1；损害为	S_2；损害为	总损害
d_1	p_1D	0	p_1D
d_2	0	p_2D	p_2D
d_3	p_1p_2D	p_2p_1D	$2p_1p_2D$

裁决 d_3 产生了最大的损害，因此必须避免这种情况。所以，当原告方主张的可能性超过了 50%，原告方就应获准取得完全的赔偿。当被告方主张的可能性超过 50%，原告方不应获准取得任何赔偿。优势证据成为一般性的证明标准，按照该标准赢者通吃。但是该标准并非一个全能的裁决规则。它对竞争性事实陈述的概率相等的平衡案件无能为力。对于这类案件，法律必须提供一个额外的裁决规则并在 d_1、d_2 和 d_3 中进行选择。该规则将指向说服责任的承担者——因此也是未能说服之风险的承担者。基于下文将阐述的原因，说服责任以及相应错误风险的承担者，通常应当是原告一方（但受制于“积极抗辩理论”，本章也会对此加以讨论〔10〕）。

在平衡案件中，每一个可能的裁决（d_1、d_2 或 d_3）都会产生相同量的无效转换。但是，在任何该类案件中，被告方通常胜诉。这一裁决规则消除了如果允许原告获得赔偿将可能引发的实施成本（enforcement costs）。〔11〕在 $P_1=P_2=0.5$ 的案件中，允许原告人获赔还将增加无价值诉讼的数量，从而增加诉讼的总成本。〔12〕可以说，当 $P_1=P_2=0.5$ 时，做出 D_1 裁决是最佳的选择，因为“夺取”通常比“维持现状”更有害。财富递减效用解释了这一观点。〔13〕

上述分析仍然是不完整的。基于财富的边际效用持续递减这 146

〔10〕参见后文第 151－2 页（本书页边码——译者注）。

〔11〕参见 Alex Stein，Allocating the Burden of Proof in Sales Litigation：The Law，Its Rationale，A New Theory，And Its Failure（1996）50 *U. Miami L. Rev.* 335，343。

〔12〕参见 Ralph K. Winter，The Jury and the Risk of Non-Persuasion（1971）5 *Law & Society Rev.* 335，337。

〔13〕参见 Richard A. Posner，*Economic Analysis of Law*（6th edn.，2003），p. 618. 与之不同的是，这一看法可能源于“禀赋效用”（endowment effect），它促使人们更珍视心理学上的既得利益，而不是心理学上的非既得利益。参见 Amos Tversky and Daniel Kahneman，Rational Choice and the Framing of Decisions（1986）59 *J. Bus.* S251，S260。

一假定，人们也可能得出一个完全不同的政策建议。该建议将会支持做出裁决 D_3。对于一个普通人来说，给其财产增加 1 英镑所产生的效用，小于前一次增加 1 英镑所产生的效用。对于这样一个人而言，从 1 000 000 英镑的收入中产生的效用，将低于1 000 000 英镑本身。相应的，由 1 000 000 英镑的损失所带来的负效用，将大于 1 000 000 英镑本身。这一观察结论，支持减少司法事实认定中的较大的（*large*）错误。[14] 请考虑前面的分析，其中 D 表示涉诉的金额数量，而且假定该金额非常巨大。用 D^2 表示一个普通人在失去 D 之后所遭受的负效用。

这一假定会将之前的分析修正如下：

裁决	S_1；损害为	S_2；损害为	总损害
d_1	p_1D^2	0	p_1D^2
d_2	0	p_2D^2	p_2D^2
d_3	$p_1\ (p_2D)^2$	$p_2\ (p_1D)^2$	$p_1p_2D^2$

因为 $p_1p_2D^2$ 比 p_1D^2 和 p_2D^2 都小，所以裁决 d_3 是最佳选择，即各方当事人都会获得其诉讼主张的预期价值。

但是这一分析存在问题。它在相关裁决规则之间的比较，局限于每个规则所产生的直接损失。这一限制是不合理的：决策制定者必须考虑他们的规则预期可能造成的所有损失。正如已经指明的，P>0.5 规则使正确裁判的数量最大化。因此，它也就使积极错误和消极错误的发生率最小化。在预期价值规则（即 d_3 裁决规则）下，正确裁决的数量总是为零。该规则因此也就削弱了人们依法行事的动机。有两个均为预期违法者可见的因素，削弱了这一动机。预期价值规则系统性地减少了法律通常向违法者追讨的赔偿。这一规则还侵蚀了违法与守法之间的界限。

---

〔14〕 参见 Neil Orloff and Jerry Stedinger，A Framework for Evaluating the Preponderance-of-the-Evidence Standard（1983）131 *U. Pa. L. Rev.* 1159。

这一更为广泛的视角，可以通过以下正式的模型来呈现[15]，在这个模型中： 147

g＝一个人预测能从一项潜在致害行为中获得的预期利益；

p ＝ 该人被察觉到可能违反了相关法律标准的概率；

f ＝ 法庭施加给被认定有责任之人的惩罚金额（例如，与预期违法行为相关联的损害所引发的赔偿金）；

e_1＝ Ⅰ型错误（积极错误）的概率，即：不应当承担责任的被告被错误地认定担责的可能性；

e_2＝ Ⅱ型错误（消极错误）的概率，即：应当承担责任的被告被错误地认定不担责的可能性。

出于简化的考虑，这一模型假定人们面对风险时是中立的（这是本书在各种情境中采取的一个标准假定）。这一模型进一步假定，察觉到一个人为可能违法者的概率（p）是不变的。这个假定同样也是出于简化的考虑。察觉错误是必定会发生的。其实际概率不会影响到我们将从这个模型中得到的启发。当察觉错误减少时，司法裁判错误的发生率显然也会减小。

基于上述假定，只有在符合以下条件的时候，人们才会采取所预测的行为：

$$\mathbf{g-p(1-e_2)}f>-\mathbf{pe_1}f$$

这个不等式的左边代表了一个人的预期收益与因致害行为而产生的预期损失之间的差值。他的预期损失等于：惩罚金额乘以他被察觉的概率以及被认定担责的概率。不等式的右边是一个负的数值，代表了一个人的初始处境。即使该人并未采取所预期的行为，他仍然可能被错误地察觉为违法者，从而被认定担责。这个初始损失可以基于法律制度中所存在的错误而预料到。这一损

〔15〕 这一模型参见 A. Mitchell Polinsky & Steven Shavell，The Economic Theory of Public Enforcement of Law（2000） 38 *J. Econ. Lit.* 45，60－2；其借鉴自 Ivan P. L. Png，Optimal Subsidies and Damages in the Presence of Judicial Error（1986）6 *Int'l Rev. L. & Econ.* 101。

失的大小取决于惩罚金额的大小、察觉的可能性以及司法裁判发生积极错误的可能性。因此，当行为结果会改善一个人的初始处境时，他会理性地采取所预期的行为。即使在不等式的左边产生了一个负的数值时，该行为也可能被采取，只要该数值小于 $pe_1 f$。
148 这就说明了，威慑力不但会被消极错误所削弱，而且也会被——虽然更微小一些——积极错误所削弱。

形式上，如果符合以下条件，则潜在的致害行为将被采取：

$$g > p(1-e_2)f - pe_1 f$$

也就是：

$$g > p f(1-e_2-e_1)$$

这个公式表明，为了获得最优的威慑力并因此提高社会福利，两种类型的错误均应当减少。消极错误降低了潜在违法者的预期惩罚金额，从而削弱了威慑力，也因此降低了社会福利。积极错误对于威慑力的削弱作用要小一些。它们都侵蚀了预期由合法行为所致的惩罚和预期由违法行为所致的惩罚之间的界限，所以也都因此削弱了威慑力。为了观察这一侵蚀是如何发生的，我们来看如下案例：一位脑外科医生，预期可能会错误地承担责任，这一预期带给她－500 的损失（使用预期负效用单位）。为了消除这一预期，这名外科医生可以辞掉她的工作，但是这样一来将带给她更大的损失。这名医生还可以考虑另一种选择：从事非法的肾移植手术。这一选择会带给她 550 的收益，但是会伴随 1 000 的预期损失（因为这名医生可能被定罪、处罚或者有其他不利后果）。这一选择的价值是－450。该负值要好于－500。因此这名外科医生错误地承担责任的预期会引导她从事另一项犯罪。

显而易见的是，积极错误同样会阻却社会所期待的行为。例如，假设法庭经常性地不能对疏忽大意的卡车司机与谨慎的司机做出区分，那些理性和谨慎的驾驶员将可能决定不再开卡车。[16]

〔16〕 一般参见 Louis Kaplow and Steven Shavell，Accuracy in the Determination of Liability (1994) 37 *J. L. & Econ.* 1。

从以上分析中得出的结论是直观的：最佳的证明要求是能够将正确裁决的总量最大化者——这正是 P>0.5 规则所获致的结果。

正如本节开头所谈到的，P>0.5 规则应当适用于那些其他条件均相等的案件，也即是说：这一规则应当适用于消极错误和积极错误具有同等危害性的情况，民事诉讼通常就是这样。当一种错误类型较另一种错误类型危害性更大时，事实认定者应当采取与之不同的规则。例如，在刑事司法中，积极错误（错判有罪）通常被认为比消极错误（错判无罪）危害性更大。针对这样的案件，裁判规则应当取决于效用上的差异。按照约翰·卡普兰 149
(John Kaplan) 的观点[17]，这种效用差异可以表示为 I/G。其中，I 表示将无辜者错判有罪所带来的危害性，G 代表将事实上有罪的被告人错判无罪而带来的危害性。在这一框架下，当被告人有罪的可能性大于 I/（I+G）时，裁判者会宣判被告人有罪。因此，假若负效用比例 I/G=9/1（即错判无辜被告人有罪的危害性，九倍于错判罪犯无罪的危害性），则如果被告人的有罪可能性大于 0.9，裁判者应当作出针对他的有罪判决；否则，应宣判被告人无罪。假若这一比例为 900/1（这一数字是不现实的，它表明错判无辜被告人有罪的危害性是错放罪犯的危害性的 900 倍），则仅在被告人的有罪可能性超过 0.999 时，裁判者才做出针对被告人的有罪判决。通行的法律理论更倾向于不使用精确的数字化方式确定该负效用比例。根据该理论，控方必须将刑事被告人有罪的事实构成证明到“排除所有合理怀疑”[18]。

法律制度也可以采取一个更加精致的方法。不同的案件可能需要不同的错误风险分配方案，这些方案也就转化成了不同的裁决规则。例如，在刑事案件中，要求只有当被告人以优势证据证明一项宽恕辩护（excusatory defence）时，才能从该辩护中获益，

---

〔17〕 参见 Kaplan，前注〔8〕，1071-5。

〔18〕 参见 McCormick，*On Evidence* Vol. 2 (4th edn. 1992)，pp. 445-9；Paul Roberts and Adrian Zuckerman，*Criminal Evidence* (2004)，pp. 361-73。

这是说得通的。[19] 所谓的宽恕辩护，就是由对人类弱点的仁慈与
150 宽大而产生的完全或部分性辩解，自由主义的刑事司法制度经常表现出这种仁慈与宽大。[20] 宽恕辩护源于犯罪者的个别化环境。这样的辩护包括：精神错乱、年幼、胁迫、减轻责任以及其他一些情况。[21] 这种辩护宽恕了行为人，但没有宽恕行为——行为仍然受谴责。援引这种辩护的人，没有否认他与相应犯罪行为的关联性。他也没有试图让自己的行为得以正当化。毋宁说，该被告人做出了一项个人化的宽恕请求。对这些具体请求的审判可能会——事实上也应当——采取一种不同的在积极错误（即错误地认可一项宽恕辩护）与消极错误（即错误地否决一项宽恕辩护）之间的权衡。因为援用宽恕辩护的被告人不是完全无辜的，所以消极错误不会比积极错误产生更多的损害。更可能的是，积极错误将比消极错误产生更大的损害。将有罪的人判决无罪，使罪犯逍遥法外，削弱了对潜在违法者的一般威慑作用，从而将危及——并最终损害——社会。社会可能理性地选择在许多案件中承担这一成本，从而防止在某个具体案件中将无辜者错判有罪。然而，承担相同的成本而为本来有罪的被告人提供宽恕辩护，是不合理的。刑事被告人应当被要求将他们的宽恕辩护证明到（至少是）优势证据的程度。只有当该辩护的基础性事实可能性大于

〔19〕 参见 Alex Stein，Criminal Defences and the Burden of Proof（1991） 28 *Coexistence* 133（提出了这种规范性主张）；Alex Stein，After *HUNT*：The Burden of Proof，Risk of Non-Persuasion and Judicial Pragmatism（1991） 54 *M. L. R.* 570（在制定法中追溯这一主张）；Alex Stein，From Blackstone to *Woolmington*：On the Development of a Legal Doctrine（1993） 14 *J. Leg. Hist.* 14（在理论史中追溯这一主张）。对这一主张的批评，参见 Timothy H. Jones，Insanity，Automatism，and the Burden of Proof on the Accused（1995） 111 *L. Q. R.* 475，495 - 7。Jones 教授论证了，以精神错乱为由的辩护很难被归类为宽恕辩护。同前，496。在对精神错乱辩护作出一些特定的修正以契合 Jones 教授的规划之后，我们可以说他的观点在规范性层面上是正确的。然而，在描述性层面上，该观点是错误的。

〔20〕 参见 H. L. A. Hart，*Punishment and Responsibility*（1968），pp. 13 - 4。

〔21〕 Stein，前注〔19〕，in（1991）28 *Coexistence*，138。这些辩护并未包含无意识行为——这一辩护事由可以延伸到那些其动作貌似无法算作一项“行为”的人。

不可能性时，被告人才被允许从该辩护中获益。[22] 这一原则也应扩展适用于民事诉讼中的宽恕性抗辩（例如，以存在事实错误为由逃避合同责任）。[23]

对于任何的“积极抗辩”[24] 或者（在英国）任何对法定罪行的“豁免、例外、限制、理由或限定条件”[25]，制定法通常要求刑事被告人证明至优势证据程度。[26] 这一要求太过宽泛。它不但包含宽恕辩护，而且包含正当理由辩护（如正当防卫）。在以正当理由进行辩护的范围内，消极错误（即错误地否决一项正当理由辩护）与错误定罪具有同样的危害性。另外，一些正当理由辩护已经扩展到了社会所期待的（而不是仅仅对此容忍的）行为上。 151
正当防卫是这类行为中的首要例子。除了能使犯罪行为的受害人进行自我保护以外，这样的防卫行为对于未来可能的犯罪行为还具有抑制作用。[27] 通过优势证据之证明标准限制正当防卫的成立，该积极抗辩理论削弱了有益社会行为的动机。[28]

对于在民事诉讼中适用的“积极抗辩”理论，上述批评亦成立。根据该理论，被告人必须以优势证据证明任何被界定为积极性的抗辩。[29] 积极抗辩的范畴非常宽泛。它包含了除了对原告诉

---

〔22〕 Stein，前注〔19〕，in (1991) 28 *Coexistence*，136 - 40。这一方案并不是实体法的一部分。但是在布莱克斯通（Blackstone）的时代是。参见 Stein，前注〔19〕，in (1993) 14 *J. Leg. Hist.* 14。关于对人权法学的违反，参见后文第 183 页（本书页边码——译者注），注〔33〕。

〔23〕 参见 Alex Stein，The Refoundation of Evidence Law (1996) 9 *Can. J. Law & Jurisp.* 279，337 - 8。

〔24〕 参见 McCormick Vol. 2，前注〔18〕，479 - 94。

〔25〕 参见 the Magistrates' Courts Act 1980，s. 101；Roberts and Zuckerman，前注〔18〕，374 - 84。

〔26〕 Roberts and Zuckerman，前注〔18〕，373 - 5。

〔27〕 参见 Shavell，前注〔2〕，566（认为防卫行为“允许使用保护性的力量，将增强对侵犯行为的威慑力”。“限制对这种力量的正当使用，若基于以下假定则是有道理的：法庭相比于受到威胁的当事人，能够更好地决定所应采取的惩罚措施”）。

〔28〕 被告人通常能够谎称正当防卫，而且将他们的侵犯行为放在“合理怀疑”的庇护下。但是通过恰当地设定答辩条件，以及向被告一方转移提交证据的责任，可以实质性地降低被告人的这种能力。

〔29〕 参见 McCormick，Vol. 2，前注〔18〕，427。

因之基础事实的简单否定之外的所有主张。积极抗辩包括：目的实现受阻，禁止反言，已决案件，弃权与失权，优先权，诉讼时效，共同过错，比较过失，等等。[30] 从效率的角度来看（下一节将论述原因），对于任何不属于宽恕性辩护的抗辩事由，被告仅需要承担提出证据的责任（即举证责任）。在这一限制之外，通常的 P>0.5 规则应当适用。不过，当前的通行理论可以根据第七章所提出的非经济性的理由而得以正当化。

对于那些与通常事件过程相矛盾的事实主张，通行的证据理论经常会转移证明责任。例如，在没有反证的情况下，一个人失踪 7 年或以上时，通常会被推定死亡[31]；在呈现出暴力迹象的现场出现的一具尸体，不会被推定为自杀[32]；（更乐观地来看）一封被正确填写地址、粘贴邮票并邮寄的信，将被推定为按时投递到了该地址。[33] 这些推定应当被视为仅仅是转移了举证责任。如果认为它们倒转了说服责任（它们有时如此），这些推定就会导致不恰当的结果。事实认定者深知事件的规律性，而且会在评价证据和确定最终案件事实时对此予以考虑。因此，将与任何此类规
152 律性相关的说服责任转移给本来并不承担说服责任的一方当事人，将产生重复计算问题。同一个规律性会被考虑两次而非一次。[34]

只有实体性的政策理由才能证成一种不同于 P>0.5 规则的对

〔30〕 同前，也可参见 Posner，前注〔13〕，618。

〔31〕 McCormick，Vol. 2，前注〔18〕，457-8。

〔32〕 同前，460。

〔33〕 同前，455。

〔34〕 参见 Vaughn C. Ball，The Moment of Truth：Probability Theory and Standards of Proof（1961）14 *Vand. L. Rev.* 807，817-8。［“未履行说服责任的风险，（至少在许多情况下）是根据在所处理的案件所属的类型中，当不存在任何具体证据的情况下，该事实出现的一般可能性来分配的。既然证据以及陪审团对证据的考虑不再有意义，那么我们将案件放回一般类型中，根据那些初始概率做出裁决，将会尽可能地减少错误。但是，除非陪审团缺乏我们认为其具有的常识，否则他们在开始评议的时候就已经想到那些概率了。正是那些概率与从具体证据中推出的概率所结合成的整体，使陪审团形成了一个裁决僵局。所以，假如我们随后又使用初始概率去打破这个僵局，在某种意义上，我们就是两次使用了这种概率。”］

积极错误和消极错误的分配比例。这一路径的一个很好的例子是，适用于美国就业歧视诉讼中的“混合动机”（mixed motive）理论。“混合动机”理论要求，在雇主决策过程中是否存在歧视性动机，由雇主承担证明责任：雇主需要以优势证据证明，一个完全不同的、非歧视性的动机导致了雇员所抱怨的决策。〔35〕从雇佣决策中彻底排除歧视性动机的需要，赋予了这一理论正当性，即使该动机并未实际导致雇主的决策。因为这些动机既是无效的也是不公平的，所以法律在混合动机的情况下认为：错误地认定存在歧视，优于错误地认定不存在歧视。另一个实体性政策的例子是“婚生子女推定”。按照该推定，在婚姻存续期间女方所生的孩子，推定为是该女子丈夫的孩子。〔36〕法庭通常认为，这一推定将说服责任置于声称孩子的父亲并非该女子丈夫的一方当事人。〔37〕这些规则在整体上保护着人们的个人身份和家庭关系的稳定性。如果认为这些利益应当得到保护，就会倾向于认为：认定孩子为合法婚生的错误裁决，优于认定孩子不是合法婚生的错误裁决。

民事案件中的某些诉求和主张被要求证明到“清晰和令人信服的证据”（clear and convincing evidence）标准。该证明门槛低于“排除合理怀疑”，但是高于“优势证据”〔38〕。它的功能是作为P>0.5 规则的例外而适用。一般情况下，要求以明确和令人信服的证据证明的诉求和主张，包括关于欺诈和剥夺公民自由的主张。 153
在主张欺诈的案件中，认定某人从事了欺诈行为的裁决，将会使他面临两项而非一项制裁。第一项是法律的制裁。承担责任的人或者败诉的人将最终遭受其福利减少的后果。第二项是社会的制裁。若被认定为欺诈，欺诈人在他的生活社区中将会遭受名誉损失，这会进一步导致他福利的减少，如失去商业和社会机会。因

〔35〕 参见 *Price Waterhouse v Hopkins*，490 U.S. 228 (1989)。

〔36〕 参见 McCormick，Vol. 2，前注〔18〕，458-9，464。

〔37〕 参见 McCormick，Vol. 2，前注〔18〕，464。

〔38〕 参见 McCormick，Vol. 2，前注〔18〕，441-5。

为这个原因，经济理论可能要求裁判者从法律制裁中扣除非法律制裁，以避免过度威慑。[39] 然而，法律制度也可以通过提高所适用的证明门槛，以及据此降低一个人被认定为欺诈的逾期可能性，从而避免或者实质性地减少过度威慑。这正是“清晰和令人信服的证据”标准的作用。这种证据机制减少了一个人的预期制裁，包括法律的和社会的两个方面（社会的制裁是以法庭裁判为基础而施加的）。[40] 这种特别的机制不将目标定位于获得积极错误和消极错误的社会理想比率。它也不将目标定位于在阻却一些有价值诉求的同时而阻挡那些琐碎无聊的诉求。这一机制弱化了过度实施以及相应的过度威慑——正确的和错误的责任认定裁决（以及有价值的和无价值的诉求）都会在实践中产生过度实施和过度威慑问题。

在主张剥夺公民自由的案件中，两种错误的风险明显不对称。例如，社会观念认为，错误地将某人送至精神病院，相较于错误地未将其送入精神病院，将会产生更大的危害（通常而言是这样）。[41] 相似的，社会认为：错误地驱逐出境或剥夺国籍，与相反的错误比较，会产生更大的危害。[42] 这些案子同刑事诉讼相似（在刑事诉讼中诉讼双方所面临的错误风险毫无疑问是非对称的）。在其他类别的民事案件中（这些案件不能与刑事诉讼类比）要求以清晰和令人信服的证据进行证明[43]，则是存在问题的。正如上文论述的，P＞0.5 规则对于特别案件之外的所有案件而言，都是最佳的。任何对这一规则的背离都需要明确的理由，而这一理由
154 在不具有非对称错误风险的案件中很难提供。

〔39〕 参见 Robert Cooter and Ariel Porat, Should Courts Deduct Nonlegal Sanctions from Damages?（2001）30 *J. Leg. Stud.* 401。

〔40〕 参见 Richard A. Bierschbach and Alex Stein, Overenforcement（2005）93 *Georgetown L. J.*（即将刊发）。

〔41〕 参见 *Addington v Texas*，441 U. S. 418 (1979)。

〔42〕 参见 *Schneiderman v United States*，320 U. S. 118 (1943)；*Woodby v INS*，385 U. S. 276 (1966)。

〔43〕 参见 McCormick，Vol. 2，前注〔18〕，443－4。

三、程序规则

属于这一类的规则为裁判选择了事实认定的方法并决定了什么证据具有可采性。正如在本章开始部分所谈到的，这些规则通过在错误成本较高的案件中附加更精确、更昂贵的事实认定方法，在错误成本相对较低的案件中附加基本的、因此也更低廉的事实认定方法，使准确和错误的总成本最小化。

属于这一类的最基础的规则是举证责任规则。这一规则要求民事案件中的原告和刑事案件中的控方提交证据，使理性的事实认定者能够据以认定被告方的责任。[44] 这个基本规则的原理很简单。因为审判是一种花费甚巨的程序，所以它应当仅为值得审判的问题而启动。[45] 该规则还假定：普通的原告人有充分的（即不是难以负担的昂贵）机会获取证据。当前的审前开示机制通过赋予诉讼当事人获得对方文件、证言甚至物证的权利，而使得该假定变得合理。[46]

在审判阶段，举证责任要求有最佳途径获取证据的一方当事人提交该证据。没有做到这一点将导致不利推论并且有时会产生不利裁决。[47] 赋予刑事被告人沉默权，是该通常观点的唯一例外(我在前文中已解释过这一例外)。考虑到双方当事人具有隐藏不利于本方证据的自利动机，最佳途径原则具有经济上的意义。通过将不利推论和不利裁决作为对隐匿证据行为的标准制裁方式，该规则创造了一种反对类似行为的明确激励。它同样为一方当事人证明对方当事人的隐匿证据行为创造了一种对抗性激励，这一激励有助于使当事人的个人利益符合社会利益。

---

〔44〕 参见 McCormick，Vol. 2，前注〔18〕，425－6。

〔45〕 参见 Posner，前注〔13〕，617－8。

〔46〕 同前，618。

〔47〕 McCormick，Vol. 2，前注〔18〕，429。

最佳证据原则[48]包含了另外一些一般性的证据要求，经济分析能够很轻易地解释这些要求。该原则要求各方当事人都提交所能够得到的最佳证据。没有做到这一点将会引发两项制裁：排除违反者可能提交的任何次佳证据，以及不利推论。这两项制裁均
155 增加了违反者败诉的可能性，因而具有同举证责任相似的功能。这种反向激励不需要针对追求真相之人，而是针对那些追逐私利的“坏人”而设。[49] 诚然，后者仍然可以而且愿意避免披露对其案件不利的证据。这种披露带来了在该问题上的必然损失，而受到最佳证据原则所规定的制裁，却只引发了可能的损失。[50] 不过，为实现通常的准确事实认定，这些制裁方法作为节约成本的捷径具有充分的正当性。

作为一种同几乎所有的抑制最佳证明力证据的做法相反的机制，最佳证据原则在制定法中有许多表现。[51] 例如，《联邦证据规则》613（b）以及普通法[52]都明确地限制以先前不一致陈述弹劾证人。一般而言，这样的陈述并不能被采纳作为证据，除非遭到弹劾的证人被给予机会解释该陈述，而且对方当事人被给予机会就该陈述以及该陈述与证人证言的关联性而询问证人。排除该陈述的威胁，促使支持弹劾的一方当事人以能够产生对于事实认定者来说可能最佳的证据的方式交叉询问证人。

---

〔48〕 参见 Dale Nance，The Best Evidence Principle (1988) 73 *Iowa L. Rev.* 227。

〔49〕 参见 Oliver Wendell Holmes，Jr.，The Path of the Law（1987）10 *Harv. L. Rev.* 457，459（将“坏人”界定为：“忽视被其周围的人信奉或践行的道德准则的人”，但是“他仍然关心做出好的交易以免付出金钱代价，而且会尽其所能免于牢狱之灾”）。也可参见 William Twining，The Bad Man Revisited（1973）58 *Cornell L. Rev.* 275。

〔50〕 模棱两可的证据（ambiguous evidence）引出了完全不同的情形。只有当举证方认为这样的证据对他的益处大于坏处时，才会提交该证据。举证责任以及最佳证据原则均不会影响到举证方的这种考量。至于完全模棱两可的证据，则不具有经济上的正当性。请比较《联邦证据规则》102 和 403。

〔51〕 参见 Nance，前注〔48〕。

〔52〕 参见 Mason Ladd，Some Observations on Credibility：Impeachment of Witnesses (1967) 52 *Cornell L. Q.* 239，247。

另一个属于目前所讨论的种类的一般性规则，是《联邦证据规则》403。该规则要求法官在证据被质疑时，通过衡量使用该证据将引发的成本和收益，而对每一件证据的可采性进行过滤。该规则规定：

> 具有相关性的证据，如果其证明价值被不公正偏见、混淆争议或误导陪审团的危险性或者不当拖延、浪费时间或无须出示累积证据的考虑所实质性地超越时，则可以被排除。[53]

上述一般性的规则，分化成了许多具体的规则。其中一个规则是：关于一个人的一般品格的证据，当用于证明与该品格相一 156
致的行为时，不具有可采性。[54]《联邦证据规则》403 也表明，对于排除完全与争议事实无关的证据（正如规则 401 和 403 所规定的），经济理由则是无关紧要的。相关性原则不需要过多解释。

基于相似的理由，绝对的传闻证据被排除在事实认定者的考虑之外。所谓“绝对的传闻”（unmitigated hearsay），包括任何在法庭之外作出的陈述，该陈述是在没有表现出任何特别的可靠性迹象的环境中作出的，并且在随后为了证明所主张事实之真实性而被提供作为证据。[55] 这样的证据很可能具有证明价值，但是当被质疑时，使用该证据的成本通常很高。允许事实认定者使用这样的证据，将引发附带性的诉争。这种附带性诉争包括双方当事人之间的以下对抗性努力：每一方当事人都竭力收集任何能够以某种方式表明所争议的陈述和陈述人之可信性或不可信性的迹象，从而胜过对方。此外，如果赋予这样的证据可采性，法律制度就允许作为个体的诉讼当事人将该附带性诉争所引发的成本强加给对方。这种可能性为机会主义行为大开方便之门。每一方当事人都可能出于增

〔53〕关于对该规则的经济分析，参见 Posner，前注〔1〕，1522－1524。

〔54〕参见《联邦证据规则》404（a）。

〔55〕参见《联邦证据规则》801（c）。英国法已经将民事诉讼中的传闻规则减缩为“对其原有样貌的一个不太重要的投影”。Adrian A. S. Zuckerman，*Civil Procedure*（2003），p. 669.

加他对手的审判成本之动机而提交绝对的传闻证据。[56]

因此，传闻证据只有在伴随着可靠性迹象时才是可采的。这正是美国传闻证据规则的实际规定（而且英国的传闻证据规则直到最近以前也是如此）。[57] 按照该规则，传闻证据只有在属于传闻规则的例外之一时，才是可采的，否则该传闻证据就不可采。[58] 既然这些例外以对可信性的环境保障为前提，正如它们通
157 常声称的那样[59]，美国传闻规则是具有经济上的合理性的。然而，经济分析要求事实认定者考虑任何由刑事被告人提出的无罪辩解传闻——如果这正是他所能提出的最佳证据的话。这一要求源于刑事裁判中的积极错误和消极错误之间的功利主义差别。[60]

四、可信性规则

属于这一类的规则旨在从当事人和证人那里引出可信的信号。当事人和证人持有一些无法被直观察觉到的案件信息，这些信息在整个审判中处于隐蔽和私密状态，而不是公开和透明的。[61] 这些信息在诉讼当事人之间，以及在每一个诉讼当事人与事实认定者之间，以不对称的方式分布着。各方当事人可以不当地利用这

〔56〕 请比较 Note, The Theoretical Foundation of the Hearsay Rules (1980) 93 *Harv. L. Rev.* 1786。Note 提出了对传闻规则的经济学分析，该分析建议采纳而非排除传闻证据。根据他的分析，此类证据带来的高估证明力风险，通常小于排除该证据以及由此产生的信息缺失所带来的成本。然而这一分析未能考虑到附带性诉争的成本问题。更重要的是，它未考虑到诉讼当事人将会以机会主义的方式强加给彼此的成本，正如本书所描述的那样。

〔57〕 参见后文第 189－196、228－235 页（本书页边码——译者注）。

〔58〕 参见《联邦证据规则》801－807。

〔59〕 参见例如，《联邦证据规则》807（“一个没有为规则 803 或 804 所明确涵盖，但在可靠性上具有同等的间接保证的陈述，在法院对以下事项作出判定的情况下不被传闻规则所排除：（A）该陈述被提供作为重要事实的证据；（B）该陈述与证据提出者通过合理努力所能获得的任何其他证据相比，更具有证明力；以及（C）把该陈述采纳为证据，将使这些规则的总体目的和司法利益得到最佳满足……”）。

〔60〕 参见前文第 148－149 页（本书页边码——译者注）。

〔61〕 可一般性地参见 Molho，前注〔4〕。

一特点。实际上，信息的不对称为撒谎和欺骗提供了手段以及足够的机会。[62] 这些手段和机会，是当事人欺诈动机的组成部分。当事人的欺诈动机，源自在民事和刑事诉讼中起作用的私人动机与社会利益之间的根本性失调。[63] 证据最终变成了事实认定者必须视之为本质上可疑的各种信息。证据与周围环境的结合——这些周围环境包括提供证据的当事人和证人的潜在动机——产生了事实认定者可以据以确定事实的信号。因此事实认定者需要可信的信号，而不是可能误导他们的信号。相应的，证据法应当从当事人和证人那里引出可信的信号。在这样做的时候，它需要符合成本—收益原则。证据法能够而且也应当通过一套奖惩制度实现这一重要目标。任何这样的制度都会根据概率区分可信的和不可信的信号。在不确定条件下，不存在作出这种区分的其他根据。因此，任何这样的制度都必须在当事人之间分配错误风险。

这一类规则可能非常宽泛。以下规则和原则是其中的范例： 158

(1) 法律赋予刑事被告人和嫌疑人的沉默权或反对强迫自证其罪特权。

(2) 使刑事被告人对其辩诉交易特免权的弃权发生效力的规则。

(3) 通常允许控方以先前定罪判决弹劾作证的刑事被告人的规则。

(4) 根据《联邦证据规则》和相应的州立法，决定专家证言可采性的可检验性原则。

首先，我将讨论沉默权。具体而言，我将辩驳激烈反对该权利的杰里米·边沁及其追随者。[64] 我的论述质疑了边沁以下观点

---

〔62〕 同前。

〔63〕 可一般性地参见 Shavell，前注〔3〕。

〔64〕 这一讨论源于 Daniel J. Seidmann and Alex Stein，The Right to Silence Helps the Innocent：A Game-Theoretic Analysis of the Fifth Amendment Privilege (2000) 114 *Harv. L. Rev.* 430。

的有效性：沉默权只会帮助有罪的被告人，因此沉默权应当被废除。这一观点认为，除了一些特殊情形下的例外，每个人最为熟知其是否做过某事。有罪嫌疑人知道自己是有罪的，无辜嫌疑人清楚自己是无辜的。因为刑事有罪判决及相应制裁将产生巨大的损害，理性的人必然寻求避免这种结果，所以有罪的嫌疑人热衷于掩盖事实真相。然而，无辜嫌疑人“最强烈的愿望”是：“驱散围绕在他行为之外的阴云并给出每一个可能将其置于真相之光下的解释”〔65〕。无辜嫌疑人渴望有讲出真相的权利，而不是沉默的权利。而真正的罪犯只需要沉默权。〔66〕

这一观点看起来如此有说服力，以至于它迫使沉默权的提倡者放弃了其结果主义的领地。对这一权利的当代正当性论证，是道义论性质的。它们指向隐私权〔67〕，包括悔改的精神神圣性〔68〕，以及关于“公平”的对抗式观念——这种观念据说包含在英美刑
159 事司法制度中〔69〕，而且被边沁抨击为“狐狸—猎人式的理由”〔70〕。这些正当性论证还指出，如果让犯罪嫌疑人和刑事被告人陷入供述、蔑视法庭和作伪证的“三难困境”，其结果将是残酷的。〔71〕

---

〔65〕 参见 Jermmy Bentham, *A Treatise on Judical Evidence* (Etienne Dumont, ed. 1825), p. 241。

〔66〕 同前。

〔67〕 参见 Erwin W. Griswold, The Right to be Let Alone (1960) 55 *NW. U. L. Rev.* 216; Vincent M. Bonventre, An Alternative to the Constitutional Privilege Against Self-Incrimination (1982) 49 *Brooklyn L. Rev.* 31; Denis J. Galligan, The Right to Silence Reconsidered [1988] *Curr. Leg. Probs.* 69; Robert S. Gerstein, Privacy and Self-Incrimination (1970) 80 *Ethics* 87。

〔68〕 参见 Gerstein，同前。

〔69〕 讨论对抗制原理的文献，参见 John H. Langbein, The Historical Origins of the Privilege Against Self-Incrimination at Common Law (1994) 92 *Mich. L. Rev.* 1047, 1066 - 71; Wigmore On Evidence Vol. 8 (McNaughton Revision, 1961) at p. 317。关于“公平”原理，参见 Bonventre，前注〔67〕，59 - 63; Ian H. Demise, Reconstructing the Law of Criminal Evidence [1989] *Curr. Leg. Probs.* 21, 27; Robert S. Gerstein, The Demise of Boyd: Self-Incrimination and Private Papers in the Burger Court (1979) 27 *UCLA L. Rev.* 343, 349。

〔70〕 Bentham, Vol. 5，前注〔7〕，239。

〔71〕 参见 *Schmerber v California*, 384 U. S. 757 (1966)。

边沁非常著名地将这种观点批判为——以带有年龄歧视和性别歧视的口吻——“老妇人式的理由”[72]。

这些正当性理由并非一无是处，但是回避了一些迫切的问题。正如边沁指出的，那些被“老妇人理由”和“狐狸—猎人理由”认为是“冷酷的”和“不公平的”事实，可能在其他观察者的眼中是完全不同的。[73]“三难选择”原理的最终主旨是与刑事惩罚相关的损害——当然，除非一个人持有如下可疑的主张，即在数个损害结果间进行选择，比经历这些结果本身更加痛苦。但是，如果一项刑事惩罚是被恰当地施加于被告人，那么为什么它是有害的或残酷的呢？任何有效的惩罚都必然包含痛苦成分，这可能被一些人认为是“残酷的”的。但是法律制度的运行不可能认真地考虑废除刑事惩罚手段。如果确实是这样，为什么要在可允许的和不可允许的损害之间进行区分呢？正如对沉默权所做的那样。

对于这一问题，有许多将我们带往不同方向的看似合理的回答。然而，每一个这样的回答都处于三难选择原理之外。这一原理仅能令人信服地证成以豁免蔑视法庭罪的形式授予沉默权，嫌疑人和被告人因此能够保持沉默而不被惩罚。[74]这一原理不能证成禁止做出不利推论的规则。证成豁免蔑视法庭罪的理由，不能证成豁免于不利证据推论——通行的认识论却支持甚至要求这样的推论。[75]

---

〔72〕在边沁看来，三难困境论证是“老妇人式的理由…… ‘认为强迫一个人自我归罪是很残酷的’”。参见 Bentham，前注〔65〕，230－8。

〔73〕参见 William Twining，*Theories of Evidence*：*Bentham and Wigmore* (1985)，84－5。

〔74〕参见 William J. Stuntz，Self-Incrimination and Excuse（1988）88 *Colum. L. Rev.* 1227。

〔75〕参见 ss. 34－38 of the Criminal Justice and Public Order Act 1994 (England)（允许做出这种不利推论）。也可参见 Roberts and Zuckerman，前注〔18〕，440－9（批判性地检讨英国法中从沉默权向不利推论的转变）。

160 直到最近〔76〕，关于沉默权争论的双方都忽略了整个争论的基本前提是错误的。边沁关于沉默权只对犯罪人有利的观点，在实质和形式方面都存在着严重缺陷。它包含了一个不合逻辑的推论和一个经济上的计算错误。就逻辑上而言，无辜的嫌疑人能够间接地受益于这一权利的存在，即使他们本人没有行使该权利。逻辑上并未排除这种可能性。在实质层面，边沁（同当今的废奴主义者一起）忽略了一个重大的经济问题。他将沉默权视为私人消费品：即仅仅使消费者个人受益的物品。这种观点源于假定而非证明。它经检验被证明是错误的。此外，边沁未能阐述分别由有罪的和无罪的嫌疑人、被告人持有的关于有罪和无罪的信息之私人性质，也未能阐述相应的信号难题。

最后，边沁的观点混淆了事先的（*ex ante*）和事后的（*ex post*）视角之间的关键性区别。从事后的角度来看，边沁的主张是无可辩驳的。假设，正如其所言，无辜嫌疑人希望尽可能及时地确认其无辜者的身份，而罪犯希望隐藏真相。在这一貌似非常可信的场景中，无辜者将不会保持沉默；相反，罪犯将选择沉默。因此，当我们知道一个特定的嫌疑人保持沉默时，我们将合乎逻辑地认为他必定是个罪犯。而且，基于以上的推理，给该嫌疑人定罪不会影响到任何无辜的嫌疑人。这一观点的问题是，它认为行为模式——无辜者喋喋不休而犯罪人沉默寡言——是给定的、不会修改的。如果嫌疑人不是机械式的，那么当沉默权被确立或者被废除时，他就可能改变其行为。例如，如果认为在存在沉默权时只有罪犯会保持沉默，那么我们只能通过考虑**如果不存在沉默权时**罪犯会撒谎还是坦白，来评估该权利的影响。简而言之，为了评估沉默权的影响，我们需要一个事先的视角。边沁的论证完全忽略了这种视角。

这一观点的逻辑符合“显示性偏好”（revealed preference）

〔76〕 即在 Seidmann 和 Stein 的文章发表前。参见前注〔64〕。

这一经济原则，该原则常用来解释对私人物品的消费——在此，“私人”（相对于“公共”）意味着消费者仅关心他自己的消费行为。经济学家很久之前就论述了，我们能够通过观察合适情境中消费者的选择，而得出关于该消费者福利状况的有效推论。请考虑这样一个情境：消费者伊冯从两种私人物品 A 和 B 中选择了一种。当伊冯选择 A 而非 B 时，显示性偏好原则认为，即使 B 物品 161
变得不可获得，她的福利状况将仍然保持不变。如果 A 物品变得不可获得，伊冯的福利状况在最好的情况下将保持不变，但很有可能减少。现在假定：相对于任何其他的物品 C，伊冯总是会选择 B。任何选择 A 而非 B 的消费者，当替换为在 A 和 C 之间进行选择时，不会变得更糟。在任何这样的情境中，该消费者将可能选择 A。然而，如果某个消费者与伊冯不同，他会在 A 和 B 之间倾向于选择 B；那么当他被迫变更为在 A 和 C 之间选择时，就变得更糟。

与上述消费者情境类似，一个无辜的嫌疑人在“作出陈述”（物品 A）和“保持沉默”之间做选择，而保持沉默要么禁止不利推论（物品 B），要么允许不利推论（物品 C）。边沁的观点坚信，无辜者显示出来的偏好是，倾向于作出陈述（物品 A）而不是保持沉默。他因此推论：一个无辜嫌疑人的福利将不会因沉默权的废除（即对于所有嫌疑人用物品 C 替代物品 B）而受到影响。相反的，行使沉默权（即选择 B 而非 A）的有罪者，可能会因为该权利的废除（这时他必须在 A 与 C 之间做出选择）而受到损害。边沁进一步推导出：沉默权是不受社会欢迎的，因为证据规则需要减少犯罪人的福利，而不是增加它。按照边沁的观点，小偷和窃贼不应被允许进入法律权利的超级市场。

当所讨论的物品不是私人性质的时候，显示性偏好原则就不适用了。也就是说：消费者伊冯的福利状况会被消费者泽维尔的消费决定所影响，即泽维尔的消费给伊冯创造了一个正的或负的外部性（externality）。在这种情况下，伊冯会关注 B 或 C 是否对于泽维尔而言是可选的，即使伊冯自己更偏好 A 而非 B 和 C。[77] 因此显示性偏好原则不适用于伊冯。

基于该理由，这一原则也同样不适用于沉默权。行使该权利的嫌疑人和被告人通常是有罪的，但他们所消费的物品并非私人性质的。通过行使沉默权，罪犯放弃了以下选择：通过撒谎而与无辜者混同。任何这样的混同都可能损害那些无法提出补强性证据的无辜嫌疑人所述故事之可信性。事实认定者将合理地认为，这样的故事是值得怀疑的，应给其可信性打折扣——他们会如此对待所有的无罪辩解陈述。而某些这样的陈述来源于实际上无辜的嫌疑人和被告人。无辜者所述故事的可信性最终将会下降。通过不与无辜者混同，
162 有罪者使无辜嫌疑人所面临的错判有罪风险最小化。边沁的观点忽略了罪犯的虚假陈述给无辜嫌疑人强加的负外部性，所以这一观点是错误的。当罪犯行使沉默权时，才能够避免这一负的外部性。在行使该权利时，罪犯提供给无辜嫌疑人正的外部性。因此，一个无辜的嫌疑人将会反对废除沉默权，即使他不会行使该权利。

为了充分理解这一观点[78]，我们还必须审视另一个被边沁及其追随者忽略的问题。正如已经指出的，有罪嫌疑人通常知道他们是有罪的，而无辜者也深知其无辜；但是，这些信息通常无法被观察到，它们是“隐藏的”或者“私密的”。所需信息的私人性质——或者信息不对称问题——创造了一个可被罪犯利用的撒谎和欺骗机会。[79] 在谴责沉默权以及其他将证据隔绝在事实认定者视野之外的证据规则的时候，边沁的论述是基于以下假定：“掌握的信息越多，越有可能作出正确的裁决”。然而当涉及私人信息时，这个假定就是误导性的。司法裁判中的关键问题不是事实认定者是否掌握着量上的、更多的证据；关键问题是：他们是否拥

〔77〕 参见 Anthony B. Atkinson and Joseph E. Stiglitz, *Lectures on Public Economics* (1980), pp. 482 - 7.

〔78〕 参见 Seidmann and Stein，前注〔64〕，456 - 8。

〔79〕 参见 Molho，前注〔4〕，1 - 10。

有质上的、对源于证据的虚假和真实信号的**区分**。为了确定任何私人信息的可信性，事实认定者要求一些第二位的（**区分性的**）信息，借助这些信息可以解决可信性的难题。当然，这些第二位的信息本身必须是可信的。仅仅增加私人信息（即无法确定有效性的信息）不会使事实认定者离真相更近。[80]

换言之，只有当私人信息是以可信的方式传递的时候，它才能被事实认定者所依靠。也即是说，即使在最坏的情况，它的传递过程也应当使虚假信号降至最低。例如，二手车销售商通常不可能诚实地告诉潜在购买者他们所售车辆的质量。消费者没有能力区分不同二手车的好坏，因此对于任何待售的二手车，都会支付不超过平均价格的对价。所以，最佳性能的二手车拥有者可能会决定不再出售他的车，这会进一步降低二手车市场的平均质量和价格。面对这一情况，次佳性能的二手车拥有者也同样会选择不再出售车辆，再一次降低车辆的平均质量和价格。这一过程将会不断地重复，直到二手车市场变成了“柠檬市场”——一个仅销售质量最差的车辆的市场。[81] 那些私下里知道自己所售车辆质量很好的销 163
售者，无法证明他们可能会作出的关于其产品质量的真实主张（并以此将他们的私人信息转化成公共信息）。消费者也会合理地无视这些无法确证的主张，因为一个不诚信的汽车销售者可以非常轻松地重复这些主张。相反的，能够证明其车辆质量的销售者，就可以可信地传递这种私人信息并据此同劣质车销售者区分开。

上述售车问题正类似于无辜嫌疑人在考虑究竟是开口说话还是保持沉默时的境况。只有无辜的嫌疑人才能够提供完全可信的证据（例如铁一般的不在场证明）来支撑无罪主张。能够提供这种不在场证明的无辜嫌疑人，可以使自己同有罪的嫌疑人区分开，

---

〔80〕 参见 Stein，前注〔23〕，279，287－8 及以下（揭示了边沁证据理论中的这一谬误，而且分析了它的影响）。

〔81〕 参见 Molho，前注〔4〕，19－31。关于“柠檬市场”问题的经典论述，参见 George Akerlof，The Market of Lemons：Quality Uncertainty and the Market Mechanism (1970) 84 *Quart J. Econ.* 488。

正如上述可以确证其车辆质量的销售者那样。拥有铁一般不在场证明的无辜嫌疑人，同样不会因沉默权的废止而受到影响。这样的嫌疑人决定提交的不在场证明，将会保护其免受实际上有罪的嫌疑人所强加的负外部性。然而，这样的乐观结果取决于无辜嫌疑人拥有铁一般的不在场证明。如果缺乏这样的证据，无辜嫌疑人的无法获得确证的无罪主张就可能无法使其无罪开释，因为真正的罪犯也可以做出这样的主张。例如，在强奸案件中，关于双方同意发生性行为的主张如果没有证据补强，那么裁判者会理性地对其可信性打折扣，因为真正的强奸犯和无辜者都会提出这样的主张——如果它能传递可信性信号的话。由此无辜的嫌疑人会与有罪的嫌疑人混同难辨，就像优质车销售者（若不能确证其主张）必然会与劣质车销售者混同难辨那样。如果无辜者会同犯罪者混同，那么与边沁的论点相反，沉默权是可以使无辜者受益的。

通过允许被告人和犯罪嫌疑人保持沉默而无须为此承担任何不利后果（如不利推论），沉默权为有罪的嫌疑人和被告人提供了一种有吸引力的行动指引。因为担心被自己的谎言所牵制，这些嫌疑人和被告人会通过行使沉默权而同无辜者区分开来，也因此提升了无辜者被无罪开释的预期。对于有罪的嫌疑人和被告人，保持沉默是最好的行动选择。相较于选择撒谎或选择供述，保持沉默至少不会使他们的处境更糟。在缺乏有吸引力的辩诉交易的情况下，供述以及由此导致的有罪判决和刑罚明显不是个好的选择。当然也有例外，即当控方证据具有压倒性的强大优势以至于被告人最好不要再花费时间和精力去做抗争的时候。撒谎也同样
164 不是没有代价的。因为总是存在这样的预期可能性：谎言被揭穿，而且构成了有罪的证据。〔82〕

〔82〕 受到波斯纳的赞同，前注〔13〕，715－6。该理由受到了几位研究者的批评，参见 Gordon Van Kessel，Quieting the Guilty and Acquitting the Innocent：A Close Look at a New Twist on the Right to Silence（2002）35 *Ind. L. Rev.* 925；Stephanos-Bibas，The Right to Remain Silent Helps Only the Guilty（2003）88 *Iowa L. Rev.* 421；Roberts and Zuckerman，前注〔18〕，422－5。

另一个会实现这种区分的机制，是通常允许控方以先前定罪证据弹劾作证的被告人的规则。[83] 为了充分理解这一规则的运行，我们假设这样一个集合：这个集合中包含了有罪的被告人和无辜的被告人，他们都在以前被定罪过。这个集合中的无辜者会非常想与有罪者区分开，从而确保自己被无罪释放。有罪者却不会为无辜者的这种期待提供任何帮助。相反的，他们希望通过虚假证言谎称无辜，与无辜者混同。值得注意的是，被告人的犯罪记录仅有一般性的——而非个案具体化的——证据效力。该记录并不能给被告人的证言提出任何具体的怀疑或警示。它只是作为一个边缘性的因素，而影响着证言的一般可信性。当存在具体个案式的理由使该证言变得不可信时，先前犯罪记录就会进一步降低该证言为真的可能性。当不存在这样的理由时，被告人的先前犯罪记录不会影响到证言为真的可能性。而且，被告人冒着被先 165
前定罪弹劾的风险，反而会释放出可信性信号。通过为自己的无辜作证，被告人传达给事实认定者如下信息：他的无罪辩解证词是真实可信的，而且不存在使其失信的具体理由。最关键的是，被告人甘愿接受以下可能的情形：事实认定者实际上发现了这样的具体理由。若出现该情形，则相关的理由会与被告人的犯罪记录结合在一起，降低其证言的可信性。因为被告人释放这种信号是具有昂贵成本的，所以它显示了被告人作为证人的可信性，除非控方提出了明确的反驳证据并以此推翻了其证言。[84] 一般来说，相较于无辜者，有罪者会留下更多的犯罪信息。[85] 在被告人实际上有罪的案件中，对被告人的自我辩解性证言提出质疑的理由，一般会占据着主导地位。对于有罪者而言，被这样的理由质疑的预期（事先）概率，在平均值上明显高于无辜者的情况。因

〔83〕 参见《联邦证据规则》609。

〔84〕 关于昂贵信号的一般性讨论，参见 Molho，前注〔4〕，63－80，97－101。

〔85〕 参见 H. Richard Uviller，Evidence of Character to Prove Conduct：Illusion，Illogic，and Injustice in the Courtroom（1982）130 *U. Pa. L. Rev.* 845，847（区分了痕迹和预测性证据）。

为这些理由与被告人犯罪记录的结合对被告人作为证人的可信性具有潜在的破坏性，很多有罪的被告人更倾向于不在辩护中作证，从而与整个集合相区分。〔86〕这一区分提高了无辜被告人所做出的辩解性陈述被认可的可能性。

以上讨论的两个例子有一个共同的特征。在两个例子中，证据法都设定了一条通过在集合中进行区分而强化可信性信号的法律规则，这个集合里的有罪的和无辜的被告人与嫌疑人做出了混同难辨的自我辩解性陈述。接下来要讨论的例子包含了一种不同的博弈论方法：昂贵的信号（costly signalling）。通过提高某些人为释放信号而承担的成本，使这些人与提供廉价话语（cheap talk）的人区分开来，从而也使事实认定者认定其信号可信这种预期可能性更高。在某种程度上，上述已经讨论过的一条规则（即允许控方以犯罪记录弹劾作证的刑事被告人的规则），也发挥了这一功能。但是接下来的这些例子比该规则所提供的例子更有说服力。

第一个例子是关于一个在美国被称为梅札纳图（*Mezzanatto*）规则〔87〕的刑事证据机制。按照该规则，参加证据开示或辩诉协商
166 的被告人，可以有效地放弃针对他在这个过程中做出的任何自我归罪陈述的辩诉交易特免权〔88〕以及沉默权。〔89〕这一弃权行为受到一般合同法原则的管控，据此被告人可以在明知且自愿的前提下放弃这些（以及其他的）保护。〔90〕

梅札纳图规则支持了控方以被告人放弃上述保护为前提而

---

〔86〕当然，要假定事实认定者不会从被告人的沉默中做出任何不利推论。参见前注〔74〕至〔82〕以及对应的正文内容。

〔87〕参见 *United States v Mezzanatto*，513 U. S. 196 (1995)。

〔88〕由《联邦证据规则》410 以及《联邦刑事程序规则》11 (e) (6) 确立。

〔89〕最近的一个例子，参见 *United States v Chan*，185 F. Supp. 2d 305 (S. D. N. Y 2002)。

〔90〕正如最高法院在 *United States v Mezzanatto*，513 U. S. 196，210 (1995) 一案的判决中所认定的："我们认为，如果没有明确的迹象说明协议的达成不符合明知或自愿条件，那么一项关于答辩陈述规则中的排除条款的权利放弃协议，就是有效的且可执行的"。

与被告人进行谈判的实践做法。如此一来，它可能被视为以牺牲刑事被告人的个人权利为代价而促进法律与秩序目标。然而，这种观点是不正确的。某些被告人认为，参与证据开示而且与控方达成交易，是符合自身利益的。对于任何此类被告人，同控方进行有效交流是必要的。如果控方将被告人的陈述视为缺乏可信性的廉价话语的话，这种交流就不是有效的。只要被告人的自我归罪陈述仍受特免权保护，控方就会坚持这种认知。只要被告人能够排除这样的陈述，它就只是廉价话语。为了传递可信性，被告人必须让控方相信他所释放的信息是具有昂贵成本的。为了达到这个效果，被告人可能允许控方在他于随后的安排或辩诉谈判中违背了承诺的情况下，使用他的认罪陈述作为证据。例如，一名被告人可能作出陈述，声称自己在有关的犯罪活动中比其他的参与者作用更小；而且该被告人预先同意，如果该陈述被证明是虚假的，其认罪陈述会被用作指控他的证据。基于上述陈述和被告人对特免权的放弃，控方可能会为被告人提供一项辩诉交易；假如没有这些前提，控方可能不会提供。只有根据梅札纳图规则而使被告人的弃权有效时，这一辩诉交易机会才会被提出。[91]

我的最后一个例子是《联邦证据规则》702 以及联邦最高法院对其所做的解释。联邦最高法院著名的“多伯特三部曲”(*Daubert Trilogy*) ——*Daubert*[92]、*Joiner*[93]、*Kumbo Tire*[94]——要求专家证据的可采性取决于对几个标准的综合权衡。[95] 其中有 167
两个标准对我们现在的讨论具有重要意义。按照其中一个标准，

〔91〕 这一解释由 Eric Rasmusen 提出，参见 The Economic of Evidentiary Law: Mezzanatto and the Economics of Self-Incrimination (1998) 19 *Cardozo L. Rev.* 1541。

〔92〕 *Daubert v Merrell Dow Pharmaceuticals, Inc.*, 509 U.S. 579 (1993).

〔93〕 *General Electric Co. v Joiner*, 522 U.S. 136 (1997).

〔94〕 *Kumbo Tire Co. v Carmichael*, 526 U.S. 137 (1999)（将 Daubert 案中的最初仅针对科学性证据的门槛规则，扩大适用于所有种类的专家证言）。

〔95〕 对这一标准的讨论见下文第 196－7、235－8 页（本书页边码——译者注）。

专家提出证据所使用的理论或方法应当是**可检验的**（*falsifiable*）。另一个标准则提出，专家所依据的理论或方法最好是（但不是必须）已在学术或职业文献中经同行评议后发表。

对后一个标准的满足，将专家证言转变成了一种具有昂贵成本的、因此也是可信的信息。因为专家作证时提供的是意见而非事实，所以一个专家的错误证言极少会被归类为伪证。因此对于所有的专家来说，被控方起诉伪证罪的风险极低（被定罪的风险则更小），他们的证言可以被归类为廉价话语。为了避免这种无效性，法律应当促进专家证人所传递的可信性信号。而证据法正是通过将专家的专业出版物（与其证言相一致）作为支撑其作证可信性的因素，从而实现这一目标的。找到这样的出版物（该出版物与传唤专家的一方当事人的诉讼利益没有关联），将会支持专家证人的中立性。〔96〕更为重要的是，通过使其发现受到法庭交叉询问，该专家承担着其所使用的整个方法会受到质疑的风险，而该方法与他有利益关涉——职业声誉、收入所得，或者两者兼有。的确，如果专家不能确定他所发表的方法之可靠性，他不会愿意承担这一风险。专家证言还应遵守的可检验性标准，也增加了专家所承担的风险。按照这一标准，专家证人的发现应当能够受到在同一领域工作的其他专家的实证检验。〔97〕专家证人所承担的个人风险，可以算作一种支撑其证言可信性的昂贵信号。〔98〕

五、证据损害原则

证据损害原则是另一个以成本—收益为导向的机制。〔99〕这一

〔96〕 参见 Richard A. Posner，The Law and Economic Expert Witness (1993) 13 *J. Econ Persp*. 91。

〔97〕 参见 *Daubert v Merrell Dow Pharmaceuticals*，*Inc.*，509 U.S. 579 (1993)。

〔98〕 参见 Posner，前注〔96〕。

〔99〕 一般参见 Ariel Porat and Alex Stein，*Tort Liability under Uncertainty* (2001)，160－206。对此的批评和相关观点参见 Jane Strapleton，Book Review (2003) 66 *M. L. R.* 308；Vern R. Walker，Book Review (2002) 1 *Law*，*Probability* & *Risk* 175。

原则是为民事诉讼而设的。[100] 按照该原则，当一个人的错误行为 168
损害了另一个人证明为胜诉所需的事实的能力，因此也降低了后者胜诉的几率时，这个人应当为这种证据损害负责。关于证据损害的一个范例是医疗过错案件，其中医生违反了他应当制作和保存恰当的医疗记录的职责。[101] 请考虑这样一个案件：一名病人死于外科手术后的并发症，而对于该手术医生可能尽到了也可能没有尽到应当的勤勉义务。还存在以下事实：医生没有制作手术记录，或者医院没有在病人的档案中保存这些记录。任何此类的疏忽都给病人带来了证据损害。病人可能受到了也可能未受到被告方（医生、医院或两者共同）的错误治疗，但是被告方一定已经错误地损害了病人作为侵权诉讼原告的举证能力。[102]

另一个范例是包含了两个或两个以上被告的非共谋损害案件，但是每一个被告人分别对原告造成的损害部分，无法得到证明。为了说明这种类型的案件，请考虑以下事实。

（1）两条狗同时攻击了原告，这两条狗分属不同侵权主体所有。

（2）所造成的伤害在证据意义上是不可分的，因为无法确定每条狗造成了哪部分的伤害。[103]

在这个案件中，侵权者同样给索赔人造成了证据损害。每个侵权人都不当地使索赔人无法将相关伤害部分归因于实际的侵权人，从而造成了这种损害。这种举证上的能力缺乏，使原告无法

---

[100] 关于其在刑事案件中的适用，参见后文第 199－200 页（本书页边码——译者注）。

[101] 参见例如，*Smith v United States*，128 F. Supp. 2d 1227（2000）。

[102] 请再考虑 *Smith v United States*，128 F. Supp. 2d 1227，1232（2000）（“核心的争论涉及 Antakli 和 Moursi 的行为是否未能达到被接受为今日判决之目的的医疗护理标准，以及 Smith 所受的伤害是否本不该发生。尽管通常情况下，是由原告就其主张的事实负举证责任，但本案法庭认定，Moursi 首席外科医生因没有对其手术过程做好手术记录，所以被判定为未能遵守恰当的护理标准，并且法庭由此推断 Moursi 医生未能按照技术标准操作手术，造成了对 Smith 的伤害以及本不应该发生的死亡结果……遗失证据将导致做出不利推论，这已是普遍认同的法律原则”）。

[103] 对这一例证的全面分析，参见 Porat and Stain，前注〔99〕，77－83。

获得伤害赔偿。

最后，请考虑一个关于排放放射性致癌物的工厂的案例。在受其排放污染的区域里，癌症的发病率升高了 25%。在工厂开始运营之前，每年仅有 80 人患上癌症，现在每年有 100 人患病。然
169 而，并没有足够的优势证据能够证明，这些人实际上患上癌症是因为暴露在排放污染中所致，而不是仅仅由不幸所致。这 100 个癌症患者都对工厂所有人提起了诉讼。这些诉讼的前景并不明朗。[104] 然而，很清楚的是，被告方的错误行为使每一名原告都无法证明其患病的原因，从而使这些原告的举证能力缺乏。[105]

法律可以采取两种不同的方式施加证据损害的责任。如果是被告方造成了对索赔人的证据损害，证据损害原则可以将说服责任转移给被告一方。如果案件事实无法确定，即双方当事人的陈述具有同等的可能性，原告将会获胜。除此之外，遭受证据损害的原告，也可以获得侵权赔偿——这种方式将造成举证不能作为一种独立的侵权。

将说服责任转移给被告方的证据救济措施，仅在原告所受的直接伤害和证据损害均归因于同一个被告时才有效。当直接伤害和证据损害分属不同侵权人时（如在某些案件中，原告的证据因第三方的过错行为而受损害），这种证救济措施就不再适用了。而且，在某些案件中原告的证据损害非常严重，以至于他根本无法将事实主张证明至 50%这一标准时，这种救济措施是无效的。因为此时被告的案件可能性大于不可能性，转移说服责任的方法自始就无效。只有在平衡案件中，转移说服责任的方法才适用。也就是说，证据救济措施限于符合以下条件的案件中适用：双方证

〔104〕 该诉讼类型的一个典型案例，且已以调解方式结案，参见 *In re 'Agent Orange' Product Liability Litigation*，597 F. Supp. 740 (E. D. N. Y. 1984)，aff'd 818 F. 2d 145 (2d Cir. 1987)。也可参见波斯纳法官在以下案件中的裁决：*Adkins v Mid-American Growers Inc.*，167 F. 3d 355，359－60 (7th Cir. 1999)（对于所谓的"概率性损害"，裁决认可了团体性赔偿）。

〔105〕 参见 Porat and Stain，前注〔99〕，193－4。

据处于均衡之中，而且索赔人主张遭受的直接伤害与证据损害可归因于同一被告。在其他所有的包含证据损害的案件中，原告只能寻求侵权救济。对这种救济方式的分析，不是本书议题的组成部分。[106]

根据 P>0.5 规则，证据均衡的案件应以有利于被告的方式裁决。然而，这个一般性的原则也存在例外：基于特殊的理由，法律可能正当地将说服责任转移给被告方。证据损害原则提供了这样一个理由。既然被告方错误地给原告造成了证据损害，就应当由被告方而非原告方来承担案件的不确定性后果。第七章将基于 170
公平性理由（源于任何人不得从自己的错误行为中获益这一基本原则）论证这一救济手段的合理性。

不过这一救济手段也有经济上的正当性。[107] 它促进了社会福利。该救济措施的存在，阻止了潜在的侵权者故意引发证据损害。它也促使被告方以符合社会期待的方式选择自己的诉讼策略。被告人不会隐藏在不确定性的阴影之中——因为对于这种不确定性他们可能会根据证据损害原则而担责；许多此类被告人将被引导对于那些有明确证据支持的事件做出坦诚的陈述。当事实陷入僵局而对被告人不利时，他会试图避免这种僵局。为了维护好的事实陈述，被告人必须使他的证据受到审查。在受到原告的检验后，被告方的证据可能会保留下来，也可能会被驳倒。无论怎样，证据缺乏的问题都得到了部分或者全部的解决。总而言之，证据救济措施对有经济效益的行为产生了激励——包括事先的激励和事后的激励，在产生证据损害之前的激励和产生证据损害之后的激励。

证据损害原则在合同法领域中有一个重要的分支。国家给予民事诉讼大量补贴。任何新签署的合同都增加了发生诉讼的可能性。因此每个合同都有耗费政府诉讼补贴的可能性。如果实际上

〔106〕 参见 Porat and Stain，前注〔99〕，165－84。

〔107〕 对此的全面分析，参见 Porat and Stain，前注〔99〕，179－206。

发生了诉讼，这种可能性就构成了负外部性。

许多合同都是不完整的。[108] 这些合同中包含了意图和日的不明确问题以及其他的事实不确定问题——这些漏洞需要裁判者事后填补。如果在未来审判中出现不确定的可能性，会被合同签署者预先注意到而且明确进行约定，那么这个问题就会得到解决，司法成本也会变得更低。因为司法受到公共财政补贴，所以合同签订者应该被鼓励通过合同本身解决不确定性问题。若该问题能够被合理预见到，他们应当被引导去解决这一问题。如果把这一问题留给事实裁判者，那么合同双方确实会在协商和起草合同时节省成本，但同时也增加了未来诉讼的可能性以及社会的耗费。如果节省成本会在双方关系中引入不被期待的不确定性因素，那么合同双方不会本着节约他们成本的考虑。但在一些案件中，合同一方或者双方会发现这种不确定性所带来的合同签署上的便利。
171 通过放任这种不确定性问题，合同双方可能会达成一个对他们个人而言不错的交易。然而，这种交易将增加对政府诉讼补贴的耗费——这是在纳税人的支出上搭便车。[109]

对应当为合同漏洞负责的签约方施以惩罚的规则，将会减少这种负外部性。[110] 如果要求法官和陪审团（而不是私人仲裁者）去裁断不完整的交易内容，任何此类漏洞都相当于证据损害。引发这种损害的一方当事人，通常应承担不利后果责任。这种责任转化成风险分配：填补合同漏洞时的错误风险，应当由造成该漏洞的一方当事人（即放任该不确定性问题的一方）承担。该方法

---

〔108〕 参见 Shavell，，前注〔2〕，299－301。

〔109〕 最初提出这种观点是在以下文章中：Alex Stain，An Essay on Uncertainty and Fact-Finding in Civil Litigation，with Special Reference to Contract Cases (1998) 48 *U. Toronto L. J.* 299，341－4。提出该观点是受到了以下文章的启发：Ian Ayres and Robert Gertner，Filling Gaps in Incomplete Contracts：An Economic Theory of Default Rules (1998) 99 *Yale L. J.* 87。

〔110〕 参见 Stain，同前。但是也请参见 Richard A. Posner，The Law and Economics of Contract Interpretation (2005) 83 *Texas L. Rev.* 1581，1590－1（认为这种平局决胜（tie-breaker）方法成本最小，但是也会产生负面影响，即会增加合同交易成本）。

适合于那种至少有一方当事人在签署合同前能合理预见到该不确定性问题的案件。按照这种方法，应当以不利于该方当事人的方式填补漏洞，正如“契约疑义利益”（*contra proferentem*）原则所要求的那样。[111]

〔111〕 参见 Stein，同前。如果诉讼双方均对漏洞负有责任，那么他们都应当支付由不确定性问题引发的成本。可以通过由法院强制签发的成本支付命令，或者更为便利的，让双方当事人接受某个强制性仲裁（他们需要支付相关费用），来实现这一结果。

172

第六章

刑事审判中的错误风险分配

一、“平等最优”标准

构成刑事被告人罪行的事实，需要被证明至排除合理怀疑。被告可因任何合理怀疑而被判无罪。[1] 应当详细阐述排除合理怀疑的要求。它究竟要求什么？“排除合理怀疑”是什么意思？上一章提出的基于功利而确定刑事证明标准的方式，是一个不错的开头。

根据约翰·卡普兰（John Kaplan）的观点[2]，基于功利的刑事证明标准可以表示为 I/（I+G）。其中 I 代表将一个无辜嫌疑人错误定罪而给社会带来的损害；G 代表将一个罪犯错误地开释而给社会带来的损害。例如，假设负效用比例 I/G 等于 9/1，我们就会将控制性的证明门槛设定为 9/10。因此定罪的概率门槛取决于社会所预期的错误开释与错误定罪的负效应比例。[3] 法律制度能够通过增加错误定罪（“积极错误”）的数量，而相应减少错误开释（“消极错误”）的数量；反之亦然。这些结果都能通过上下调整定罪概率门槛而取得。

然而，传统理论强烈抵制明确地将数量引入 I/（I+G）这一

---

〔1〕 在美国和英国确立这一原则的基础性裁决，参见 *In re Winship*，397 U. S. 358 (1970)；*Mullaney v Wilbur*，421 U. S. 684 (1975)；*Woolmington v D. P. P.* [1935] AC 462 (HL)。

〔2〕 John Kaplan，Decision Theory and the Fact-Finding Process (1968) 20 *Stan. L. Rev.* 1065，1071－5。

〔3〕 参见例如，Alexander Volokh，n Guilty Men (1997) 146 *U. Pa. L. Rev.* 173（检验了不同的定罪概率门槛）。

公式。这种抵制意味着，理论上不愿意将与错误——消极错误和 173
积极错误——有关的负效用降格为一个公分母。[4] 这种抵制乍看起来似乎说不通。因为不是任何的怀疑，而是只有“合理”的怀疑，能够要求和证成对被告的无罪开释。通过引入这一关键限定条件，该理论承认了将无辜者错误定罪的不可避免性。正如丹宁勋爵观察到的，刑事法律“如果认可那些幻想的可能性，以此扭曲司法过程，就会在保护社会方面失败”[5]。这种保留给功利考量留下了空间，使之可以引入包罗万象的权衡计算。如果这种权衡计算是精确的，它就可以通过清晰地描述错误定罪与错误开释的可允许比例，来解释排除合理怀疑标准。

任何可察觉的怀疑——任何有证据支持、因此可算作“合理”的怀疑——必须使被告方获益。没有证据支持、因此是不可察觉的怀疑（几乎所有案件中都可找到此类怀疑），无法通过合理性门槛的检验。被告方也不能从这类怀疑中获益。刑事证明标准只让被告豁免于有证据确证的错误定罪风险（风险Ⅰ）。相应的，这一标准使被告承担了无证据确证的错误定罪风险（风险Ⅱ）。[6] 这种理论区分关注了对错误风险的证据支撑，而非其真

---

〔4〕 参见 Glanville Williams，*The Proof of Guilt*（3rd edn.，1963），pp. 183－94；Theodore Waldman，Origins of the Legal Doctrine of Reasonable Doubt（1959）20 *J. Hist. Ideas* 299；George Fletcher，Two Kinds of Legal Rules：A Comparative Study of Burden-of-Persuasion Practices in Criminal Cases（1968）77 *Yale L. J.* 880；Barbara Shapiro，“To a Moral Certainty”：Theories of Knowledge and Anglo-American Juries 1600－1850（1986）38 *Hast. L. J.* 153；Adrian A. S. Zuckerman，*The Principles of Criminal Evidence*（1989），pp. 122－63。

〔5〕 *Miller v Minister of Pensions* [1947] 2 All ER 372，373－4（Denning L. J.）. 美国最高法院在以下案件中提出了类似观点：*Herrera v Collins*，113 S. Ct. 853，860（1993）；*Victor v Nebraska*，511 U. S. 1，8（1994）。但是也请参见 *Cage v Louisiana*，498 U. S. 39（1990）。该案裁决根据正当程序理由，而使一项陪审团指示无效。该指示将合理怀疑描述为：一个理性的人会认真对待的实际的和实质的怀疑。美国最高法院认为，这样一个指示将允许陪审团基于较低的有罪概率而作出有罪判决。

〔6〕 Zuckerman，前注〔4〕，134－40。然而，法院不愿表达出这一观念。参见 Henry A. Diamond，Reasonable Doubt：To Define or Not to Define（1990）90 *Colum. L. Rev.* 1716；Jon O. Newman，Beyond “Reasonable Doubt”（1993）68 *N. Y. U. L. Rev.* 979。

正实现风险时引发的损害。这种区分方式远非直觉性的，需要进行解释。

刑事被告人宁愿承担袭击罪指控中的风险Ⅰ，也不愿承担谋杀罪审判中的风险Ⅱ。从社会功利的角度来看，基于内部交易罪而向一位已退休的企业巨头征收罚款，即便他所提出的怀疑已达到可察觉因此是合理的程度，也是一个很好的强化威慑的策略——威慑这种几乎尚未得到证明的犯罪。更重要的是，如果坚定地让刑事被告人免受风险Ⅰ，会使得很多危险的罪犯不被定罪

174 和不受惩罚。这种错放产生的危害经常超过错误定罪所引发的危害。实际上，普通的强奸案受害者更愿意将她的创伤性经历，交换为一年的文明监禁。但是这种交换是难以实现的，即使不是完全不可能的话。对一名强奸犯的错误开释，以及随后发生的更多强奸行为，所造成的危害将超过对一名无辜者错误定罪和惩罚的损害。[7] 对风险Ⅰ与风险Ⅱ的这种理论区分，不仅与社会功利有冲

---

〔7〕 根据边沁的观点，应保护个体不被错误定罪，从而防止在公众中引发“恐慌”。参见 Jeremy Bentham，*A Treatise on Judicial Evidence*（1825），pp. 196－7。边沁估计，恐惧和不安所产生的负效用大于将刑事罪犯绳之以法的社会效用。但是这种猜测似乎反映了边沁个人的“态度和价值位阶，而不是功利主义分析的必然结果”。参见 William L. Twining，*Theories of Evidence*：*Bentham and Wigmore*（1985），p. 99。当代的多数人似乎更关心被刑事法律制度所保护，而不是被保护免受刑事法律制度。但是请参见 Alan Wertheimer，Punishing the Innocent—Unintentionaly（1977）20 *Inquiry* 45（认为令人信服的功利主义理由使错判无辜者变得有必要）。另一个论证排除所有合理怀疑要求的功利主义尝试，将规则功利主义（rule-utilitarian）替换成了行为功利主义（act-utilitarian）策略。很可能，这一要求使纯粹损害总量最小化。没有直接促进功利，其每一个具体适用因此都作为该制度的一部分而得以证成。这一论证已被正确地质疑为存在预期理由（petitio principii）错误，即“从‘我们的道德直觉谴责错判无辜者’这一事实，反向推导‘这样一种负效应一定是从长期来说符合任何社会的功利利益的’这一结论”。参见 Ronald Dworkin，*A Matter of Principle*（1986），p. 82。因为一些非常独立的理由，要保持规则功利主义与行为功利主义之间的区分是非常困难的。参见 Dworkin，同前。也请参见 David Lyons，*Froms and Limits of Utilitaria nism*（1965），ch. 4，pp. 182ff。

突，也可能与对受害者个人的正义有冲突。[8]

按照对不正义（injustice）与不幸（misfortune）的基本区分，上述理论路径最好被理解为，反映了在偶然地（accidentally）与有意地（deliberately）错误定罪之间的道德区分。[9] 因此，刑事证明要求将道德不正义最小化，而不是将纯粹的损害（如伤痛、折磨以及破灭期望）最小化。错误定罪所产生的纯粹的损害，是一个多变的和在经验上具有偶然性的因素。这种损害总是能够与错误开释刑事罪犯所产生的损害进行权衡比较。除了让罪犯躲避惩罚以外，错放有罪者还降低了威慑力，因此使社会及其成员遭受更多的刑事犯罪。因此，从一名功利主义者的角度来看，不能接受任何特别的道德不正义观念。这种观念归属给个体不正义的特别道德状态，旨在发挥豁免根据（一张“王牌”[10]）的功能，即允许它的持有者使自己的私人利益免受功利主义计算。因为功 175
利主义者反对这种豁免，所以坚定的排除所有合理怀疑的要求，在功利主义方面说不通。但是它确实有非功利主义的基础原理。

在偶然的和有意的错误定罪之间进行反功利主义的区分，强调了以下两者的显著不同：第一，在没有据以怀疑罪行的证据性理由时，偶然地将无辜者定罪；第二，在有意忽视此类理由的情况下将无辜者定罪。前者是可能发生在任何人身上的坏运气；而后者则涉及故意挑选出被告人作为承担风险的主体，这违背了平等性与公平性。按照罗纳德·德沃金（Ronald Dworkin）的说法[11]，这种结果违反了国家平等地关心和尊重其公民的基本政治

---

〔8〕 关于支持用功利主义权衡来界定刑事证明标准的论述，参见 James F. Stephen，*History of the Criminal Law of England* Vol. 1（1883），p. 438；Edmond H. Cahn，*The Moral Decision*（1995），p. 296。也可参见 R. Erik Lillquist，Recasting Reasonable Doubt：Decision Theory and the Virtues of Variability（2002）36 *U. C. Davis L. Rev.* 85（采用行为经济学方法论证在刑事案件中适用灵活的“合理怀疑”标准）。

〔9〕 Dworkin，前注〔7〕，82ff。

〔10〕 参见 Ronald Dworkin，Rights as Trumps，in Jeremy Waldron（ed.），*Theories of Rights*（1984），p. 153。

〔11〕 Dworkin，前注〔7〕，72、79－88。

义务。[12] **只有在法律制度已尽其所能地保护某人免于错误定罪风险，且并未给其他人提供更好的保护时，才能够正当地将该人定罪。**[13]

上述“平等最优”（Equal Best）标准看起来（在最好的情况下）模糊和（在最坏的情况下）空泛。假设有一个规则规定：“任何人应在被指控犯罪的可能性达到或超过 0.9 时被定罪”。根据这条规则，裁判者甚至会在有证据证明被告无罪可能性的情况下（即存在风险Ⅰ），将被告人定罪。这条规则显得不令人满意，但是国家令人信服地证明：考虑到资源的有限、高犯罪率以及其他限制条件，它已经做到了最好。国家继而宣称，事实上，它已经做到了“平等最优”——在适当的情形下，当概率门槛低于 0.9 时也是如此。“平等最优”标准变成了一个空壳。在适当的约束条
176 件下，任何错误定罪风险分配都是“公平”和“平等”的，只要它是一般性的且不直接针对特定的个体。[14] 然而，这种对“平等最优”标准的形式上的和貌似有力的批评，具有误导性。第三章论述了，裸概率（naked probability）永远不能为刑事定罪提供充

〔12〕 我假定刑事司法制度是在有限的资源下运转的，更多的投入能消除更多的司法错误。这一假定没有侵蚀道德损害原理。公共资源是稀缺的，不存在凌驾于一切之上的道德命令，要求将公共资源必须用于改造刑事诉讼程序，而不是投入医疗、教育、道路修建和其他便民设施中。从这些设施中受益的公民，有时可能会受到资源匮乏的刑事司法制度的伤害。这样的损害结果，尽管很令人遗憾，但是在道德上与由于道路投入不足、年久失修而导致的交通事故没有区别。如果分配公共资源的过程在政治上是公平的，那么当刑事司法制度偶然地伤害到某个人时，他不能责怪政府没有公平地对待他。参见 Dworkin，前注〔7〕，84 - 87。然而，这一点一定不能滋生自满，就像不公正与不幸运之间的（脆弱的）区分所经常发生的那样。事故受害者们不应该因为无人可责而被弃之不顾。参见 Judith Shklar，*The Faces of Injustice*（1988），pp. 51 - 82。也请参见 Note，The Luck of the Law：Allusion to Fortuity in Legal Discourse（1989）102 *Harv. L. Rev.* 1862（这篇富有洞见的文章论证了运气——不管是道德运气还是法律运气——是负载了价值的概念）。

〔13〕 这一标准不同于 Ronald Dworkin 关于正当定罪的标准，也不同于 Judith Shklar 关于“不正义”（与“不幸运”相对应）的概念。

〔14〕 请比较 Rinat Kitai，Protecting the Guilty（2003）6 *Buff. Crim. L. Rev.* 1163，1172 - 8（批评了对刑事证明标准的基于平等的论证，提出了一个社会契约式的论证作为替代）。

实的基础，不管这个概率在数字上多么高。在刑事诉讼中，当有罪概率的证据基础不能涵盖针对被告人而提起的具体事实指控时，该有罪概率就不能获得有效性，因此也不具有足够的分量。正如第三章所解释的，定罪的正当化标准是二元的。概率及其证据分量应当共同发挥作用；概率不会单独起作用。第三章还指出了概率评估及其分量之间的逻辑联系。随着概率远离事实的确定性（概率等于 1）或不可能性（概率等于 0），概率的分量会降低。一个等于 0.9 的概率也会有分量不充足的问题。这样的概率不是“最佳的”。同样的，它不能满足“平等最优”要求所衍生的证据分量标准。

对于“平等最优”要求的形式上的批评，还因为其自身的形式理由而失败。根据“平等最优”标准，如果一个 0.9 的有罪概率可以将一个人定罪，那么任何的有罪概率都应平等地对它所指向的人有效。每个人都应当平等地承担一个税收份额，国家征收该税收份额以促进国家福利。根据这一要求，一个有罪概率为 0.9 的被告仅应承担 90%的罪责税（conviction tax）。另外，有罪概率为 0.1 的每个人都承担 10%的罪责税，只有这样国家征收这种税才是正当的。理论上讲，可以通过一个博彩机制实现这种结果，该机制分发适当数量的有罪券（给十名有罪概率是 0.9 的被告分发九张有罪券，或者给十名有罪概率是 0.1 的被告分发一张有罪券）。然而，这种抽彩机制（如果可以实行这种机制的话）将会违反以下要求：国家应尽其所能保护个人免于错误定罪。基于 0.1 的有罪概率而将一个人定罪，肯定不是国家所能提供的最佳保护。然而，国家不能使这些人豁免于罪责税，相应地将全部罪责税施加给有罪概率为 0.9 的人。这种结果违背了每个人都算作一个效用单位而不能比一个单位更大或更小的原则。根据平等和公平标准，国家不能正当地告知一个人：“你必须承担罪责税，即 177
便其他人没有平等地承担它。如果你和其他与你类似情况的人不承担，那么社会福利将会严重受损。”平等和公平标准允许任何个人作出以下回答:“我不关心社会福利,尤其是当我需要比其他人支付更多的时候。”[15] 这种回答确实代表了个体对于公平与平等[可以更准确地称为平等的公平(equal fairness)]之权利的整个本质。这种权利在与社会福利发生冲突时超越了社会福利,从而获得意义。[16]

规制刑事证明的所有规则和原则,最终目的是为被告提供一个全面而有力的针对风险Ⅰ(而不是风险Ⅱ)的豁免。本章接下来的部分通过对相关规则与原则的分析证实这点。在进行讨论之前,需要指出这种一般性豁免与第三章提出的最大个别化原则(PMI)之间的联系。请回忆前文内容。PMI 认为:除非推论以及支持推论的证据都受到(且通过)了最大个别化检验,否则不能做出任何针对被告人的不利推论。该检验包括了对该推论在当前案件中的适用性的所有可能检验。换言之,被告人不承担由未经最大个别化检验的证据和推论引发的错误定罪风险。应由控方承担与此类证据有关的错误开释风险。虽然 PMI 规制着通常被视为认识活动的事实认定,但法律制度对它的采纳不是一个认识论举动。正如第三章也曾解释过的,PMI 的最终功能是分配错误风险。因此,也总是能够根据非认识论理由而主张采取其他的风险分配原则,就像我在第五章所做的那样(援引了成本—收益原则)。根据 PMI,只有当定罪证据既得出了接近确定性的有罪概率,又通过了最大个别化检验的时候,裁判者才可以判被告人有罪。如果

---

〔15〕 Louis Kaplow 和 Steven Shavell 认为,这一平等对待观念不具有独立的意义。根据他们的观点,抱怨自己遭受了法律制度“不公正对待”的人,一定是因为某些错误(与平等不相关)而被不平等地对待,或者在某些实质性的尊重方面与其他人有所不同。更广泛来讲,他们主张:既然“不平等的对待是(被认为是)错误的”,那么这种“平等感”应该在常规的功利主义计算中予以考虑。该功利计算“将会赋予它分量,就像赋予其他感觉分量那样”。参见 Louis Kaplow and Steven Shavell, *Fairness versus Welfare* (2002), pp. 445 - 449。但遗憾的是,这并没有真正回答我的例子中的那个人的诉求,他所抱怨的是一项特别的税赋。更根本的是,那些与公平对待感相冲突、相权衡的“其他感觉”究竟是什么?我怀疑这些“其他感觉”代表了关于社会福利的功利主义感觉,而这将讨论又带回了原点。

〔16〕 参见 Dworkin,前注〔10〕。

这些条件并未完全满足，被告人必须被判无罪。因此 PMI 所设定 178
的定罪标准与平等最优要求以及相应地授予所有刑事被告人的针对风险Ⅰ的豁免重合了。未能满足 PMI 的任何刑事定罪，都不合法地使被告人遭受了风险Ⅰ。任何符合 PMI 的定罪，都建立在通过了最大个别化检验的事实基础上。被定罪的被告享有针对风险Ⅰ的豁免，但仍（合法地）承担（由抽象的、无证据支持的怀疑所致的）风险Ⅱ。[17]

二、证明责任

第一节指出了控方为了将被告定罪而需要负担的证明责任。控方首先要提交证明其控诉的证据（这是举证责任或者提出证据的责任）。在审判结束时，根据所有庭审证据而评估的被告有罪之可能性，需要逼近确定性。这种接近确定性（next-to-certainty）的标准，在本质上是定性的。表征概率的数字（除了不现实的 1）不能充分地表达这种标准。该标准要求消除所有有证据支持的和个案具体化的（而不仅仅是抽象的和理论上的）被告无罪情形。如果任何这样一种情形有证据支持且控方未予完全反驳，则被告应被判为无罪。控方的说服责任不仅包括这一标准。控方用以履行证明责任的证据和推论还应完全向对抗式审查开放。具体来说，所有归罪推论及其支撑证据都要通过被告的最大个别化检验。如果其中一个推论或证据对于将被告定罪而言是关键性的，但是未通过这样的检验，那么被告就应被判无罪。如果其中一个推论或证据对于定罪是关键性的，但这样的检验质疑了它的可信性，被告也应被判无罪。这就是排除所有合理怀疑的证明所要求的。[18]

---

〔17〕 这些法律安排与 John Rawls 的第一个正义原则是兼容的。根据他的原则，“每个人都有平等的权利获得最大化的基本自由，该自由与其他人的类似自由可以兼容”。参见 John Rawls，*A Theory of Justice*（1972），p. 60。

〔18〕 参见 Alex Stein，The Refoundation of Evidence Law（1996）9 *Can. J. Law & Jurisprudence* 279，323 - 7。

我们可以通过一个案例来了解这些要求是如何运作的。控方指控D抢劫银行，D对此坚决否认。有两名路人分别作证：他们在抢劫发生后很短的时间内，看到D在银行附近，手持一把冲锋
179 枪。他俩也都在逮捕D后立即进行的列队指认中确认了D。一名法庭科学专家作证：在银行多处提取的指纹与D的指纹相符。后来，D与证人W都为D的不在场情况作证。控方在反驳中提出了一盘录音带，其中记录了D与W的一段重要对话。在这段对话中，W向D承诺为他的不在场作证，以换取500 000欧元的回报。法官正当地判决D犯有所控之罪。法官的推论认为：指控罪行为真的可能性很高，而唯一有证据支持的D无罪的情形（即不在场故事）又被完全反驳（通过指纹证据和那盘录音带）。因为对D的罪行并没有可察觉的怀疑，所以将他定罪不违反他对风险Ⅰ的豁免。如果D自己的和W的证词未被反驳，那么对D定罪就违反了这种豁免。

对D的定罪仍然将他暴露在了风险Ⅱ之下，因为他仍可能是无辜的。例如，D可能由于真正的抢劫犯贿赂了警察而被腐败警察构陷；又或者，他与W共谋的不在场证明，可能在他看来只是为了逃脱错误定罪的唯一机会。然而，这些情形都是完全没有证据支持的。这些理论上的情形不能产生一个合理的怀疑。

这些关于证明的要求——以及在被告与控方之间的相应错误风险分配——应该全面而无差别地适用。不应准许在这些要求和所审判的犯罪之严重性之间进行权衡变通。这些要求应该在盗窃罪审判中与谋杀罪审判中同等适用。被告反对被施加这种风险的权利，应当在这两种犯罪中得到平等尊重。如果这种权利不被尊重——例如，某人被判盗窃罪，尽管存在有证据支持的无罪可能性，并且控方未能对此全面反驳——那么对该人的定罪就没有满足“平等最优”标准。未能满足该标准会使有罪判决不合法，因为被定罪的人未受到与这个国家其他公民同样的关怀与尊重（同样的事实认定上的“最优”）。类似的，如果谋杀罪审判中的法官

使被告豁免于风险Ⅱ，因此根据没有证据支持的无罪可能性而判他无罪；那么，其他刑事被告人可以正当地要求从该法律制度中得到同样的事实认定上的“最优”。使一项裁判得以正当化的理由，只有当裁判者需在未来的案件中适用它们的时候，才有资格作为“理由”[19]。因为理论上的怀疑存在于每个案件中，所以所有的刑事被告人都有权被判无罪。

法律制度可以为这些要求设置一个例外。该例外在可仅处以罚 180
金和禁令的行政违法（administrative violations）案件中，使被告人同时承担了风险Ⅰ与风险Ⅱ。在这类案件中，功利主义考虑能够使剥夺被告对风险Ⅰ的豁免正当化。这类被告人仅有权得到满足“平等”要求的事实认定，而不是满足“平等最优”要求的事实认定。该观点坚称：“平等最优”标准只适用于刑事案件的审判，不适应于行政案件的审判。这一观点在行政法领域中引出了重要的论题，这远超出本书的计划。因此我不讨论这一观点。

另一种例外区分了刑事被告人能够提出的不同种类的全面和部分无罪论证。首先，被告可以否认涉嫌犯罪。很显然，为了获得定罪判决，控方必须反驳任何这种否认，达至排除合理怀疑的程度。对此应当适用一般的证明要求。其次，被告可能仅仅是表面上看起来涉嫌犯罪行为，但被告所实施的行为可能具有正当性。例如，被告的行为可能是出于自卫或有法律授权。此种情况下，被告与其他无罪的公民没有什么区别。实施了表面上看起来像是犯罪的自卫行为的公民，与待在家里因而没有实施看起来错误行为的公民之间，并无有效的道德区别。试图在一定程度上区分二者，也只能得出偏向实施自卫行为的人的结论。待在家里是一个道德中性行为——既不受谴责也不受表扬；针对罪犯进行自卫则与之不同。自卫行为不仅是保护了预期的受害人，而且阻止了罪犯从其他潜在的受害人身上获取利益，所以这种行为不是中性的，

〔19〕 参见 Frederick Schauer，Giving Reasons (1995) 47 *Stan. L. Rev.* 633。

而是值得赞扬。[20] 因此，应当要求控方以排除合理怀疑的程度反驳被告可能提出的任何正当性辩护。[21]

最后，被告的行为可能只是在一般的（而非个人的）责任维度上被认定为犯罪。对于一般构成犯罪的行为，被告的个人责任可能因为一个宽恕理由（excuse）而削减或完全免除。在恰当的情况下，被告人可以提出宽恕辩护（excusatory defence），但不是
181 将其作为一个权利问题——就像在被告表面上的犯罪行为具有正当性的情形中那样——而是将其作为一个自由社会愿意做出的对人类弱点的仁慈或特免问题。[22] 基于犯罪者的个人环境或品格的大多数刑事辩护，就是这种情况。这些条件或品格诸如：精神错乱，年幼，胁迫，减轻责任（包括杀婴案中的减轻责任），中毒，及时中止犯罪，还可能包括挑衅与“约定自杀”（在它们减轻故意杀人责任的限度内）。[23] 其他宽恕理由的例子还包括：缺乏构成严格责任行为的过失，诚实但仍然有过失的事实认识错误，以及在少数案件中的良好动机与法律认识错误。[24] 概言之，前述正当性辩护涉及行为的一般和非个人化特征，它们消除了那些本应受谴责和构成犯罪的行为的应受谴责性。宽恕辩护则相反，它聚焦于行为者的个人特点与环境。一项宽恕辩护（部分或全部地）消除了行为者的责任，但没有消除行为的应受谴责性。[25]

因为宽恕理由是一种特别的辩护——关涉行为者但不关涉行为，提出宽恕理由的被告并未主张自己与所涉及的犯罪行为无关。

---

〔20〕 参见 Paul H. Robinson，Criminal Law Defenses：A Systematic Analysis (1982) 82 *Colum. L. Rev.* 199，236（在多数现代法典中，自卫都是一个正当事由）。

〔21〕 参见 Alex Stein，Criminal Defences and the Burden of Proof (1991) 28 *Coexistence* 133，138－9；Alex Stein，After *HUNT*：The Burden of Proof，Risk of Non-Persuasion and Judicial Pragmatism (1991) 54 *M. L. R.* 570。

〔22〕 参见 H. L. A. Hart，*Punishment and Responsibility* (1968)，pp. 13－4.

〔23〕 Criminal Defences and the Burden of Proof，前注〔21〕，138。在英国，挑衅和自卫属于普通法中的辩护事由，不需要以优势证据证明。为了从这样的辩护中获益，被告人只需提出合理怀疑。参见 *Woolmington v DPP* [1935] AC 462 (HL)．也可参见后注〔33〕。

〔24〕 Criminal Defences and the Burden of Proof，前注〔21〕，138－9。

〔25〕 参见 George Fletcher，*Rethinking Criminal Law* (1978)，pp. 576－9。

他们也未尝试辩解自己行为的正当性。这些被告只是提出了特别的对其个人的宽恕请求。因此，他们对于事实认定之"平等最优"标准的权利，不像其他刑事被告人的权利那么明确。为什么允许他们要求该标准凌越社会功利?"平等最优"标准只能平等地适用，然而仅提出宽恕辩护理由（而不是提出正当性理由或直接否认涉嫌犯罪）的被告人，主张应当将自己与别人区分开。实际上，许多考虑因素支持将说服责任转移给可能提出宽恕辩护的刑事被告人。具体来说，就是要求此类被告提交优势证据来证明自己的宽恕理由。〔26〕

首先，正如第五章所言，这一要求使事实认定错误的发生率最小化，使得出正确裁决的数量最大化。这种有益于社会的结果， 182
可以合理地受到无辜个人不被错误定罪权利的限制。但是这种限制条件有实质性的（而非仅仅技术上的）含义。无辜要么意味着没有实施犯罪行为，要么意味着行为具有正当性。实施了犯罪行为的人，不能凭借一个宽恕理由而变得实质上无辜，即便该理由会导向一个无罪判决。任何这样的人都是"因为宽恕而无罪"，不是"因为无辜而无罪"。所以，能够使一个人得到宽恕的理由，没有根据事实本身而使他获得超越社会功利的权利。不愿惩罚这样的人的社会，可能也同样不愿意使自己受损。〔27〕

其次，使从事了构成犯罪但可宽恕的行为的人免责的判决，应当避免向整个社会发出一般的规范性信息。这类裁判一定不能凝结为规范，使个人可据以规划他们的行为。如果让所有提出宽恕辩护的被告人都享受怀疑的利益，宽恕理由将会很快转变成一项规范，这会削弱对损害社会行为的阻却效应。再说一遍：仁慈自由的社会也不需要自我损毁。因此，承认宽恕理由的裁判为了不发展成先例，必须要个别化。在这些裁判中，积极错误也应越少越好。〔28〕

相关的，为了避免将宽恕理由转变为一般的行为指导标准，

〔26〕 这一论证受到了以下文章的批评：Timothy H. Jones，Insanity，Automatism，and the Burden of Proof on the Accused (1995) 111 *L. Q. R.* 475，495－7。参见前文第 149 页（本书页边码——译者注）注〔19〕。

〔27〕 Criminal Defences and the Burden of Proof，前注〔21〕，139。

〔28〕 同前。

裁判者应当享有对宽恕的自由裁量权（而非职责），逐个案件地行使这种裁量权。按照这种方式，宽恕理由将会成为裁判者的裁决规则，但不会成为整个社会的行为规则。为了维持这两套规则的分离〔29〕，裁判者需要自由裁量权。如果任何关于宽恕事实的合理怀疑都会自动得出有益于被告的裁决，这种裁量权——以及相应的裁判者个别认定宽恕理由的能力——就会削弱。若采用优势证据标准，这种裁量权更可能个别化。〔30〕

上述建议与现行法律相差不远，但是仍未被采纳。〔31〕在英国及美国，立法者和法官按照惯例都会要求刑事被告人以优势证据证明“积极抗辩”（affirmative defence）〔32〕，包含精神错乱、减轻责任、挑衅、自卫，以及任何对某个法定罪行的“例外、豁免、
183 限制、宽恕理由或者限定条件”〔33〕。这些规则和裁定从其潜在动机来看，主要是实用性的，而非原则性的。

三、证据排除

根据“平等最优”标准，排除合理怀疑的证明不等于很高的

---

〔29〕 参见 Meir Dan-Cohen，Decision-Rules and Conduct Rules：On Acoustic Separation in Criminal Law（1984）97 *Harv. L. Rev.* 625。

〔30〕 Criminal Defences and the Burden of Proof，前注〔21〕，140。

〔31〕 长久以来其背后的观念就影响着刑事证明理论。参见 Alex Stein，From Blackstone to *Woolmington*：On the Development of a Legal Doctrine（1993）14 *J. Leg. Hist.* 14。

〔32〕 McCormick，*On Evidence* Vol. 2（4th edn.，1992），pp. 481－5.

〔33〕 这是英国法中的界定，它既适用于普通法，也符合《1980 年治安法庭法》第 101 条。参见 Paul Roberts and Adrian A. S. Zuckerman，*Criminal Evidence*（2004），pp. 374－84。在英国，对于精神错乱抗辩，以及其他的法律明确要求由被告人承担说服责任的抗辩事由，被告人必须达到优势证明标准。参见 Roberts and Zuckerman，同前，373－374。人权法学的发展强调了，根据《1998 年人权法案》第 3 条，司法机关有权力在为确保无罪推定的限度内修正此类条款。其实践意义在于将这些条款重新解释为：只是给被告人施加了举证责任，而不是说服责任。为了被判无罪，被告人只需要提出关于相关抗辩事由的合理怀疑即可。参见 *R v. Lambert* [2002] AC 545（HL）；*Sheldraake v. DPP* [2005] 1 AC 264（HL）。也请参见 Paul Roberts，Drug-Dealing and the Presumption of Innocence：The Human Rights Act（Almost）Bites（2002）6 *Int. J. Evidence & Proof* 17。

有罪概率。这一概率还需要建立在一个足够有力的证据基础上。使用第三章所建构的术语来说，这一概率要有足够的分量。为了满足这一要求，它需要具有能涵盖指控的事实基础、按照 PMI 的要求受到最大个别化检验的证据支持。如果任何一个条件未得到满足，国家就没有为被告提供针对错误定罪的最优平等保护。在这种情况下将被告定罪是不合法的。

这一标准将任何破坏“平等最优”标准的证据都列为不合法和不可采。未满足 PMI 的证据就会破坏这种标准。未受到最大个别化检测的证明被告有罪的证据，将被告暴露在不合法的错误定罪风险中。这样的证据应被排除。

按照这一框架，运用品格证据（如先前定罪记录）以在被告品格与他的行为之间建立因果联系的尝试，几乎总是会失败。〔34〕建立这种联系的论证，对于某些情况是适用的，但不是适用于所有情况。因为，人们的行为有时与其品格一致，有时又不一 184
致。〔35〕因此任何此类论证都不可避免具有不确定性。使它具有确定性是不可能的，因为没有办法检验以下假设：在审判所涉及的事件上，被告人的行为与其品格一致。可以找到表明被告人以这种方式行为的概括，但是这一涵盖的一致性只是多个可选项之一。更关键的是，它不会受到被告的个别化检测。不存在一种将该涵盖一致性与被告的具体个案相连接的**可检验的**方式。

---

〔34〕 参见《联邦证据规则》404（a）。正如德沃金所写道的：“根据对一个阶层的判断而将一个人送往监狱，尽管可能是准确的，但却是不正义的，因为这否定了其作为一个人受到平等尊重的权利。” Ronald Dworkin，*Taking Rights Seriously*（1978），p. 13.

〔35〕 正如 Acorn 所解释的：“接受以下前提的过程中，包含着信念的跳跃：在过去事物以某种特定方式发生，或者被观察到以某种特定方式发生，所以现在和将来，它们也会继续被观察到以相同的方式发生。这种关于稳定性和一致性的假定……无法被证明其真实性。很显然……正是基于人们有能力改变过去行为和做出自由选择这一基本信念，普通法认为关于人类行为的稳定性和一致性假定是错误的。” 参见 A. E. Acorn，Similar Fact Evidence and the Principle of Inductive Reasoning：*Makin Sense*（1991）11 *OJLS* 63，68－70。然而，请参见 Mike Redmayne，The Relevance of Bad Character（2002）61 *CLJ* 684（基于对累犯的实证统计数据，支持采纳先前定罪记录作为不利于被告人的证据）；Roger C. Park，Character at the Crossroads（1998）49 *Hast. L J*. 717，756－779（表达了对以累犯实证数据支持采纳先前定罪证据的怀疑）。

指纹证据也依赖一个概括。这个概括认为：两个人的指纹几乎不可能完全相同；因此，每个指纹实际上是独一无二的。这个概括与关于被告品格的证据一样都是统计性的，但是被告人可以检验和有意义地反对这一概括对于他的案件的适用性。犯罪现场的指纹与其他证据结合起来显示了犯罪人是如何实施犯罪的。犯罪人杀死被害人的枪支上的指纹，与该枪支以及被害人尸体上的伤口结合在一起。被害人房门上的指纹与其他指向被告在这间房屋出现（或未出现）的证据结合在一起。这些以及其他的具体个案性质的交互联系，使得指纹证据受到个别化检测。例如，指纹证据所指控的被告人，可以提供自己不在场的证言。该指纹证据影响了证言的可信性，因为前者降低了后者为真的可能性。但是该证言仍未被证伪，直至控方提出一个对被告之不在场证明的具体个案性反驳。反驳该不在场证明的具体个案证据，同将被告人与犯罪现场联系在一起的指纹统计证据形成了合力。此时被告人可能被认定有罪。

品格证据无法形成这样的交互联系。这种非个别化的特征使得品格证据有缺陷。品格证据背后的概括——“坏人易于犯
185 罪”——过于一般化。它意图证明太多内容，也因此证明不了什么内容。现在我们假定：前面例子中的被告有一项刑事犯罪记录，该记录表明他是“一个有着通常倾向于犯罪的坏品格的人”。这类记录还证明了被告的不诚实，从而影响了其证言的可信性，降低了证言内容为真的概率。然而，在控方运用具体个案证据反驳该证言之前，该证言未被证伪。这一犯罪记录增加了被告是一个虚假证人的可能性，在这个意义上，犯罪记录与该证据形成了交互联系。然而，无论如何，在被告的一般犯罪倾向与本案的其他具体个案证据之间，都不存在结合关系。例如，被告人的倾向性，不能与其不在场证言结合，也不能与倾向证明被告有罪的指纹证据结合。这种倾向性通常会转化成的精神或情感力量，既不能驳倒被告的不在场证明，也不能使他留在被害人门上的指纹变得更有效力。这些精神或情感力量，属于一个不同的一般性层面，在这个层面上它们不会反驳具体个案证据，或者被具体个案证据反

驳。因此，品格证据不会以任何可检验的方式与具体个案证据结合。我们只能让品格证据优于具体个案证据，或者让具体个案证据优于品格证据。法律一般偏向后一种选择。[36] 这种基本的偏向性是对 PMI 的体现。

基于相同的理由，法律区分了品格证据与证明被告实施涉诉犯罪之动机或机会的证据。法律还区分了品格证据与证明被告之“意图、准备、计划、知识、身份、无过错或意外”等的证据。[37] 任何此类证据都确认了一个涉及被告人的具体事件。更关键的是，此类证据总是与具体个案式的证明相结合，这一特征使它们可以受到个别化检测。[38] 因此这些证据是可以采纳的。[39]

这类证据的一个范例是行事方法（modus operandi）。这一概 186
念所指的，是被告人在多个犯罪场合中表现来的特别行为方式，以至于他的行为能够被比喻成（正如经常发生的那样）在犯罪现场的签名。在这种情况下，构成证据的是被告在不同场合中行为方式的相似性。这种具体个案证据，和被告在统计学上与社会对有邪恶动机之人的共性建构之间的联系，有质的不同。*Makin*[40]、*Smith*[41] 和 *Straffen*[42] 这三个著名英国案例证明了这一点。

---

〔36〕 但是美国《联邦证据规则》413、414 和 415 通常允许控方以相似犯罪证据证明性侵和猥亵儿童行为。这些规则与我的思路相反。对这些规则的有力的女权主义批评意见，参见 Katherine K. Baker，Once a Rapist? Motivational Evidence and Relevancy in Rape Law (1997) 110 *Harv. L. Rev.* 563（认为《联邦证据规则》413、414 和 415 的适用可能会造成对强奸犯的刻板印象，这既会侵蚀刑事司法制度的公正性，也会使非标准的受害人变得更脆弱）。

〔37〕 参见美国《联邦证据规则》404（b）。

〔38〕 这一特征与 Hailsham 法官在 *DPP v Boardman* [1975] AC 421（HL）案件中提出的以下著名区分类似：基于事实的、因此也是可允许的从被告人以前行为做出的推理；基于道德的、因此是不可允许的从被告人的“坏人”肖像做出的推理。

〔39〕 采用 Acorn 的术语来说，这类证据应当被采纳，是因为它们“提出了要具体得多的概括形式，包含了被告人的基本情况、具体犯罪行为和该行为的可识别特征”。参见前注〔35〕，73。重申一遍：在事实认定者根据此类证据做出的推论与指向被告人一般品格的证据之间没有分析上的差别。这些推论都暗含了统计。将这两类证据区分开来的，是它们是否会受到被告人的个案具体化检验。

〔40〕 *Makin v Attorney General of New South Wales* [1894] AC 57（HL）.

〔41〕 *R v Smith* (1915) 11 Crim. App. 229.

〔42〕 *R v Straffen* [1952] 2 All ER 657（CA）.

在*Makin*案中，由被告人照料的儿童被发现掩埋在被告人的花园中。在*Smith*案中，被告人连续三任妻子都死于浴缸中。每位妻子的死亡都给被告带来了大量金钱利益（遗产或人身保险理赔金）。在*Straffen*案中，为了证明被告人勒死了一名年轻女孩、抛弃裸尸但未对其进行性侵，法官允许控方提出以下证据：在另外两起案件中，被告人勒死了年轻的女性，没有对她们进行性侵，但将尸体赤裸着留在了犯罪现场。在这些案件的每一个中，事实认定者都必须使用关于行为一致性的假定，因此指向了概括。然而，这些概括并非试图通过被告各自的个性和倾向性来证明被告的行为。毋宁说，每位被告的行为，是通过将该行为与被告在以前场合中留下的**痕迹**进行事实上的（因此也是道德中性的）比较而得到证明的。〔43〕被告能够对这种比较进行个案具体化检验。这一决定性因素使对被告的定罪判决符合PMI。〔44〕

187 当品格证据被用来弹劾目击证人时，会产生更复杂的问题。由于前文所述的原因，一个人与“坏人”的归类联系，看起来不

〔43〕“痕迹证据”（trace evidence）的概念源于H. Richard Uviller, Evidence of Character to Prove Conduct: Illusion, Illogic, and Injustice in the Courtroom（1982）130 *U. Pa. L. Rev.* 845，847（区分了痕迹和预测性证据）。

〔44〕Chris William Sanchirico, Character Evidence and the Object of Trial（2001）101 *Colum. L. Rev*, 1227. 这篇文章也区分了痕迹证据和一般品格证据（或者说预测性证据），但是出于完全不同的目的。按照作者的想法，排除品格证据的规则是为了规制法庭之外的行为（“主行为”）。因为品格证据已经存在了，刑事被告人也无法消除它，采纳品格作为定罪证据不会影响人们的“主行为”。因此，通常应该排除此类证据。相反地，痕迹证据会随着行为的变化而改变。一个人产生或不产生此类证据，取决于他选择如何行为。因此，通常应该采纳痕迹证据。用Sanchirico的话来说：“根据痕迹证据决定奖惩，是唯一可以通过奖惩来改变行为的办法。随行为的改变而调整奖惩，是制造激励的唯一方式。”同前，第1235页。进一步的阐述参见第1259－1263页。这一观点也通向了Sanchirico的更一般性主张，即主行为应当受到法律制裁的直接调整，而后者又是基于对特定证据种类的举证。参见Chris Sanchirico, Games, Information and Evidence Production: With Application to English Legal History（2000）2 *Am. L. & Econ. Rev.* 342；Chris Sanchirico, Relying on the Information of Interested—and Potentially Dishonest—Parties（2001）3 *Am. L. & Econ. Rev.* 320。正如本书第一章所述，此类直接激励机制（类似于为了事实认定以外的原因而使用的其他证据机制）不属于证据法的范围。毋宁说，它们属于相应的实体法分支，如侵权法、合同法或刑法。出于这个理由，此处我仅仅是说明了Sanchirico理论的重要性，但不展开讨论它的价值和局限性。

能支持“他是伪证者”这一推论。然而，如果一个法律制度不允许刑事被告人运用控方证人的坏品格去弹劾他们，是存在问题的。在这样的制度中，刑事被告人无法提出所有的关于指控的合理怀疑。例如，一名控方证人以前所犯的严重罪行表明了他的恶劣品格。这就提供了一个认为该证人不值得信任的合理基础——这正是被告想要主张的，以此提出关于他有罪的合理怀疑。禁止这种主张有深层的问题。如果该被告被定罪，定罪判决不符合“平等最优”标准。鉴于这一法律制度会全面适用，该被告受到的对待与其他刑事被告无异。刑事司法制度对待该被告的方式符合平等标准。然而，这种对待方式没有为该被告提供针对错误定罪所能合理做到的最优保护。

上述观点支持以下非对称性的理论：控方证人可以受到基于品格的弹劾，而辩方证人尤其是被告人则免于品格攻击。或者，除刑事被告人以外的所有的证人，在作证时都可受到品格弹劾。作证的被告人可享有这一特别豁免，直至他决定提出品格作为一个争点（提出将自己描述为好人的证据，或者对其他被告人或控方证人提出品格攻击）从而放弃豁免。〔45〕

但上述观点并不必然正确。假设先前定罪证据代表了坏的品格，我们可以想象这样一个具有先前定罪记录的整体：其中既包括在本案中有罪的被告人，也包括在本案中无辜的被告人。在这 188
个整体中，无辜者显然想区别于有罪者，从而获得无罪判决。但有罪者不这么想，他们中的很多人会提供虚假陈述，以求与无辜者混同。对这种或类似情境非常重要的一点是，犯罪记录应具有有限的证据能力。被告的先前定罪只可以作为影响其证言可信性的一个额外因素而发挥功能。当存在不相信其证言的具体个案理由时，被告的犯罪记录必然会进一步削弱该证言为真的可能性。

---

〔45〕 关于此问题的深刻讨论参见 Richard Friedman, Character Impeachment Evidence: Psycho-Bayesian ［!?］ Analysis and a Proposed Overhaul （1991） 38 *UCLAL. Rev.* 637。

当不存在此类理由时，被告的犯罪记录就不会影响证言真实的可能性。此外，被告人愿意冒险接受先前定罪弹劾，也传递了可信的信号。在自证清白的时候，被告向事实认定者传递了以下信息："我的证言是真的。不存在不信任我证言的任何具体个案理由，你也找不到这样的理由。因此，我愿意冒险面对以下情境：这样的理由与我的先前定罪记录相结合而摧毁了我的可信性。"因为这种信号具有很昂贵的潜在成本，它有力地指向了被告作为证人的可信性，除非控方提出了具体的理由来反驳其证言的可信性。[46]

很显然，罪犯会比无辜者留下更多的定罪痕迹。平均来看，使被告辩称自己无罪的证言变得不可信的理由，主要出现在被告有罪的案件中。对于罪犯而言，被这样的理由所质疑的预期可能性，要远远高于无辜的被告人。因为这样的理由与被告人犯罪记录的结合，对被告人作为证人之可信性是潜在毁灭性的，所以许多有罪的被告人会选择不在辩护中作证，由此将自己从被告人这个整体中区分出来。[47] 这种区分提高了无辜者提供的无罪陈述的可能性。需要注意的是，使这种自我筛选机制运转的昂贵信号(costly signalling)，只有在允许控方使用被告先前定罪记录对其进行弹劾的法律制度中才有可能。在被告豁免于这种弹劾的法律制度中，更多的无辜者将会发现，他们无法可信地向事实认定者传递无辜的信号。[48] 而且更多的罪犯会估计，质疑他们所编造的无辜故事的理由，自身不会足够有力以至于消除所有对他们罪行的合理怀疑。更多的罪犯会与无辜被告人混同，从而增加错误定
189 罪的发生率。因此，在允许这种豁免的制度中，会有许多不幸的无

〔46〕 更多的细节参见前文第 164 - 166 页（本书页边码——译者注）。关于指示可信性的昂贵信号的一般讨论，参见 Ian Molho，*The Economics of Information：Lying and Cheating in Markets and Organizations*（1997），pp. 63 - 80，97 - 101。

〔47〕 当然，假定事实认定者不会从被告人的沉默中做出任何不利推论。参见前文第 158 - 164 页，以及后文第 200 - 204 页（本书页边码——译者注）。

〔48〕 事实认定者会将他们的自我辩解陈述视为"廉价话语"。参见 Molho，前注〔46〕，97 - 8。

辜者，因为不能使用客观证据补强自己的无罪证言而被定罪。〔49〕

根据在美国〔50〕以及直到最近还在英国〔51〕适用的传闻规则，一项庭外陈述（或者其他故意的表达意思的行为）不能被采纳以用作证明其内容真实性的证据。这类陈述通常是因为缺少交叉询问而被排除。因为做出陈述的人（陈述人）不能被交叉询问，所以无法恰当地检验该陈述的可信性。〔52〕既然传闻规则要求未经检验的证言不能用作定罪证据，该规则与 PMI 相符。根据 PMI，如果没有办法对一项证明被告有罪的庭外陈述的个别化（而非一般化）证明根据进行检验，事实认定者就不会使用该陈述作为认定其内容真实性的证据。被告应该能够使任何这类陈述受到最大个别化检验，一般是通过交叉询问陈述人而实现的。当传闻规则的运行对被告人有利时，它被 PMI 赋予了完全的正当性，使被告人豁免于错误风险。〔53〕

然而，还有各种较弱形式的传闻陈述，可以被作为证据使用。这些形式的传闻通常符合现有的传闻规则之例外。根据 PMI，当控方使用一项传闻陈述作为不利于被告人的证据时，只有两种使其可采的方法。如果被告人能够（在庭审或者先前程序中）对陈述人进行适当的交叉询问，那么这个陈述人做出的牵涉被告人的传闻陈述就可以被采纳为证据。〔54〕或者，如果被告人获得一种与交叉询问陈述人在功能上等同的替代手段，这种陈述也可以被采纳为不利于被告人的证据。强调陈述人的证言因素——与所审判 190

〔49〕 正如第五章所解释的，这种观点也可以基于成本—收益理由。

〔50〕 参见例如，《联邦证据规则》801-807。

〔51〕 参见 Zuckerman，前注〔4〕，179-83。

〔52〕 参见《联邦证据规则》801。更宽泛的界定参见 *Wright v Doe d. Tatham* (1837) 7 A&E 313；*R v Kearley* [1992] 2 All ER 345 (HL)。

〔53〕 正如 Park 所观察到的："传闻规则有助于……使对罪行的确定个别化……只有当裁判者的决定不是以信任或反对政府的投票方式，而是以特别化地确认具体被告的罪行的方式，才能实现个别化目标。" 参见 Roger C. Park, A Subject Matter Approach to Hearsay Reform (1987) 86 *Mich. L. Rev.* 51，102。

〔54〕 参见 *Crawford v Washington*，541 U.S. 36 (2004)；*California v Green*，339 U.S. 149 (1970)。

事件有关的感知、记忆、陈述以及真诚性——的基础事实证据(foundation-fact evidence),构成了这种替代手段的基础。[55] 因为证人是以其亲身知识对这些因素作证(否则这种证言就属于双重传闻,不具有可采性),而且能够让被告进行充分的交叉询问[56],所以这种证据总是能够满足 PMI 的要求。

上述可采性路径也引出了对事件陈述(*event-statements*)与程序陈述(*proceeding-statements*)的基本区分。第一类传闻陈述是非证言性质的,它包括陈述人在法律程序之外、某个事件发生过程之中,以明示或暗示方式做出的任何陈述。第二类传闻陈述是证言性质的,它包括在庭审、大陪审团聆讯或警察讯问等法律程序中作出的陈述。[57] 如果有一名证人根据其直接知识为某事件陈述的内容及作出环境作证,那么该事件陈述即可用于自证其真实性。当该环境包含了关于陈述人感知、记忆、叙述和真诚性的基本信息时,该陈述即可采。也可以由两个或更多独立的证人提供这些信息。通过这些信息,事实认定者能够考量该陈述与该事件的互动关联情况。因为提出这些信息的证人会受到关于该信息关联情况的交叉询问,所以法庭采纳该陈述没有违反 PMI——即使陈述人本人不会受到交叉询问。被告人能够就陈述人与事件之间的**直接**关联而交叉询问目击证人,这足以替代对陈述人本人的交叉询问。

一项程序陈述是与陈述人在程序中的问答过程而非事件本身有互动联系。要想采纳此类陈述作为指控刑事被告人的传闻证据,就必须赋予被告人对陈述人进行交叉询问的机会。被告人应当在

---

〔55〕 参见 Eleanor Swift, A Foundation Fact Approach to Hearsay (1987) 75 *Calif. L. Rev.* 1339。

〔56〕 同前,1356 - 61。

〔57〕 这一区分吸收了以下文章中所提出来的有说服力的宪法观点:Richard D. Friedman, Confrontation: The Search for Basic Principle (1998) 86 *Geo. L. J.* 1011(刑事被告人应享有交叉询问每个提供归罪信息之人的强大权利,这种权利不仅涵盖当庭证言和宣誓陈述,而且扩展至有证明意图的任何其他陈述)。

该程序之中具有这种机会。否则，陈述人就必须在对被告的庭审
中受到交叉询问。除此之外，没有别的方式能使程序陈述满足
PMI。这类陈述本身不会提供关于陈述人与所审判事件之间的**直
接**关联的信息。而且，正如美国最高法院近来强调的，采纳程序 191
陈述作为将被告定罪的证据，破坏了被告与国家之间的力量平衡。
之所以会破坏这种平衡，是因为国家可以单方面控制对该陈述的
提供，由此就有能力操纵它。〔58〕

为了看清事件陈述与程序陈述之间的区分是如何发挥作用的，请考虑传闻规则之既成事实（res gestae）例外。〔59〕根据这一类例外，陈述人形成感知（或经验）过程中即时做出的解释或者描述相关事件（或感觉）的传闻陈述，是具有可采性的。传统观点是依据关于陈述人自发反应的理论，来为这些例外提供正当性的。该理论认为，自发反应排除了刻意或有意识的歪曲（但不包括无意识的歪曲）。〔60〕但是这种论证是有问题的，因为它没有考虑到庭外证人出于好的信念所犯的错误。需要强调的是：传闻的危险不仅包括不诚实，而且包括误导性的（尽管是诚实的）事件陈述、记忆错误和感知错误。〔61〕既然如此，应当如何证成采纳既成事实陈述作为不利于刑事被告人的证据这一做法呢？

PMI 提供了所需的正当性基础。属于传闻规则之既成事实例外的那些陈述，都是符合 PMI 的事件陈述。为了使此陈述可采，举证方需要提供一名证人，该证人以其亲身知识就该陈述和所审判事件之间的相互关联作证。任何此类证人都必须对该陈述的背景情况作证。具体来说，他必须提供表明陈述人是自发性地作出该陈述的信

---

〔58〕 参见 *Crawford v Washington*，541 U. S. 36（2004）。美国法院进一步发展了 *Crawford* 案中的规则。参见 *Snowden v State*，846 A2d 36（2004）；*People v Sisavath*，118 Cal. App. 4th 1396，1402（2004）；*In re T. T.*，815 N. E. 2d 789（2004）。请比较 *People v Moscat*，777 N. Y. S. 2d 875，880（2004）。

〔59〕 参见《联邦证据规则》803（1）-（3）。

〔60〕 参见例如，Edmund Morgan，*Basic Problem of Evidence*（1962），pp. 340-1。

〔61〕 Edmund Morgan，Hearsay Dangers and the Application of the Hearsay Concept（1948）62 *Harv. L. Rev.* 177.

息。该陈述的反对方，应当能够就这些信息以及其他与陈述之可信
192 性有关的信息而交叉询问该证人。这种交叉询问符合 PMI。在典型案件中，它几乎与对陈述人本人的直接交叉询问同样有效。[62]

这种正当性论述，同样可以扩展至那些现有传闻规则例外使其可采的几乎所有的书面文件证据。商业和公共记录[63]这种事件陈述，非常具有代表性地例证了这些例外对 PMI 的遵循。[64] 这种记录文件可以被采纳作为证据使用，因为它们记录了在商业或公共服务的常规活动中发生的事件。但是制作这种文件本身也应当算作一个常规性的行为，而且具有亲身知识的人必须是在事件发生时或者随后立即制作该文件。[65] 任何此类记录不仅与所记载的事件相互关联，而且自身构成一个事件（即数据记录事件）。具有亲身知识的证人，必须提供关于上述信息的证据。该证人（组织机构或者商务活动的内部人士）必须证明这份记录属于该组织的常规性文件。证人能够就关于该记录的以下事项接受有效交叉询问：这份记录在该组织内部的功能重要性，以及这份记录与所记载事项之间的相互联系。这种交叉询问满足了 PMI 的要求。

一项裁决被告人犯有某个罪行的终局判决，属于程序陈述。因为这个原因，采纳该判决作为证明其内容真实性的证据，通常适用于民事审判。在刑事审判中，一项有罪裁决除了在具有相关性且以弹劾为目的时会被采纳外，仅仅当其所定罪的被告人正是当前案件中的被告人的情况下，才会被采纳为对被告人不利的证

---

〔62〕 还应允许被告人就超出主询问范围的事项交叉询问证人。在美国法律体系中，这种特别的许可经常是有必要的。参见《联邦证据规则》611（b）。如果对作证证人的附加询问，是关于陈述人的陈述可信性，那么法庭通常都会允许。参见《联邦证据规则》806。

〔63〕 参见《联邦证据规则》803（6）-（12）、（14）、（17）。

〔64〕 将文件材料转化为可采证据的其他传闻规则之例外［《联邦证据规则》803（13）、（15）、（16）］通常不适用于刑事诉讼。根据这些例外采纳传闻性文件作为不利于刑事被告人的证据，不符合最大个别化原则和“平等最优”标准。

〔65〕 参见《联邦证据规则》803（6）。

据。〔66〕 根据 PMI 的可采性标准——陈述人受到被告人的交叉询问，该标准适用于所有程序陈述——这一规定是有道理的。因为被告人在之前对他的审判中有机会交叉询问证人，所以对这种裁决的采纳并不违反 PMI。

所有这些规则都会受到一般性的失权原则的限制。被告人可以不对控方提交的传闻证据提出异议，从而失去他根据这些规则所享有的权利。〔67〕 或者，被告人的错误行为也会导致失权。如果 193
被告人错误地妨碍了陈述人作为证人出庭作证，那么该陈述人的陈述就可以作为证据而被采纳。〔68〕 为了使这类陈述可以根据失权规则获得可采性，基础性的事实（即被告人错误地阻止了陈述人这一事实）必须有优势证据加以证明。〔69〕

根据 PMI 和“平等最优”标准，传闻规则的功能是单方面的，它对控方而非被告人施加了限制。当一项传闻证据是被告人所能提出的最佳证据时，PMI 反对将该证据排除。排除被告人能够提交的最佳证据，违反了 PMI 和“平等最优”标准。这种非对称性的传闻规则理论，尚未成为法律的一部分。在英国，《2003 年刑事司法法》（Criminal Justice Act 2003）〔70〕 实质上废除传闻规则之前，该规则的可采性门槛既是针对控方也是针对辩方。〔71〕 在美国，被告人的“正当法律程序”和“获得己方证人的强制性程序”〔72〕 宪法权利，则为区分控方和辩方的路径提供了支持。据

〔66〕 参见《联邦证据规则》803（22）。

〔67〕 关于这一问题和相关问题的富有见解的讨论，参见 John W. Strong, Consensual Modifications of the Rules of Evidence: The Limits of Party Autonomy in an Adversary System (2001) 80 *Neb. L. Rev.* 159。

〔68〕 参见《联邦证据规则》804（b）（6）。

〔69〕 参见 *United States v Gray*，405 F. 3d 227，241（4th Cir. 2005）。

〔70〕 参见《2003 年刑事司法法》s. 114（1）（d）；Roberts and Zuckerman，前注〔33〕，632［将《2003 年刑事司法法》s. 114（1）（d）条款描述为：“一个具有最高效力的‘安全阀’式的包容性裁量，可以为了司法的利益而采纳传闻证据”］。

〔71〕 参见 *R v Blastland*［1985］2 All ER 1095（HL）（将一项第三人在庭外做出的对罪行的承认裁定为不可采）。

〔72〕 参见美国宪法第五、六、十四修正案。

此可以认为，这些宪法权利不允许法庭排除被告人所提供的脱罪证据，尤其是当无法合理地期待被告人提交更佳证据的时候。美国最高法院在 *Chambers v Mississippi*〔73〕案中的裁决，也支持了这种观点。在这个案件中，被告人提出了一个证人，该证人作证说：另外一个人曾承认实施了本案被告人被指控的罪行。审判法官拒绝采纳这个第三人的认罪证据。最高法院认为：这种对辩方证据的排除是违宪的。从形式上看，本案被告人是以弹劾为目的而提出该证据的。但对这个判决可以作更宽泛的解释：它基于宪法理由而为辩方传闻证据打开了大门。〔74〕

通过聚焦于对错误风险的分配，"平等最优"标准和 PMI 也解决了传闻的定义难题。对传闻的传统界定方式要么是以陈述为基础（statement-based），要么是以陈述人为导向（declarant-oriented）。以陈述为基础的定义太狭窄，以陈述人为导向的定义又
194 太宽泛。以陈述为基础的定义，将传闻界定为一项庭外陈述，该陈述被提供用以证明其明确断言的内容为真。以陈述人为导向的定义，则聚焦于陈述人的证言机制（testimonial mechanism）——观察、记忆、叙述以及诚实性——是否对于证明他的陈述或行为所表明的事实来说是工具性的。这种定义所关注的是，是否陈述人的证言品质（testimonial properties）附属于事实认定者从该陈述中做出的推论，不管该陈述是言语形式还是非言语形式、是明示的还是暗示的。更一般地说来，这种定义所检验的是，对于其陈述或非言语行为力图证明的事实，陈述人是否在发挥证人的功能。如果对这个问题的回答是肯定的，那么该证人的陈述或行为就属于传闻。以陈述为导向的定义太狭窄，因为它不能扩展适用于除了明确主张以外的其他任何交流或表意行为。以陈述人为导

---

〔73〕 *Chambers v Mississippi*，410 U. S. 284（1973）.

〔74〕 参见 McCormick，*On Evidence* Vol. 2（4th edn. 1992），p. 129；Edward J. Imwinkelried，The Constitutionalization of Hearsay：The Extent to Which the Fifth and Sixth Amendments Permit or Require the Liberalization of the Hearsay Rules（1992）76 *Minn. L. Rev.* 521，542 - 8。

向的定义太宽泛，因为它可以扩展适用于所有的庭外交流（例如被害人在逃离袭击者时，不以言语形式表达出的恐惧），也潜在地使这些陈述不可采。[75] 美国《联邦证据规则》以及各州的类似法令进行了折中权衡。根据这些规则，传闻的定义仅仅包括那些旨在证明陈述人所意图表达的事项之真实性的**有意的**交流。陈述人的交流形式则不重要，言语或非言语、明示或暗示皆可。重要的是陈述人交流他的主张或行为所证明的事实之意图。[76]

这种实用主义的定义虽然可行，但只是用一个难题取代了另一个难题而已。对陈述人交流意图的确定，就是用来取代的难题。[77] 例如，如果一些身份不明的人打电话给被告人并表达出想要购买毒品的愿望，那么他们的要求是否应该被认定为证明了被告人在从事毒品交易呢？在英国，根据以陈述人为导向的传闻定义，上议院将此类证据认定为不可采的传闻。[78] 在美国，在一个针对非法外围下注行为的诉讼中，联邦法院将类似的表达认定为非传闻。[79] 该案控方试图使用身份不明者的通话内容证明其案 195
件，这通电话是打给被告人之一并指示被告人为其在多种运动项目上投注。在裁决该案时，法院强调了英国和美国关于传闻定义的差异。因此，根据美国《联邦证据规则》，我所举的例子中陈述

〔75〕关于对这两种传闻定义的分析，参见 Stephen Guest，Hearsay Revisited (1988) *Curr. Leg. Probs.* 33。

〔76〕参见《联邦证据规则》801 (a)。

〔77〕参见 Eustace Seligman，An Exception to the Hearsay Rule (1912) 26 *Harv. L. Rev.* 146；Edmund Morgan，Hearsay Dangers and the Application of the Hearsay Concept (1948) 62 *Harv. L. Rev.* 177；Ted Finman，Implied Assertions as Hearsay：Some Criticisms of the Uniform Rules of Evidence (1962) 14 *Stan. L. Rev.* 682；Laurence Tribe，Triangulating Hearsay (1974) 87 *Harv. L. Rev.* 957；Michael Graham，Stickperson Hearsay：A Simplified Approach to Understanding the Rule Against Hearsay (1982) *U. Ill. L. Rev.* 887；Olin Guy Wellborn Ⅲ，The Definition of Hearsay in the Federal Rules of Evidence (1982) 61 *Tex. L. Rev.* 49；Guest，前注〔75〕；C. R. Williams，Issues at the Penumbra of Hearsay (1987) 11 *Adelaide L. Rev.* 113；Craig R. Callen，Hearsay and Informal Reasoning (1994) 47 *Vand. L. Rev.* 43。

〔78〕*R v Kearley* [1992] 2 All ER 345 (HL).

〔79〕*United States v Zenni*，492 F. Supp. 464 (E. D. Ky. 1980).

人的陈述不会被认定为传闻。因为，陈述人只是意图表达他们购买毒品的愿望，而非确认被告人的毒品交易身份。然而，以下问题仍是开放性的：陈述人表达其购买毒品愿望的意图，是否也包含了他们向电话那头的听者（即被告人）表达以下意思的意图——被告人作为一个毒品交易者，被期望出售陈述人所要的毒品？与陈述人的陈述相伴的意图，仅仅与他的精神或意识有关，还是也包含了该陈述对听者的交流效果？美国界定传闻的方法，没有为这些问题提供明确答案。

“平等最优”标准和 PMI 共同避免了上述以及其他所有的传闻定义难题。根据这种社会制度。根据这一机制，刑事被告人有权利对任何证据进行最大个别化检测，不管是传闻证据还是非传闻证据。被告人还有权利提出任何证据进行辩护——如果该证据是所能获得的最佳证据，那么传闻或非传闻证据都可以。任何程序陈述（传闻或非传闻）只有在满足以下条件时才可以被采纳为证明被告人有罪的证据：被告人能够在审判中对陈述人进行交叉询问，或者能够在某个先前程序中对陈述人进行充分的交叉询问。对于事件陈述，对交叉询问的某个功能上的替代手段也是可接受的。为了提供能使陈述人庭外陈述可采的替代手段，控方需要提出证据以显示陈述人的证言特性（testimonial traits）。控方的证据必须能反映的这些特性，对于控方指控被告人的主张而言是工具性的。对陈述人进行交叉询问的替代手段是否充分，取决于那些对于理解控方案件有工具意义的陈述人证言特性。工具性的证言特性越多，该充分性要求就越高。在特定情况下，被告人对陈述人的交叉询问是满足 PMI 的唯一手段。若陈述人在被告人的审判中不能作证，他的事
196 件陈述就会被排除。[80] 这一标准可以推出以下简洁的观点：任何证据，不管是否传闻，若不能满足 PMI，就违反了“平等最优”要

〔80〕 *R v Kearley* [1992] 2 All ER 345 (HL) 这个案件为这种陈述提供了示例。相关分析参见 Alex Stein, The Form and Substance of The Hearsay Doctrine (1995) 16 *Miss. C. L. Rev.* 55，57。

求。这样的证据给被告人带来了不合法的错误风险。为了避免这种不合法的结果，法院必须系统性地排除这样的证据。

专家证据的可采性是另一个适用PMI和“平等最优”标准的重要领域。专家证据应当满足美国《联邦证据规则》702和最高法院“多伯特三部曲”（*Daubert*〔81〕、*Joiner*〔82〕和*Kumho Tire*〔83〕三个案件）所确立的标准，才能被美国联邦法院及一些州法院采纳。该标准取代了弗赖伊案（*Frye v United States*）中确立的标准。〔84〕弗赖伊案是具有重要影响的先例，它要求专家证据的可采性取决于潜在理论或方法已得到“持续的和科学的认可”〔85〕。由于受到太多的批判，而且法官也不总是遵循它〔86〕，弗赖伊案的严苛标准在它产生大约七十年后被废除。“多伯特三部曲”所确立的新的可采性标准，要求科学证据受到实证检测和验证。〔87〕根据这个标准，持续的和科学的认可是一个仅仅影响证明价值的因素，而不是影响可采性的因素。在英国，关于专家证据的可采性，法官采取了一个非常自由的方式。英国法庭不仅不遵循弗赖伊可采性标准，而且不遵循采纳科学证据的多伯特标准。〔88〕这种方式在 197
美国拥有一些支持者，他们批评弗赖伊标准和多伯特标准阻止了一些潜在的优秀专家证人。〔89〕

上述争论在很大程度上可以通过适当界定目的而解决。正如已经非常明显的，司法事实认定最终要分配错误风险——在刑事诉讼

〔81〕 *Daubert v Merrell Dow Pharmaceuticals*, *Inc.*, 509 U. S. 579 (1993).

〔82〕 *General Electric Co. v Joiner*, 522 U. S. 136 (1997).

〔83〕 *Kumho Tire Co. v Carmichael*, 526 U. S. 137 (1999).

〔84〕 *Frye v United States*, 293 F. 1013 (D. C. Cir. 1923).

〔85〕 对于弗赖伊规则及其影响的分析，参见 Paul C. Giannelli，The Admissibility of Novel Scientific Evidence. Frye v. United States：A Half-Century Later (1980) 80 *Colum. L. Rev.* 1197。

〔86〕 Giannelli，同前。

〔87〕 第七章对这些标准进行了更全面的分析。

〔88〕 参见 *R v Robb* 93 Cr. App. R. 161，164－166 (1991)；*R v Dallagher* [2002] Crim. L. Rev. 821 (CA)。尤其参见 *R v Luttrell* [2004] 2 Cr. App. R. 31。

〔89〕 参见例如，McCormick，*On Evidence* Vol. 1 (4th edn.，1992)，pp. 871－6。

中即错误定罪的风险，或者错误开释的风险。对该风险的分配，只能由法律已决定采取的道德和政治标准所引导。对于这个标准，科学难以置喙。更具体地说，科学不会回答以下问题：为了不将一名无辜者错判有罪，应该允许错误地释放多少有罪者？它也不会回答：为了不错放太多罪犯，可以将多少无辜者定罪？刑事审判（以及民事审判[90]）中的错误风险分配，不能源于司法对持续的科学进化或科学革命之成败的预测。因此，不能满足弗赖伊标准的科学发现，当用以在刑事诉讼中指控被告人时，都应当被排除。排除这类发现，是因为两个相互关联的原因。首先，不存在**个别化的**方式，将这样一个发现（而不是与之相反的发现）与当前的案件相联系。既然这样的发现不会受到完全的个别化检测，那么采纳它们作为不利于被告人的证据，将会违反 PMI。其次，附属于任何此类发现的错误风险，都是有证据支持的，而非抽象的。所以使用这种发现作为不利于刑事被告人的证据将会直接违反“平等最优”标准。[91]

就如同传闻证据那样，此处的可采性障碍应当只适用于控方提交的证据。刑事被告人应该被允许提交任何专家证据，事实认定者将会评价它的具体个案证明价值。任何其他做法都会与“平等
198 最优”标准有矛盾。

四、优先

“平等最优”标准和 PMI 在不同的事实生成型论证之间设定了等级。其中一些论证要比其他的论证更符合最大个别化的事实认定。PMI 偏好这样论证以及支持这些论证的证据。在最宽泛的意义上，这种**优先策略**（*pre-emptive strategy*）转变为最佳证据

---

〔90〕 但是对于民事案件，由“多伯特三部曲”确立的可采性标准仍然正确。见下文第七章。

〔91〕 关于多伯特标准对于归罪证据之适用性的另一个质疑观点，参见 Margaret A. Berger, Procedural Paradigms for Applying the *Daubert* Test（1994）78 *Minn. L. Rev.* 1345，1352 - 63。但是 Berger 也不支持恢复弗赖伊标准。

原则（principle）。该原则的最直接表现为最佳证据规则（rule），即原始文件优于其复制件的一般性规定。[92] 但是，在原始文件无法获得且并非由提供复制件的一方恶意隐匿或损毁时，复制件仍然会被采纳作为证据。[93] 这一限制条件是基于失权原则：不允许毁弃证据者从他们自己的错误中受益。除此以外，依据纯粹的认识论理由，故意损坏或隐匿证据会产生不利于毁弃证据者的事实认定。所以，对毁弃证据者提交的证据加以排除，与做出恰当的不利推论，可以并行适用。另外，显而易见的是，当对于既存原始文件的内容没有真正争议时，复制件也可采。[94]

基于类似的理由，证人的当庭证言通常优先于该证人的庭外陈述。[95] 传闻规则使得很多庭外陈述不可采。然而，有一些陈述被划归为非传闻，也有一些属于传闻规则的例外。请注意：按照本章提出的理论，当庭外陈述倾向于证明被告人无罪时，或者虽然支持控方案件，但是被告人已获得了对其交叉询问陈述人权利的充分功能替代时，这些例外是具有正当性的。根据最佳证据原则，如果陈述人可以作为证人出庭而且他的证言能帮助事实认定者认定相关事实，那么传闻理论认为可采的一项庭外陈述，仍然可能被排除。在任何此类情况下，陈述人必须出庭作证以接受对方的交叉询问。提交该陈述的一方，不管是被告人还是控方，都必须尽其所能地获得陈述人的当庭证言。[96]

正如前述，由于被告人的暴力、恐吓或者其他不当方式，使 199
控方证人无法在对被告人的审判中出庭作证时，控方应当被允许

〔92〕《联邦证据规则》1004。

〔93〕《联邦证据规则》1004（1）。

〔94〕《联邦证据规则》1003。

〔95〕参见 Dale Nance，The Best Evidence Principle（1998）73 *Iowa L. Rev.* 227。请比较 Michael L. Seigel，Rationalizing Hearsay：A Proposal for a Best Evidence Hearsay Rule（1992）72 *B. U. L. Rev.* 893（提出了一个更激进的建议，即用宽泛的最佳证据原则取代传闻规则）。

〔96〕出于明显的原因，此处的“尽其所能”要求，对于控方要严格得多。参见例如，*Barber v Page*，390 U. S. 719（1968）。

提交该证人先前所作的针对被告人的任何陈述。这条规则体现了由失权而导致的可采性。它使被告人对采纳该陈述的异议变得无效——这种异议通常可根据传闻规则和对质条款而得到支持。〔97〕然而，优先机制不仅仅是确认了该陈述的可采性。被告试图让证人噤声的做法，还构成了支持对被告定罪的证据。〔98〕指向被告人可能有罪的事实生成型论证，优先于被告所提出来的事实生成型论证。只有当刑事被告人没有恶意阻挠 PMI 的适用时，他才应获准从该原则中受益。

根据 PMI，控辩双方都要承担由于证据缺失所致的事实认定后果。根据“平等最优”标准，该后果一般有益于被告人，因为任何合理怀疑通常都会导致对他的无罪判决。〔99〕因此，如果一个潜在的重要证据无法获得，它的内容不被知悉，那么根据其他任何可获得的证据判决被告人有罪，都无法满足 PMI 和“平等最优”标准的要求。仅仅基于这个理由，被告人有权获得无罪判决。

请考虑另外一个例子。有一位控方证人在主询问中作证，证明被告人有罪。在随后的交叉询问中，该证人拒绝回答被告人的问题。基于很明显的理由，这样的证言不应用作指控被告人的证据。控方证人在主询问中所说的任何事情，都必须被 PMI 制衡——PMI 优先。因为证人没有使其证言受到被告人的个别化检验，事实认定者不应当获准使用该证言。〔100〕

刑事被告人享有的这些权利，只应有一个例外。该例外源于失权原则。如果缺失的证据之所以无法获得，是因为被告人的蓄意行为（例如恐吓证人），那么，事实认定者应该将他妨碍证据的

〔97〕参见前注〔68〕至［69］，以及对应的正文部分。

〔98〕对被告试图让证人噤声的非法行为的证明，需要达到排除合理怀疑的程度。英国法在不久前强调了这一要求，参见 *R v Acton Justice*，*ex parte McMullen and others*，*R v Tower Bridge Magistrates' Court*，*ex parte Lawlor*（1991）92 Cr. App. Rep. 98，104。在美国，对失权行为的证明仅需达到优势证据标准。参见前注〔69〕。

〔99〕参见 *In re Winship*，397 U. S. 358（1970）；*Mullaney v Wilbur*，421 U. S. 684（1975）；*Woolmington v DPP*［1935］AC 462（HL）。

〔100〕参见例如，*Douglas v Alabama*，380 U. S. 415（1965）。

行为作为证明有罪的证据，而不是使被告人无罪开释。这种不利 200
推论总是应该优先于被告人的合理怀疑利益。

除此以外，警察或者控方对于实质性无罪证据的任何破坏或隐匿——即使该行为没有过错——都应自动地导致被告人无罪开释。这样的行为将会违背 PMI，从而使对被告人的定罪无法满足“平等最优”标准。被告人得到所有的有利推论的权利，将优先于任何对其指控符实的可能情形。在美国，刑事被告人的这种权利根据宪法正当程序理由而得到认可。[101] 此外，如果被告人可**潜在利用**的任何证据，被警察或控方出于恶意所毁坏或隐匿，则被告人应被判无罪，而无须证明该证据实际上具有辩护意义。[102] 在任何此类案件中，事实认定者应该做出的不利于刑法实施者的推论，优先于被告人犯有所控之罪的任何可能情形。

看起来，最佳证据理论也支持以下做法：从被告人在庭审或讯问程序中的沉默，以及从他对其他证据的隐藏行为中，作出不利推论。英国法律（从大约十年前进行修正以后）通常允许事实认定者做出此类推论。[103] 然而，对这一问题的仔细分析，将会支持采取一种更微妙的方式。

先来分析从被告人在庭审或警察讯问中的沉默作出不利推论这种可能做法。在美国，宪法第五修正案禁止了这种做法。事实认定者不能从刑事犯罪嫌疑人[104]或被告人[105]的沉默中作出不利推论。然而，在几乎每一件刑事案件中，我们能想到的最佳证据都

---

〔101〕 *Illinois v Fisher*, 124 S. Ct. 1200 (2004).

〔102〕 *Arizona v Youngblood*, 488 U. S. 51 (1988).

〔103〕 参见《1994 年刑事司法与公共秩序法》第 34 - 37 条（允许事实认定者从被告人在庭审或者警察讯问程序中的沉默做出不利推论）。

〔104〕 参见 *Doyle v Ohio*, 426 U. S. 610 (1976)（对于嫌疑人在监禁受审时保持沉默或援引第五修正案特权的行为，不得做出对他不利的推论）。也请参见 *Miranda v Arizona*, 384 U. S. 436 (1996)（将沉默权理论中的几个首要的规则，置于第五修正案之下，其中包含了对从沉默中做出不利推论的禁令）。

〔105〕 参见 *Griffin v California*, 380 U. S. 609 (1965)（不允许因被告人未能给自己作证而做出不利推论）。

是被告人关于指控之真实性的信息。被告人的沉默阻碍了 PMI。尽管如此，宪法仍不允许将不利推论作为对这种阻碍的回应。

被告人保持沉默特权的基本原理，显示了特权分配错误风险
201 的特别方式。第五修正案特权为无辜的嫌疑人和被告人提供了特别保护，这些人经常发现自己无法以实物证据补强他们的无罪辩解。若没有这项特权，有罪之人将会通过做出虚假的辩解性陈述（在他们认为自己的谎言不太可能被揭穿的限度内）而与无辜者混同。当意识到这些有罪者的动机之后，事实认定者会理性地降低对所有未经补强的辩解的证明力评价，而这样做的代价就是损害了无法补强其真实辩解陈述的不幸无辜者。第五修正案特权使这种混同效应最小化，相应地减少了错误定罪的比率。在这种制度下，理性的无辜者仍然会讲述真相；但是，理性的有罪者因担心被自己的谎言反噬，会通过行使沉默权而脱离混同状态。[106] 对于许多理性的有罪者来说，沉默权是最好的行为选择，因为这样就不会使其陷入更糟的处境。相比较而言，撒谎并非没有代价。总是存在这样的预期可能性：被告人的谎言被揭穿，而且还提供了支持定罪的证据。因此，虚假的自我辩白证言增加了被告人被定罪和惩罚的可能性。有罪的被告人还有一个选择，就是承认罪行。如果不存在一个有利的辩诉交易，这一选择就完全没有吸引力，因为它使得对被告人的定罪和惩罚几乎已确定。因为这个原因，如上文所述，沉默权应当保留在刑事被告人的选择清单内：对于有罪之人，认罪通常比虚假的自我辩白更缺乏吸引力。取缔沉默权将会导致更多谎言，而非更多认罪；也会导致无辜者和有罪者的更多混淆。[107]

---

[106] 参见 Daniel J. Seidmann and Alex Stein，The Right to Silence Helps the Innocent：A Game-Theoretic Analysis of the Fifth Amendment Privilege（2000）114 *Harv. L. Rev.* 430。

[107] 同前。在英国，《1994 年刑事司法与公共秩序法》第 34 至 37 条允许事实认定者根据被告人在庭审中拒绝作证的行为和犯罪嫌疑人在侦查讯问中的沉默行为（包括不对有罪证据给出解释）做出不利推论。该法颁布后，英国已经出现了关于本书所说的这种负面影响的经验性证据。对这些证据的总结和分析，参见 Seidmann and Stein，同前，501－502。

这种更多的混淆将会明显违反“平等最优”标准。区分无辜者与有罪者之难度的增加，还将阻碍 PMI。

不自证其罪特权的这一基础原理，也将犯罪嫌疑人和被告人可能提出的两种根本不同的证据类型区分开来了。第一种类型包括那些有罪被告人能据此给无罪被告人和嫌疑人施加错误定罪风险（也就是施加外部性）的证据。这种类型首先包括自我辩白证言，罪犯能够据此伪装成无辜者，与无辜者混同。有罪的犯罪嫌疑人和被告人提出的自我辩白陈述，降低了无罪的犯罪嫌疑人和被告人提出的未经补强的自我辩白陈述之概率。另一个施加外部 202
性的证据例子是书写文件（handwriting samples）。因为一名有罪者也许能够模仿无辜者的书写，这类证据必须与犯罪嫌疑人以前的书写文件（嫌疑人对此无法控制）相区分。[108] 第五修正案对不强制收集和提交文件的保护，仅涵盖那些施加外部性的证据。此时，通过撒谎而混同，再次成为有罪嫌疑人的一个可选项，他能够在他将提交的文件之间选择。根据已成为第五修正案特权组成部分的提交行为（act of production）理论，已经存在的文件不能算作是“证言性”的，因此不受特权保护。但是，如果提交文件的行为会导致该人承认“这些文件早已存在”和“归他所有或控制且是真实的”，那么被强制提交文件的行为就是“证言性”的，而且受特权保护。[109]

最高法院将“提交行为”认作证言性证据，它要求“使用豁免”（use immunity）[110]。*United States v Hubbell*[111] 一案中里程碑式的裁决，例证了这种豁免。哈贝尔（Hubbell）被政府传讯在大陪审团前提交与一起刑事案件调查（即“白水事件”）有关的大量未

---

[108] 这一观点与下述案例中的裁决规则相反：*Gilbert v California*，338 U. S. 263，266（1967）。最高法院在此案中裁决，书写文件不受不强迫自证其罪特权的规制，因为它们不是“证言性的”。

[109] *United States v Doe*，465 U. S. 605，613（1984）.

[110] *United States v Doe*，465 U. S. 605（1984）.

[111] *United States v Hubbell*，120 S. Ct. 2037（2000）.

予详细说明的文件。哈贝尔援引了不强迫自证其罪特权以对抗该传讯。虽然不能合理且具体地描述所传讯的文件，政府仍然获得了一项命令，[112] 强制哈贝尔提交这些受到“使用豁免”的文件。政府在针对哈贝尔的税务及诈骗指控调查中，使用了这些文件。哈贝尔主张，这些指控是基于他提供文件行为的受到豁免的证言性方面，因此该指控应该予以驳回。政府同意这一主张，接受以下内容：如果确实侵犯了特权，那么其指控将不得不被驳回。然而，政府不认为侵犯了特免权，理由是：哈贝尔的“提交行为”不足以成为证言性的。政府还举出 *Fisher v United States*[113] 案件以支持其主张。在对
203 该案的裁决中，最高法院认定：提交普通商业记录的行为不足以构成证言性的，从而支持对特权的主张。这类记录的存在和任何商人对这类记录的持有，都是“预料之中的结果”[114]。

哈贝尔案件中的法官拒绝了这一比较：

> 收集数百页书面材料，来回应对“任何和所有反映、指向或关涉任何金钱或其他有价值之物（它们是提供给某个人或者他的三年以内家庭成员）的直接或间接来源的文件”的要求……在功能上等同于准备回答一个详细的书面调查或者一系列在作证程序中的口头询问……只有通过被询问人对传讯的真实的回答，政府才能收到定罪证据……收集这些文件就像是告诉一位调查者壁式保险柜的藏处，而不像是被强迫交出保险箱的钥匙……虽然在 *Fisher* 案中，政府已经知晓这些文件为代理人所持有，而且能够通过书写这些文件的会计师独立地确认文件的存在和真实性，但政府没有表明：它对被传讯人最终提供的这 13 120 页文件的存在和下落具有任何预先的了解。[115]

〔112〕 根据 18 U. S. C. § 6003 (a) 签发。

〔113〕 *Fisher v United States*, 425 U. S. 391, 411 (1976) .

〔114〕 参见 Seidman and Stein，前注〔106〕，477 - 81。

〔115〕 *United States v Hubbell*, 120 S. Ct. 2037, 2046 - 8 (2000) .

最高法院因此认定应驳回针对哈贝尔的指控。

最高法院对 *Hubbell* 案和 *Fisher* 案裁决的区分，证实了反混同原理。法院应根据什么标准，区分证言性的提交文件行为（如 *Fisher* 案中那样），与非证言性的提交文件行为（*Hubbell* 案）? *Hubbell* 案的法官提供了所需的标准。在 *Fisher* 案中，政府没有依靠被强制提交文件之人讲真话；在 *Hubbell* 案中，政府则依靠他讲真话。[116] 换句话说，他在讲真话和说谎之间的选择能力，将这两个案件区分开来了，并在受保护的提供文件行为和不受保护的提供文件行为之间划定了界限。这一标准与该特权的反混淆原理是一致的。根据该原理，犯罪嫌疑人提供难被证伪的谎言的能力，能够施加外部性；正如有罪的嫌疑人可以通过伪装、谎言或隐瞒而与无辜者混同，从而给后者带来伤害。因此，与 *Hubbell* 案中处境相似的有罪嫌疑人能够伪造所传讯的文件，这会不可避免地降低无辜犯罪嫌疑人所提供的文件的可信性。在 *Fisher* 案中，这种能力被认为不存在。因此，没有理由豁免提交行为。[117]

根据反混同原理，在被强制提交时已经存在的证据不受特权 204
保护。不强迫自证其罪特权并不延伸至嫌疑人可拒绝通过参与列队指认、提供身体样本等方式提供定罪证据。该特权也不保护呼气测醉及其他相似情况中的嫌疑人。如果一个有罪的嫌疑人同意接受呼气测醉，那么根据该测醉证据（该证据不会撒谎）就可将他与无辜者区分。如果有罪的嫌疑人没有给无辜者带来伤害的伪装选择，他们就不应当被豁免于潜在的自证其罪。在任何此类案件中，如果被告人拒绝提供在他控制之下的证据，事实认定者通常应当作出不利于他的推论。[118]

---

[116] 同前，2047。

[117] 在 *Fisher* 案中，所传讯的文件实际上不可能在提交前被伪造，文件提供者也无须确认文件的真实性。

[118] 之所以添加一个限定词“通常”，是因为考虑到在有些特殊案件中，一些与犯罪无关的环境因素（如健康状况或宗教信仰）可以解释被告人为何拒绝提供所要求的证据（如血液样本）。

按照 PMI 和“平等最优”标准，仅依据裸统计证据不能给被告人定罪，不管该指控的可能性有多高。仅仅建立在裸统计证据基础上的有罪推论，不具有优先性。关于这种优先性的一般理由，已经在第三章阐明了。这些理由基本上与为排除品格证据提供正当性的那些理由相似。[119] 裸统计证据本身并无错误。正如第三章解释的那样，任何事实推论都是裸统计性质的。如果事实认定者能够使这样的证据落在实处，就可以依赖该证据。只有当裸统计证明与个别化证据结合在一起、个别化证据将裸统计与当前案件的具体性相关联时，事实认定者才能做到这一点。个别化要素之所以必要，不是因为其从认识论角度来看它有何特别之处。该要素之所以对刑事审判中的事实认定来说是必要的，是因为它使被告人能够将证明他有罪的证据受到个别化检验。缺少这种检验而让被告人面临错误定罪的风险，是不公平的，本章开头已阐述过原因（第五章论证了，这种风险分配方式还可能缺乏经济效益，即使裸统计证据指向了一个被告人有罪的高概率）。后文例证了这些观点。后文中提出的例子，补充了第三章对 *State v Skipper*[120] 一案的讨论。

205 *R v Abadom* 是一个于 1982 年裁决的英国案件，涉及抢劫罪指控。[121] 一个可信的专家作证说，警察从被告人鞋上找回的玻璃碎片极有可能（96%的可能）来自在抢劫中被打碎的玻璃。该专家的依据是英国内政部对玻璃碎片折射率的统计资料。单独这样的证据并不足以宣判被告人有罪。在缺乏指向被告人的具体个案证据的情况下，该指控的事实基础没有被充分地覆盖。[122] 96%的

---

[119] 参见前文脚注〔34〕至［37］，以及对应的正文。

[120] *State v Skipper*，637 A. 2d 1101（1994）. 这个案例以及第三章中的讨论说明，仅有 DNA 证据不足以宣判被告人有罪。即使匹配率达到了数十亿分之一，仍需要反驳被告人的无罪辩解陈述以及其他证明无罪的证据。当 DNA 匹配率实际上排除了除被告人以外的其他所有人的嫌疑时，才能转变为个别化的证据。然后才可以仅根据 DNA 证据判决被告人有罪。对指纹证据来说也是如此。

[121] *R v Abadom* ［1983］1 All ER 364.

[122] 上诉法院的裁决记录中，没有提供关于这样的证据是否实际上存在的信息。

匹配率并不具有很大的分量。它所指向的是一般性的玻璃样本，而不是在被指控人鞋上找到的玻璃。由于这个数据没能满足 PMI，它不优先于以下可能的情形：玻璃碎片属于与抢劫受害者无关的某个窗户。如果控方没有提出认定被指控人是可能的犯罪实施者的证据，那么这种情形就应当使被指控人享受怀疑的利益。警察很可能不是随机选取被指控人的，但这个主张不是证据。

United States v Veysey[123]是一个近期发生在美国的案件，该案被告人被判犯有一系列恶劣犯罪。这些犯罪包括四次纵火：据称，在四个不同的时间点，被告人向四所居民房纵火（对其中每一所他都事先投了保），以此从保险公司那里取得赔偿。为了证实这些指控，控方提出了一名精算师。其证词表明：保守地估计，在相关的时间段中，四所居民房都偶然发生火灾的概率为 1.773 万亿分之一。在对该有罪判决的上诉中，被告人主张："精算师通过有效地证明被告人犯下所控罪行的可能性远远超过合理怀疑——因为他无辜的概率不是 1%、2%、5%或者任何其他可能被认为会明确地、充分地阻止排除合理怀疑之定罪的无辜概率，而是（若人们相信精算师）一个仅仅为 0.0 000 000 000 564%的概率——从而篡夺了陪审团的功能。"[124] 上诉法院（理查德·波斯纳法官）认定该主张是缺乏根据的。波斯纳法官重申了他的观点："所有的证据都是概率性的——统计学证据仅仅是明确地表现出概率性而已"[125]。这一观点最初是在一起涉及雇佣性别歧视指控的民事案件中提出的。[126] 他解释道，因为司法事实认定本质上就是不确定 206
的，它必然会取决于概率。事实认定者所考虑的所有证据，在性质上都是概率性的："统计学证据不过是以数字而不是语言表达的

[123] *United States v Veysey*, 334 F. 3d 600 (7th Cir. 2003), cert. den. 540 U. S. 1129 (2004).

[124] 同前，604。

[125] 同前，605。

[126] *Riordan v Kempiners*, 831 F. 2d 690, 698 (7th Cir. 1987).

概率性证据。"[127]

这一观点是不准确的。从纯粹认识论的角度来看，统计学证据与其他证据并无不同。这两类证据只是在描述它们证明作用的语言上有差别。统计学证据的证明作用以从 0（事实上不可能）到 1（事实上确定）的数字表达。非统计学证据的证明作用以文字描述，这显然包含了更大程度的不精确性。然而，在裸统计性质的**证明**和特殊性的（或个别化的）**证明**之间，存在一个意义深远的区别。正如第三章所解释的，统计学证明系统是射幸式的（aleatory）。它计算几率，而不是关注对个别事件的证据支撑。从纯粹认识论角度来看，这两种系统在实现所设定的目标方面都不错。不存在认识论上的理由，使对几率的帕斯卡计算，优于对具体个案证据支持的培根式测量。但是这两种系统还以迥异的方式分配错误风险。在这两种系统之间的选择，是道德和政治性质的，而不是认识论性质的。在政治道德这个领域中，"平等最优"标准支持对 PMI 的刚性适用，从而使有罪判决合法化。出于下文所阐述的理由，"平等最优"标准和 PMI 优先于对罪行的裸统计证明。

裸统计证据属于预测性的（predictive）事实认定模式，而不是基于痕迹的（trace-based）事实认定模式。[128] 预测性的事实认定模式总是一般性的。采取这种推理模式的事实认定者会假定，过去观察到的规律将会在以后的案件中重现，而且与过去有大致相同的频率。根据基于痕迹的模式，"证明一个钉子被一个榔头撞击，就是去检验钉子的头并在那里发现榔头的痕迹"[129]。基于痕迹的模式在性质上是具体个案式的和个别化的（因为每个痕迹都

---

〔127〕 *United States v Veysey*，334 F. 3d 600，606（7th Cir. 2003）.

〔128〕 参见前文脚注〔43〕至〔44〕。"预测性"证据和"痕迹"证据的区分，最早由 Uviller 提出。参见 H. Richard Uviller，Evidence of Character to Prove Conduct：Illusion，Illogic，and Injustice in the Courtroom（1982）130 *U. Pa. L. Rev.* 845，847。但是 Uviller 认为，这个区分在操作层面上不重要，因为两类证据都有证明价值。

〔129〕 Uviller，同前。

是独特的）。因此，痕迹性的证据总是能够被检验其与个别被告人的联系，而预测性的证据则不能这样。预测性证据对具体事件的 207
适用性，是一个无法检验的问题。预测性证据所产生的统计学推论，只是被一般的统计学理论强加于（或叠加于）案件上。如果像在 *Veysey* 案中那样，一个人的四所房子在一个相对较短的时间段内被火灾摧毁，那么——正如在几乎所有此类案件中那样——他一定是为了从保险公司欺诈性地获取金钱而故意纵火。该案例中的这个人被认定犯有纵火罪和保险欺诈罪，他未能通过检验该证据对其案件的适用性而阻挡该证据的定罪意义。在事实认定的纯粹统计学模式之下，该被告人将不能通过以四个分别的不在场证明回应四个纵火和保险欺诈指控（一个不在场证明对应一个指控）来为自己脱罪。这样的回应未必不可靠。例如，被告人可能有一个决定烧掉他财产的未知敌人。但是事实认定者仍然会使用相同的统计学证据，作为决定不相信被告人的每个不在场证明的理由，这可能产生对被告人非常不公平的重复计算。[130] 因为被告人被剥夺了一个使他的个别案件从统计学管控的类别中分离出来的机会，对他的定罪同时违反了 PMI 和“平等最优”标准。[131] 根据 PMI 和“平等最优”标准，只有当被告人的每个不在场证明（或者任何其他的对火灾的无罪辩解）都被以具体个案证据反驳至排除合理怀疑时，才能认定被告人有罪。在任何这样的情形下，就像在 *Skipper* 案中那样[132]，控方满足了刑事证明标准的概率和分量这两个方面。控方的统计学（或预测性）证据所产生的高概率，满足了概率标准。（通过反驳被告人的不在场证明或其他对火

---

[130] 请比较 Vaughn C. Ball，The Moment of Truth：Probability Theory and Standards of Proof（1961）14 *Vand. L. Rev.* 807，817－8（提出了一个在实质上类似的观点）。

[131] 请比较 *United States v Shonubi*，103 F. 3d 1085（2nd Cir. 1997）（要求使用具体个案证据来证明裁判事实，反对使用裸统计数据）。

[132] 参见 *State v Skipper*，637 A. 2d 1101（1994）；以及本书第三章对该案的分析。

灾的无罪辩解而）涵盖了指控的事实基础的具体个案证据，满足了分量标准。具体个案证据和统计学证据的结合体，产生了使自己受到被告人完全的个别化检验的事实生成型论证。被告人检验这些论证——更精确地说，是它们对被告人案件的适用性——的能力，满足了 PMI 的要求。最终，这些因素的结合确切表明，国
208 家已做到“平等最优”来保护被告人免受错误定罪。

五、补强

除了使用排除策略和优先策略，PMI 还坚持个别化地移除那些基于经验的概括对具体证据种类所持有的怀疑和猜测。这些证据种类中，最主要的是嫌疑人在受讯期间的供述[133]、共犯的证言[134]以及审前辨认。[135] 根据该制度，事实认定者只有在一个至关重要的条件得到满足时，才能将他们的认定建立在这些可疑的证据上。必须有一项可信的具体个案证据补强这些通常可疑的证据，以此从当前案件上移除投射怀疑的概括。这种事实认定策略就是所谓的**补强**。

与其他源于 PMI 的具体要求一起——也与刑事证明标准相结合——补强策略保护刑事被告人免受错误的定罪判决。由此而产生的对错误风险的豁免，与“平等最优”标准相符合。

---

〔133〕 参见 *Opper v United States*，348 U. S. 84，89（1954）（被告人做出的自白必须要有证据补强才可作为定罪依据）；*State v Polly*，657 N. W. 2d 462，466（Iowa 2003）（“一般原则就是：自白不可以单独作为定罪依据，除非还有其他证据显示被告人犯下该罪行”）；Mckinney's C. P. L.（New York）§60. 50（“一个人不可仅因其对任何罪行的自白或对任何没有其他证据的罪行的承认而定罪”）。

〔134〕 参见例如，Minnesota Statutes Ann. §634. 04；Vernon's Ann. Texas C. C. P. Art. 38. 14；Mckinney's C. P. L.（New York）§60. 22（1）。

〔135〕 参见例如，*In the Matter of the Welfare of M. E. M.，Jr.*，674 N. W. 2d 208，215（2004）；*People v Cuevas*，906 P. 2d 1290（CA 1995）；*R v Turnbull*（1976）63 Cr. App. R. 132，138 - 9。

六、自由裁量

“平等最优”标准和PMI也管控着那些影响刑事审判事实认定的裁量性决定。任何这样的决定都在分配错误风险。对于将错误定罪风险加于其身的某个裁决，被指控人有权获知理由。这些理由可能在不同法律体系中有所不同。然而，任何法律体系都必须提供理 209
由。这些理由还必须是正当的。否则，法律体系就会以专断的方式对待被指控犯罪的个人。更确切地说，不符合“平等最优”标准和PMI，会使任何决定——不管是裁量性的还是非裁量性的——在道德上和政治上存疑。本章发展出一个基于个人权利的风险分配制度。在这个制度中——不同于第五章所提出的功利主义制度——任何没能遵循PMI和“平等最优”标准的裁决都是不正当的。

这一点对于由规则转向裁量的英国刑事证据法来说，在三个重要方面有特殊意义。第一，根据《2003年刑事司法法》(Criminal Justice Act 2003)，所有传闻证据的采纳——包括指控被告人的证据——都是要求审判法官在该法案设定的指导原则下行使裁量权的事项。[136] 该法案还放宽了对不利于被告人的不良品格证据的采纳。如果审判法官评估此类证据的证明力超过了其引起偏见的潜在可能性，那么此类证据就是可采的。[137] 在这个立法的约十年前，《1994年刑事司法与公共秩序法》(Criminal Justice and Public Order Act 1994)[138] 废除了所有的传统补强要求，但是伪证罪审判中的补强除外。[139] 在

〔136〕 参见《2003年刑事司法法》114（1）（d）、114（2）。

〔137〕 参见《2003年刑事司法法》101（1）（c）和（d）、102、103。

〔138〕 参见《1994年刑事司法与公共秩序法》32 、33。

〔139〕 参见《1911年伪证罪法案》第13条以及前文第20－25页（本书页边码——译者注）对它的讨论。另一个未被废除的补强要求是《1984年道路交通管理法案》(Road Traffic Regulation Act 1984）中的89（2）条款。据此，单一证人的未补强证言不足以证明一辆机动车的速度，但是电子机械速度检测仪可以。参见 Roberts and Zuckerman，前注〔33〕，144。

此之前，《1988年刑事司法法》（Criminal Justice Act 1988）第34节废除了对于幼年儿童宣誓证词进行补强警告的法定要求。但是这个改革没有废除在 *R v Beck* 案中确立的裁量性补强警告规则。[140] 审判法官仍然保留着警告陪审团的普遍裁量权——对于任何可疑的证据，若未被补强，则据以判决被告人有罪会包含错误定罪风险。法官可以指示陪审团对于某个既可疑又未被补强的证据，保持特别的谨慎。[141] 这些裁量性权力是否像它们看起来那样宽泛？

210 未必如此。根据《2003年刑事司法法》中关于传闻的规定，在决定将一项传闻采纳为证据是否符合“司法的利益”时[142]，法庭要考虑——除了该陈述的证明意义[143]以及它是否构成可用的最佳证据[144]之外——每一个影响传闻可靠性的因素。[145] 具体地说，法庭要考虑：“质疑该陈述所涉及的困难”[146] 和在多大程度上“该困难可能侵害它所针对的一方当事人的利益”[147]。这些具体规定明显地指向了法庭的错误风险分配。

当陈述人不能出庭作证，但符合以下条件的时候，传闻陈述也可以采纳：法庭认为，在已经考量了（具体而言）“采纳或排除它将会给诉讼任何一方带来不公正的任何风险（尤其是，当相关

〔140〕 *R v Beck* [1982] 1 All ER 807. 也请参见 *R v Spencer* [1987] AC 128。

〔141〕 关于该法律规则的最新表述，参见 *R v Makanjuola* [1995] 3 All ER 730。也请参见 *Regina v R* [2004] EWCA Crim. 1964 (CA)；*R v Turnbull* (1976) 63 Cr. App. R. 132，138-9。关于自由裁量性补强原则的全面分析，参见 Roberts and Zuckerman，前注〔33〕，484-487；Diane Birch，Corroboration：Good-bye To All That [1995] *Crim. L. Rev.* 524；Peter Mirfield，Corroboration After the 1994 Act [1995] *Crim. L. Rev.* 448。

〔142〕《2003年刑事司法法》114（1）（d）。

〔143〕 需要根据《2003年刑事司法法》114（2）（a）-（c）进行考量。

〔144〕 根据《2003年刑事司法法》114（2）（g），法院需要考虑“关于所陈述事项的言词证据能否被提交；如果不能的话，原因是什么”。

〔145〕《2003年刑事司法法》114（2）（d）-（f）。

〔146〕《2003年刑事司法法》114（2）（h）。

〔147〕《2003年刑事司法法》114（2）（i）。

之人未给出口头证据时，质疑该陈述的困难性有多大）之后”，“出于司法的利益”，应当将该陈述采纳为证据。[148]

这些和其他一些（不那么重要的）采纳传闻证据的裁量性权力[149]，其运行方式应当使得所产生的错误风险分配具有正当性。法庭必须要区别用于无罪辩解的传闻证据和用于定罪的传闻证据。用于无罪辩解的证据通常是由被告人提出来的。当该证据已被证明是被告人能够获得的最佳证据时，法庭应当采纳该证据。用于定罪的证据通常由控方提出。如上文所解释的，这种证据又分为两类：程序陈述和事件陈述。除非提供或曾经提供给被告人一个交叉询问陈述人的有意义的机会，否则法庭不应采纳一项用于定罪的程序陈述。只有存在功能上足以替代被告人对陈述人的交叉 211
询问的手段时，法庭才应当采纳一项用于定罪的事件陈述。否则，对传闻陈述的采纳就违反了 PMI 和“平等最优”标准。

根据《2003 年刑事司法法》101（c）和（d），关于被告人不良品格的证据，若构成了“重要的辩解性证据”或者当它“与控辩双方的重要争议事项相关”时，就可以采纳。法官分别根据 102 和 103 条款，决定有争议的不良品格证据是否符合“重要的辩解性证据”资格，以及是否能够有助于解决控辩双方之间的实质性争议。[150] 正如两位权威的证据法学者所解释的，法庭在根本上必须权衡证据的证明力和其引起偏见的潜在可能性。如果不良品格证据的证明力超过了其引起偏见的潜在可能性，法庭就应当

---

〔148〕《2003 年刑事司法法》116。

〔149〕对这些权力的全面讨论，参见 Roberts and Zuckerman，前注〔33〕，623－642。

〔150〕在这个问题上，法庭甚至有更大的自由裁量权。它允许法庭不采纳坏品格证据，如果采纳这样的证据“会对程序的公平性产生如此大的负面影响，以至于法庭不应采纳它”的话。参见《2003 年刑事司法法》101（3）。该裁量权仿照了《1984 年警察和刑事证据法》第 78 条。

采纳它。否则，该证据应当被排除。[151] 这一法律规定，是对 *DPP v P* 案裁决的成文化。[152] 对这个案件的裁决是由上议院做出的，它以对证明价值和偏见的裁量性权衡，取代了对品格证据的"分类方法"（categories approach）——该方法由之前的 *Makin* 案[153]确立，但在 *Boardman* 案[154]中放宽。这一裁量性权力允许法官对错误风险进行分配。[155]

法官行使该裁量性权力的方式也需要符合 PMI 和"平等最优"标准。正如前文已经解释过的，关于被告人一般性不良品格的证据，只有为了弹劾他作为证人的可信性时，才应当被采纳（因为该规则实际上帮助了有前科的无辜被告人为自己脱罪）。否
212 则，这样的证据应当被排除，只要它仍停留在一般性品格的（而不是具体个案性的）证据类别中。采纳不利于被告人的一般性不良品格证据，将会违反 PMI 和"平等最优"标准。

同样的原理，也适用于法官对那些一般经验认为可疑的证据所运用的裁量性补强警告。根据 PMI 和"平等最优"标准，法官应当就该经验指示陪审团。具体地说，他应当告知陪审团：为了消除对该证据产生一般性怀疑的经验性概括，控方需要提出具体个案性的证明，来强化某个特定证据的可信性。废除了形式上的补强要求，并没有根除伴随着共犯证言、嫌疑人指认、供述等通

---

[151] 参见 Roberts and Zuckerman，前注〔33〕，511－38。该自由裁量权与根据《联邦证据规则》403 及相应的州立法而适用于美国的法官裁量权相同。

[152] *DPP v P* [1991] 2 AC 447 (HL).

[153] *Makin v Attorney-General for New South Wales* [1894] AC 57 (PC).

[154] *DPP v Boardman* [1975] AC 421 (HL).

[155] 使关于被告人坏品格的证据可采的其他例子，涉及被告人以某种方式使其品格成为一个争议事项的情况。参见《2003 年刑事司法法》101（1）(a)（因为双方当事人的约定而具有可采性的品格证据）；101（1）（b）（由被告人本人提交的品格证据，或者他交叉询问证人时引出的品格证据）；101（1）（f）和 105（被告人先给法官或陪审团造成误导性或虚假印象后，控方提交的用以反驳该印象的品格证据）；101（1）(g) 和 106（在被告人攻击其他人的品格后，控方提交的用以对抗该攻击的品格证据）。在这些例子中，采纳不利于被告人的品格证据，通常是合法的。

常可疑的证据的可靠性问题。既然法律制度希望保护被告人远离错误定罪风险，它就必须发展出对补强要求的替代性证据机制。这些替代机制不会被称为“补强”，也不会表现出与补强要求相仿的法律形式特征。但它们的目的与传统补强要求无异。

由 PMI 和“平等最优”标准催动设定的排除、优先和补强机制，都可能要么是强制性的，要么是裁量性的。因为裁量并不等于恣意或专横，所以任何可能存在于事实认定问题中的裁量权，都应当在正当理由的框架内行使。所选定的任何一个框架，都会规制对错误风险的分配。由此，它会产生宽泛的标准和原则（有时甚至是不可违背的规则），来管控事实认定者在该领域的裁量权。本书已经指出了两套标准、原则和规则。正如第五章从民事和刑事证据两个方面所解释的，其中一套源于成本—收益目标。另一套则以 PMI 和基本的“平等最优”标准为基础，这正是本章所阐述的内容。这两套标准、原则和规则，规定了在英美法系诉讼制度中分配错误风险的所有正当性理由。

当前事实认定问题中的宽泛自由裁量权发展趋势，与上述观点相悖。这一发展趋势旨在确立自由证明制度，在该制度中，政治上不负责任的裁判者们根据他们认为有吸引力的理由而将错误风险分配给他们认为合适的人承担。对消除刑事被告人（亦称作“罪犯”）仍享有的所有刚性的错误定罪风险豁免机制（亦称作“技术性规则”）的渴望，推动了这一发展。这一发展趋势的最显著表现，是英国刑事证据制度的激进式重塑。该趋势也许会且极有可能被理解为确立了实用主义方法相对于原则性方法的优势。
这一优势无法通过论证而确立，但它能够——而且很可能会—— 213
通过民粹主义式的命令（populist fiat）而确立。在刑事司法和其他许多法律领域中，“实用主义”指的是“全盘考虑式的”裁决（即一个过于复杂而难以阐述、更不用说为之辩护了的思维过程）。然而，这一指向建立在一个“相信我们”的基础上。在我看来，

“实用主义”的观念似乎是一个委婉的托词，它所掩盖的是裁判者按其所好给被告人定罪的权力。这一观念围绕着裁判者不愿或不能阐述用于解决事实认定问题的理由。实用主义的裁判者愿意不受那些他们在裁决具体案件时决定援引的理由的约束，这是可以理解的。[156] 然而，刑事被告人同样不愿意因为他们的法官所不愿（或不能）阐述的理由而被送入监狱。所有的司法裁决，不管是裁量性的还是非裁量性的，都应当伴之以正当理由。未明确阐述而诉诸实用主义的“全盘考虑式”裁决（或者简单地诉诸直觉）不符合这个要求。由于这些原因（在第四章已全面阐述），不受到审查的事实认定裁决在道德上和政治上是可受到质疑的。

〔156〕 正如Frederick Schauer所解释的，在给出理由的时候，也意味着推理者承诺在相似案件中将根据这些理由行动。这就是为什么给出理由并不总是恰当的，因此没有给出理由的裁决不应被认为是不理性的裁决。参见前注〔19〕。

第七章 214

民事诉讼中的错误风险分配

一、公平与效率

在民事诉讼中，对伴随着事实认定裁决的错误风险的分配，可以是公平的、有效率的、既公平又有效率的，或者既不公平又无效率的。“既不公平又无效率”意味着任意性，因此不是一个值得辩护的选择。裁判者应当公平和有效率地分配这种风险。当确有必要时，他们也需要在公平和效率之间进行选择。效率标准以如下方式分配错误风险：使实现风险后所产生的损害量最小化。从成本—收益的角度看，这种损害应当被最小化。裁判者和诉讼双方用于提高事实认定准确性而耗费的时间和努力是昂贵的。它们的边际成本应当被相应的边际损害减小所抵消。因此，事实认定者被引导使以下两种成本的总量最小化：事实认定错误所产生的损害之成本，以及用于减小这些错误和相应损害发生率的程序之成本。[1]

公平视角舍弃了以下功利主义假定：这两种成本之间可以通约。根据这种非经济性的观点，审判中的耗费，与不正义这种成本，在性质上是不同的。不存在通约的分母。算术上的比较，无法在这些成本之间进行充分的权衡。可以用一个更微妙的社会图景，替代上述排他性的经济图景。在这个社会图景中，事实认定错误产生的实体不正义的受害者，并非作为匿名的经济单位而存在。他们是作为个体而存在，要求为使他们遭受错误风险和由此导致的不正义的裁决提供理由。在这个框架之下，将错误风险分

〔1〕 第五章讨论了这些问题。

配给甲（而不是对方当事人乙）的任何规则或裁决，都**授权**甲可以要求从整个法律体系中获得个别化证成（individualized justification）。甲有道德上的权利来追问："为什么是我承担风险?"而
215 法律体系需要提供一个受到道德约束的答案。主张这种特定的风险分配方案符合成本—收益计算并进而增加了社会福利，并不能提供这样一个答案。对于这种主张，甲可以如此回应：他不愿意在自己的纳税额以及自己已经支付的产品之上和之外，再为社会福利做贡献。一些功利主义者（以及马克思—列宁主义者）会坚持要求让甲支付更多，以使社会更好。根据他们的观点，这种目标使这种手段具有了正当性。对于这种观点，甲（和我）能回应的非常有限，因为所提出的正当化理由给辩论强加了一个反论证式的终结。这种正当化理由是一种假定，而非证明；甲（和我）只能沿着"声音""退出"和"忠诚"的路线探究其可行性（viability），而非有效性（validity）。[2] 如果法律制度让甲承担了不公平的税赋（在我们的例子中，就是分配给他事实认定错误风险），甲可能会通过使用自己作为一个公民而发出的"声音"这种民主方法，寻求修改该法律制度。在以声音对抗邪恶（voice vs. vice）的战斗中[3]失败后，甲最好是采取"退出"行为。他可以将自己、家人和生意搬迁到其他辖区，在那里自己和与自己相似的个体能被更好地对待。"退出"的威胁，会促使法律制度——想留住甲的社会——在一开始就更友好地对待甲。所以甲的退出是假设性的情境。[4] 但是如果法律制度没有这样考虑，且其对待甲的恶劣程度使他不可忍受，那么他就会采取"退出"行为。

甲的"为什么是我承担风险"的问题，必须被认真对待。直

〔2〕 参见 Albert O. Hirschman, *Exit, Voice, and Loyalty: Responses to Decline in Firms, Organizations, and States* (1970)（论述了"声音""退出"和"忠诚"机制）。

〔3〕 马克思—列宁主义的实践清晰地证明，集体的声音会淹没个体的声音。关于不合格的功利主义，我没有经验性的证据，但是预期会出现同样的结果。

〔4〕 马克思—列宁主义的实践通过禁止这种退出而消除了威胁。但是在允许自由论证社会福利的非极权主义制度中，这种做法不可取。

接以功利主义驳回该问题，是没有根据的。一个充分的回应，首先应当论证：该法律制度的成本—收益权衡，也会使甲受益。尽管不完美，但是这种制度通过使正义可接近、可负担、更方便，从而促进人们对正义的享有。甲作为一个公民，系统性地受益于司法机制的这些特点。因此，他应当在享受利益的时候也承担不利，即有的时候要承担该机制的某些缺点。更广泛地说来，因为资源是有限的，所以在法律制度上的节省，将会增加用以支持其他有益于社会的事业（例如健康、教育、交通等）的投入。甲作为一个公民，也系统性地受益于这些事业。如果是这样的话，他和其他公民偶尔遭受的不正义，可以视为不过是另一种形式的正当税赋而已。[5]

对于甲的问题的上述回应，仍然依赖于这样一个关键条件： 216
在所有公民之间无偏私地分配成本和受益。该制度不应**预先确定**：对于甲的社会成本和收益分配比其他公民更大（或更小）。正像功利主义所说的，每个人都算作一个单位，不应将任何人算作多于一个单位。根据这种标准，任何人被分配到的社会成本和收益份额，都不能预先被界定为比常规的份额更大或者更小。

这种回应只是部分地回答了甲的问题。它只是帮助他认同了下述**一般性**观点：为了获得舒适、公平的社会环境，公民们应当承担司法事实认定中的错误风险。[6] 因为一般性主张不能决定具体性案件[7]，所以甲仍可以合理地追问："为什么让我承担这种错误风险，而不是让被告乙承担?"这个问题是合理的，因为诉讼是一场零和博弈，意味着诉讼中的错误风险分配也是一个零和博弈。对于错误风险这个问题，可以采取三种可能的解决方式：让

---

〔5〕 参见 Ronald Dworkin，*A Matter of Principle*（1986），pp. 72，82－9。

〔6〕 请比较 Sven Ove Hansson，Ethical Criteria for Risk Acceptance（2003）59 *Erkenntnis* 291，305（一般性地论及风险，认为"当且仅当符合以下条件时，使一个人承担风险是可接受的：这种风险承担是一个公平的风险分担社会制度的组成部分，而该制度对他有益"）。

〔7〕 *Lochner v New York*，198 U. S. 45，76（1905）（Holmes. J.，dissenting）（"一般性主张不能决定具体性案件"）。

原告承担风险，让被告承担风险，或者让原告与被告分担风险。多种可能方式的存在，进一步强调了甲的问题的合理性，我们不能这样回答说："哦，总要有人承担错误风险。"对这个答案的一个明显反驳是，主张根据笔画顺序，让乙承担错误风险，甲不承担。为了具有公正性，分配错误风险不仅要做到无偏私，而且要以某种原则化的方式（而不是随机的方式）做到无偏私。

为了公平地对待甲和乙，分配错误风险对他们的影响应当是平等的。遵循平等标准，是一个基本要求。国家通过其法庭担当民事纠纷的裁决者。它将自己解决纠纷的裁决强加给公民。为了公平地行使这种权力，国家必须以平等的关怀和尊重对待原告与被告。[8] 在涉及分配错误风险的司法事实认定领域中，这个一般
217 性标准分成两个具体的、但是相互关联的要求。第一个要求旨在保障风险分配中的**初级平等**（*primary equality*），并且适用于每一个涉及事实认定的裁决。该要求的内容为：在做出这类裁决的时候，裁判者不应使原告比被告承担更大的错误风险，也不应当使被告比原告承担更大的错误风险。第二个要求的目标是**矫正平等**（*corrective equality*）。该要求集中关注原告和被告的法庭行为。对抗制程序给诉讼双方充分的机会提交其证据和论证证据的可信性，以及攻击对方证据的可信性。因此每一方都可以利用这个机会，将事实认定错误的风险施加到对方身上。这种对抗制竞技是可接受的，但是不能超过特定的程度：诉讼双方互相施加错误风险，必须是在对等的限度内。确切地说来，"对等"（reciprocal）这个词是"单边"或"单方面"的反义词。例如，如果一项特定的证据仅仅对一方当事人产生错误风险，那么裁判者就不应当采纳它。裁判者应当阻止对方当事人提交该证据，以防给当事

〔8〕 参见 Ronald Dworkin，*Taking Rights Seriously*（1977），pp. 46 - 130；Ronald Dworkin，*Law's Empire*（1986），pp. 176 - 238。也可参见 Robert G. Bone，Agreeing to Fair Process：the Problem with Contractarian Theories of Procedural Fairness（2003）83 *B. U. L. Rev.* 485，495 - 542（将司法程序的公正性与平等性相连接）；Lawrence B. Solum，Procedural Justice（2004）78 *So. Ca. L. Rev.* 181，306（认为平等分配错误风险和"准确性原则"是一致的）。

人施加不对等的错误风险。裁判者应当这样做，因为违反了对等要求，就产生了错误风险分配中的不平等。[9]

接下来应当讨论的，是那些确保在原告和被告之间分配错误风险之初级平等和矫正平等的证据规则和理论。对民事证据法的这种理解，是对第五章所论述的经济理解方式的修正。正如下文讨论的，平等原则在解释某些适用于民事诉讼中的证据规则和理论时，要优于成本—收益理论。但是第五章也论证了，成本—收益理论对于其他许多适用于民事诉讼的证据规则和理论，能提供更有力的解释。本章与第五章结合在一起还表明，适用于民事诉讼中的大部分证据规则和理论，能够同时向成本—收益解释和基于平等的解释开放（适用于刑事审判中的许多证据规则和理论也是如此，第五章和第六章阐述了这一点）。[10] 这种道德双重性
(moral dualism) 并不奇怪。法律的每一个分支，都在处理公平与 218
效率的冲突。证据法也不例外。与其他许多法律分支一样，证据

〔9〕 请比较 George P. Fletcher, Fairness and Utility in Tort Theory (1972) 85 *Harv. L. Rev.* 537（基于矫正正义的理由，认为非对等风险理论应当规制侵权领域的行为人—受害者关系；具体而言，一个人应当对因其将非对等风险施加给别人而产生的侵权损害负责）。

〔10〕 波斯纳的一篇文章受到批评，（尤其是）因为它只是在奇怪经济学术语的伪装下，简单地重述了常识。波斯纳的文章参见 Richard Posner, An Economic Approach to the Law of Evidence (1999) 51 *Stan. L. Rev.* 1477。批评意见参见 Richard Lempert, The Economic Analysis of Evidence Law: Common Sense on Stilts (2001) 87 *Va. L. Rev.* 1619。但是该批评选错了方向——这不仅是因为，发现常识与经济分析一致远非不重要。正如第五、六、七章所论证的，许多证据规则和理论能够同时从公平和效率的角度进行解释。然而，因为公平和效率是互相排斥的，论证两者之一（如效率）为某个重要法律分枝提供了完全令人信服的基础的理论，显然是不足取的。本章与第六章一起论证了，对证据法的经济分析（例如波斯纳的理论或者前面第五章提出的论述）只是在一定程度上令人信服。以牺牲公平为代价，将效率作为支配一切的证据法原理，是过于简单化了。Louis Kaplow 和 Steven Shavell 在 *Fairness Versus Welfare* (2002) 一书中认为，经济效益（转化成了社会福利）优于公平。具体而言，他们认为，人们对公平的感觉应当通过普通的功利计算来处理，这样总是会让社会和个人都变得更好。我不认为这种绝对的主张能够获得支持。（如果某些个体将对公平的感觉置于社会福利之上呢？难道社会福利不是一种“感觉”吗？）本书没有雄心去裁断边沁与康德理论之间的争论。相反，本书让这些相互冲突的理论，在同一个问题语境中——本质上是多元论而非一元论的——共同发挥作用。

法并不恪守单一的价值或目标。在两者重合的领域内——效率和公平催生了相似的证据规则和理论——这种排他性的缺乏并没有问题，甚至是值得追求的。避开价值冲突，在任何法律体系中都是值得肯定的。这促进了政治宽容和政治中立，减少了法律制度的证成负担。然而，公平和效率不会催生完全相同的错误风险分配制度。某些证据规则和理论符合公平，而其他的规则和理论符合效率。在一个能够避免自身规则和原则冲突的多元主义法律制度来说，存在这种分歧也不成问题。在这样的法律制度中，每个规则和理论各居其位。转化为法律机制的不同观念，规制着不同的领域。在某些领域，效率优于公平；在其他领域，公平在与效率的竞争中胜出。

然而，在那些没有具体规则决定错误风险分配的案件中，证据法中平等和效率原则的冲突，构成了一个问题。在这些案件中，裁判者行使着不受约束的裁量权，这允许他在效率和公平之间进行选择，甚至去选择既不公平又无效率的方案。第四章批评了这种授权裁判者按其所好分配错误风险的裁量权。该论述强调了自由证明的缺点，以及为司法事实认定设置一个全面的规制框架的必要性。在本章结尾，我提议通过平等原则来架构裁判者的事实认定裁量权。

本章的论述以下述方式展开。首先，我提出平等原理来解释普遍适用于民事诉讼的证明责任规则。然后，我展开这一原理，衍生出初级平等和矫正平等两个原则，用以解释和证成其
219 他的证据机制。按照前文的分类，这些证据机制包括排除、优先和补强。最后，我指出该原理对于自由错误风险分配的影响。

二、证明责任与平等

平等原则要求在原告和被告之间平等地分配错误风险。当风险变成现实，最初被分配承担风险的一方当事人就遭受了一个本

不应得的损失。根据平等原则，原告和被告可能遭受的这种损失，具有同等的负面效应。政府没有道德上的正当理由，去偏向其中一方。因此，民事诉讼中的错误风险，应当以一种不偏好一方而贬损另一方的方式，在诉讼双方之间分配。[11]

理想版本的平等原则，要求每一方都应获得一个他的主张的相对价值（relative value）。该价值等于所诉权利的价值乘以该方诉讼主张的概率（用经济学的术语来说，就是案件的预期价值）。因此，分配给每一方承担的错误风险之大小，等于对方案件的概率。当事实认定者无法确定相关的概率的时候，则将它们视为相等（这是无差别原则的要求，该原则也被称为“不充分理由原则”）。用P表示原告的主张的概率，用D表述诉讼标的的价值，那么原告从被告获赔的金钱数额等于PD。相应的，数额为（1－P）D的金钱，则由被告保留。

按照这种方法，在事实认定错误风险分配中，对平等的追求具有自身的重要意义，这独立于实体法。错误风险分配中的平等，因其自身的价值而被追求。这种方法背离了从属性观念——这种观念位于证明责任理论的核心，它将证明责任以及其他程序和证据机制附属于实体法及其潜在目标上。该方法冷落了证据法和程 220

〔11〕 参见*Grogan v Garner*，498 U.S. 279，286（1991）（因为优势证据标准会得出大致平等的诉讼双方之间的错误风险分配，我们假定该标准可适用于私人之间的民事诉讼，除非涉及一些具有特殊重要性的个人利益或权利）。对于这一原理及其理论基础的分析，参见Alex Stein，The Refoundation of Evidence Law（1996）9 Can. J. Law & Jurisp. 279，333-42。其他将证明责任规则建立在平等原理基础上的文献，参见James Brook，Inevitable Errors：The Preponderance of the Evidence Standard in Civil Litigation（1982）18 *Tulsa L. J.* 79，85；Ronald J. Allen，Burdens of Proof，Uncertainty and Ambiguity in Modern Legal Discourse（1994）17 *Harv. J. L. & Pub. Pol'y* 627，634；David Hamer，The Civil Standard of Proof Uncertainty：Probability，Belief and Justice（1994）16 *Sydney L. Rev.* 506。

序法的首要目标：准确地实施实体法。〔12〕实体法通过设定两分式法律分类框架（例如“合同/无合同”“侵权/无侵权”“遗嘱/无遗嘱”等）而架构裁决规则。〔13〕在这种框架中，案件被以全有或全无（all-or-nothing）的方式裁决。例如，在典型的侵权案件中，裁判者需要确定：是否被告对原告负有防范损害的义务；是否被告有行为过失，施加给了原告遭受所起诉的损害的风险；是否原告实际上遭受了损害；这种损害是否由被告的疏忽行为引起。这四个行为要素（义务、过失、损害、因果）中的每一个，都需要被认定为已被证明或未被证明。不存在第三种可能性。一些更微妙的理论——比如通过解释诉讼双方的相对过错来分摊损害责任的理论——也是以类似的方式展开。在适用相对过错理论的时候，裁判者需要确定原告是否有过错，比如，原告对于所诉损害的发生或者对于未能减小损害是否有过失。尽管这种理论及其附带的理论，分摊了对于损害的责任，但是仍然需要以全有或全无的方式裁决引发这些理论适用的过错。例如，裁判者不能仅根据以下认定而裁决原告承担所诉损害的30%：损害是由原告自己造成的，这一主张的概率是0.3。当损害是由被告造成的这一故事版本具有0.7的概率时，裁判者必须认定被告对全部的损害负有责任。

实体正义是不可分割的。根据法律的正义（justice under the law）这一观念，不能因为出现司法事实认定的不确定性而被扰乱。如果存在占优势的理由，支持认定被告错误地引发了对原告

〔12〕这种工具主义的观念，当然与边沁紧密相连。参见 Gerald Postema，The Principle of Utility and the Law of Procedure：Bentham's Theory of Adjudication（1977）11 *Georgia L. Rev.* 1393。但是，也请参见 Robert Summers，Evaluating and Improving Legal Process—A Plea for “Process Values”（1974）60 *Cornell L. Rev.* 1；Michael D. Bayles，Principles for Legal Procedure（1986）5 *Law & Phil.* 33（描述了某些程序机制的内部价值）。

〔13〕Dworkin，前注〔5〕，119－22，将这些分类称为“裁决概念”（dispositive concepts），因为法律要求法官必须通过这些分类裁决案件。

的损害，那么这些理由应当被认为足够的好，可以提供给原告完全的根据法律的正义。相应的，被告应该被强制承担整体的损害，而不是与概率相对应的部分损害。反过来，若事实认定者要将这些理由评估为不占优势，就需要认定：存在占优势的理由，说明 221
被告没有错误地损害原告（评估后认为原告的主张未得到证明，也是一个这样的理由）。在任何这样的案件中，裁判者都应当授予被告完全的而不是部分的正义。

两分式的方法保护了法律权利的稳定性。如果法律权利变成部分性的，因此每一个权利将会按照其背后的事实之概率来限定，那么司法制度——代表了其背后的关于正确与错误的社会观念——将会被侵蚀而且无法补救。关于不法性的观念，与关于权利的观念一起，将会完全消失。[14] 由此引起的不确定性，将会创造一个混乱的法律世界；其中没有正确和错误，也几乎没有什么东西是一个人根据法律毫无争议地可以做或不可以做的。因为法律要以社会秩序而不是混乱为目标——这在道德上是可辩护的——所以法律需要规定一套不可动摇的权利与违法行为。上述相对论者的路径使权利和违法性的社会意义及运作重要性，取决于它们背后的事实之概率，从而废除了权利和违法性。法律应当舍弃这种路径。[15]

在这种框架之下，伴随于对事实问题——这些事实问题涉及单一的法律范畴，如侵权、违约等——的裁决的错误风险，无法在诉讼双方之间平等地划分。如果平等原则在适用上是独立和自主的——也就是说，它不与实体法关联——那么，通过允许原告从被告获得与其案件概率相称比例的赔偿，它就能够确定平等的错误风险分配。然而，该原则属于证据法和程序法——实施实体

〔14〕请比较 George P. Fletcher, The Right and the Reasonable (1985) 98 *Harv. L. Rev.* 949。

〔15〕关于法律生成正确与错误之社会意义的功能，参见 Dan M. Kahan, Social Influence, Social Meaning, and Deterrence (1997) 83 *Va. L. Rev.* 349。

法的机制。平等原则无法获得独立性和自主性，而需要以不同方式适用。既然不能拆分关于不可分的法律范畴（例如侵权或违约）的错误风险，那么该原则必然会将全部的风险施加给一方当事人。在这种限制下，原告和被告在下述意义上被平等地对待：任何一方当事人，除非他的案件有更好的理由支持，否则他在事实认定中不会获得相对于另一方的偏向性。相应的，事实主张（或真或假）被更弱的理由支持的那一方，承担了错误风险。当一方主张的可能性大于不可能性时，他就对整个案件胜诉。

这种错误风险分配仍然无法为势均力敌的案件提供一个打破僵局的规则；在这样的案件中，原告和被告相互冲突的主张之概
222 率相等（在形式上表示为 P＝0.5）。对于这样的案件，可以采取严格的 P＞0.5 规则，该规则要求原告以占优势的证据来证明**整个案件**。如果原告未能履行该责任，他就不能从被告获得赔偿。正如第五章论述的，从功利主义的成本—收益角度来看，该规则是正当的。然而，平等原则无法证成，将该规则作为适用于所有平衡案件的裁决规则。尽管在单个的 P＝0.5 案件中，关于哪一方（原告或被告）承担错误风险，平等原则不置可否；但是，它反对普遍的 P＞0.5 规则，因为这个规则系统性地偏向被告而非原告。不愿接纳这个规则后，平等原则通过**分摊独立的法律要件**（*apportionment of discrete legal categories*）——它们构成了背后诉讼中的证明对象——在原告和被告之间分配错误风险。按照这种分摊，原告要将与有利于他的法律要件相关的事实证明至比不可能更可能。被告要将与有利于他的法律要件（即“积极抗辩”要件）相关的事实证明至比不可能更可能。每一方都被置于附属于**他自己的主张**的错误风险之中，也就是与那些将他的案件归到所适用的实体法之下的事实相关的错误风险。在典型的侵权诉讼中，原告需要以优势概率证明，被告错误地导致了他的损害。被告需要占优地证明共同过错，如果他要提出该抗辩来赢得诉

讼的话。因此事实认定错误风险以大概平等的方式在诉讼双方之间分配。[16]

这种形式的平等只是初级的，这意味着它可能需要一些保护 223
性措施。否则，将无法保证最终错误风险分配中的平等。因此，证据法需要发展出恰当的矫正平等机制。[17] 这种机制重新分配了证明责任，从而维持在原告和被告之间错误风险分配的平等性。当承担证明责任的一方因为对方的过错而无法履行证明责任的时候，就会发生这种证明责任的再分配。请考虑这样一个案件：医院的一名患者 P 需要进行一个紧急手术，该手术有 60％的机会使患者康复。医生存在疏忽，导致手术被延迟。被延迟的手术进展得非常顺利，但是该手术仅有 40％的机会使患者康复。最终，P 未能康复。P 起诉了医生，将最终的病患归因于医生的

〔16〕 Dale Nance 通过另一个源于公平的原则，即文明（civility）原则，来证成普遍的证明责任理论。文明原则假定，人们通常会遵守法律所设定的准则。据此，主张其他人有违规行为的人，应当以优势证据证明该主张。参见 Dale A. Nance，Civility and the Burden of Proof（1994）17 *Harv. J. L. & Pub. Pol'y* 647。这种证成方式引人注意。正如 Nance 正确指出的那样（同前，661－72），该理论的替代性原理（但不包括平等性）——它们指向了民事程序中的诉辩结构、未清晰阐述的“政策考量”以及积极抗辩通常得不到支持这一事实——是存在问题的。所以，错误风险分配中原告和被告之间的平等性，是文明原则的唯一竞争性理论。Nance 的分析没有明确包含民事诉讼中的歉意抗辩（excusatory defence）。例如，在一个案件中，被告提出自己存在缔约过失，以此作为逃避合同违约责任的理由。被告的这种抗辩，没有涉及对原告违反文明规范的指责。同时，被告也不能认真地主张：因单方缔约过失而达成合同，随后又否认违约责任，是一个很符合文明规范的行为。该行为没有满足一般的合同规范，但是作为向人类缺点的让步，可以使人们对此免责。因此，任何此类抗辩都需要被提出者以优势证据证明。参见 Stein，前注〔11〕，337（本书页边码——译者注）。文明原则能够而且应当包含这一要求，通过依赖责任豁免而移除其对当事人的假定。然而，适用该原则仍然存在问题，因为假定的强度有各种等级。参见 Edna Ullmann-Margalit，On Presumption（1983）80 *J. Phil.* 143。为什么要使文明假定像 Nance 所设想的那么强呢？文明原则为将举证责任（或者说提交证据的责任）施加给指控对方为违规者的一方，提供了一个看起来可信的理由。然而，不存在压倒性的理由，要求在违规概率等于 0.5 的时候（这是说服责任发挥作用的唯一情况）适用该假定。文明原则不能证成，在平衡案件中对**非说服风险**（*risk of non-persuasion*）的分配。

〔17〕 民事诉讼可能包含不同的矫正平等观念。对于其中一种（本书未采纳这种观念），参见 Alan Wertheimer，The Equalization of Legal Resources（1988）17 *Phil. & Pub. Affairs* 303（主张对诉讼中的机会进行限缩，以使它们更平等）。

医疗事故。[18] P 无法证明医生的疏忽与自己的病痛之间存在因果联系。简单的统计分析显示，P 指控医生的因果联系主张成立的概率等于 1/3。[19] 因为控制性的过失理论将该主张作为 P 的诉因之构成部分，一般的证明责任理论会判决 P 败诉。

224 然而，请注意，医生的责任不仅是因为其疏忽行为将 P 最终陷入病痛的风险提高了 20%——该风险可能已经实际上转化成所诉的损害，也可能没有转化。医生还应该对本案因果关系的不确定性负责任。更具体地说，医生应当对因他们的疏忽而让 P 遭受的**证据损害**（*evidential damage*）负责任。因为他们的疏忽，P 才无法查清导致病痛的原因并在法庭上予以证明。换言之，被告损害了原告的举证能力。因此，如果原告因为不能证明因果关系而败诉，被告就会从自己的过错中受益。在这样的案件中，除了民事诉讼双方通常承担的错误风险之外，原告还承担了由被告单方面造成的事实认定错误风险。将这种风险施加给原告，被告就使自己豁免于同样的风险。这样的结果违反了平等原则，而根据现有理论，平等原则决定着对错误风险的分配。之所以说违反了平等原则，是因为原告承担的错误风险不仅仅等于 1/3。1/3 这个数字没有捕捉到在无医生疏忽情况下原告对于康复的**个人化**预期

---

[18] 这些事实改编自上议院对以下案件的裁决：*Hotson v East Berkshire Area Health Authority* [1987] 1 A. C. 750（裁决认为，患者失去的康复几率，不构成可提起侵权诉讼的损害）。加拿大最高法院在以下案件中做出了类似的裁决：*Lawson v Laferriere*，78 D. L. R. 4th 609 (1991)。美国的案例参见 *Herskovits v Group Health Cooperative of Puget Sound*，664 P. 2d 474 (1983)（裁决认为，当医疗过失减小了患者康复的几率时，失去的几率构成了可以起诉的损害）。对于这一问题的完整讨论，参见 Ariel Porat and Alex Stein，Indeterminate Causation and Apportionment of Damages：An Essay on *Holtby*，*Allen* and *Fairchild* (2003) 23 *OJLS* 667。

[19] 按照这一分析，医生的过失将 P 从一类相似处境的患者（A 组）转移到另一类（B 组）之中。在 A 组，60%的患者会痊愈。在 B 组，只有 40%的患者痊愈，60%的患者则不会。因为 P 没有痊愈，所以他属于 B 组中的那类占 60%的患者。在这 60%的人中，40%的人本来就不会痊愈，20%的人是因为医生的过失而未能痊愈的。最后，P 关于他是这 20%的人中之一的主张之概率，等于 20/60，即 1/3。

(*individualized* prospect)。[20] 被告的疏忽使得这种概率无法确定，这构成了一个非对等的错误风险。

因为被告一方所犯的错误，才使得这种风险是不对等的。被告的错误使这种风险不利于原告。无过错地制造的事实认定错误风险，并不必然不利于风险制造者的对方当事人；一个没有过错、没有将任何损害风险施加给别人的人，也可能无意地引发对自己的证据性损害。但相比之下，由一个人的错误行为引发、使另一个人遭受持续损害风险的证据性损害，总是单方面的。[21] 因此，矫正平等理论应当进入该情境，通过再分配证明责任来矫正不平衡状态。

这个稍显复杂的案例，代表了这样一类案件：在这些案件中，有一个明确的特点，即被告引发了证据损害。这种案件被称为妨碍案件（spoliation cases）[22]，它们涉及对证据的隐匿和破坏，不 225
管是过失的还是故意的。它们也包括对证据的篡改和对证人的恐吓。对于这些案件，矫正平等理论规定了对证明责任——相应的，也是对事实认定错误风险——的再分配。证据损害理论[23]与矫正平等理论，在功能上是同一的。

三、作为矫正平等的证据排除

通常，平等原则支持采纳所有与审判相关的证据。排除了一

---

〔20〕 参见前文第 72－73、100－102 页（本书页边码——译者注）。如果这种预期没有被认可，将说服责任转移给被告不会改变案件结果。原告的诉请仍然会被驳回。

〔21〕 参见 *Tort Liability Under Uncertainty*，前注〔18〕，160－9。

〔22〕 一般性地参见 Lawrence B. Solum and Stephen J. Marzen，Truth and Uncertainty：Legal Control of the Destruction of Evidence（1987）36 *Emory L. J.* 1085；Jamie S. Gorelick，Stephen J. Marzen，and Lawrence B. Solum，*Destruction of Evidence*（1989）；Dale A. Nance，Missing Evidence（1991）13 *Cardozo L. Rev.* 831。

〔23〕 参见 *Tort Liability Under Uncertainty*，前注〔18〕，160－206。对这一观点的批判性评述，参见 Jane Stapleton，Book Review（2003）66 *M. L. R.* 308；Vern R. Walker，Book Review（2002）1 *Law，Probability & Risk* 175；Richard Friedman，Dealing with Evidentiary Deficiency（1997）18 *Cardozo L. Rev.* 1961。对证据损害理论的批评意见，主要是指责它在侵权领域创设了一个独立性的权利。这些批评意见对于证据损害理论中的证明责任转移机制，则基本上认可。

项相关但被界定为不可采的证据，证据法就将与该证据相连接的错误风险施加给了举证的一方。相应的，该证据的相对方豁免于该风险。这种单方面的结果，对于自由证明制度来说，通常是不可取的。可以认为，自由证明制度通过授权事实认定者考虑所有相关的证据，并且在具体个案中确定其证明价值，从而更为平等地分配风险。这种制度避免进行任何系统性的倾斜分配错误风险。在这种制度中，事实认定者考虑每一个事实版本，采取一切实践努力去避免错误。因此事实认定错误的发生完全是偶然性的。在原告和被告之间的这种分配方式，是没有偏向性的，它甚至像博彩那样具有随机性。该制度给原告和被告施加了大概相等的事实认定错误风险，也平等地保护双方免于风险。因此自由证明似乎具有重要的平等主义特征。〔24〕

然而，自由证明只是保证了风险分配中基本的平等，还远不能保证在最终的错误风险分配中的平等。在民事诉讼中适用这种制度，只是设置了初级平等。若要恰当地维持该设置，还经常需要一些矫正平等机制。**这些机制使具有以下特点的证据失去了可采性：该证据将一个非对等性的——因此也是不平等的——错误风险施加给了对方，从而制造了诉讼双方之间的不平等。**

226 正像第三章和第四章所解释的，裁判者决定考虑任何的具有不确定证明效果（probative impact）和根据（credentials）的证据，都会包含错误风险。如果事实认定者考虑的证据既是单方面的（即主要支持举证者的案情）又是不可验证的（不能同时进行证伪和证实检验），这种风险就是非对等性的。这样的证据只会有益于举证方，而对方当事人没有机会使用该证据。因为对方不能恰当地检验该证据的证明效果和根据，该证据引起的错误风险排

〔24〕 这一特征或许可以解释 Hermann Kantorowitz 的诗意化的评论：“从刑讯的遗迹中，让沮丧者惊恐，成功地诞生了，证明评价之自由，这是当代的荣耀”。引自 James E. Herget and Stephen Wallace, The German Free Law Movement as the Source of American Legal Realism (1987) 73 *Va. L. Rev.* 399，415. 正如第四章所解释的，自由证明的这种平等主义面貌，只是一个表象。

他性地落在对方一边。关键的一点是，这种证据没有给举证的一方带来任何风险，这制造了诉讼双方之间的不平等。矫正平等的要求，使这种证据不可采。

通过排除这种证据，矫正平等与第三章提出的最大个别化原则（PMI）形成合力。正如第三章所解释的，PMI 提供了一个在认识论上合理的事实认定规则。就此而言，它能够正当地运行于司法事实认定的认识论领域。但不止是最大个别化原则在运行。该原则经常与成本—收益理论发生冲突（第五章证明了成本—收益理论同样是合理的）。根据成本—收益理论，事实认定者通常以减少事实认定错误和避免错误的总成本的方式来处理证据和证明。[25] 这种功利主义原则可能会支持一个非个别化的事实认定制度。认识论上的理由无法解决这种冲突。但是最大个别化原则可能仍然被认为具有足够的吸引力，胜过了成本—收益考量。它之所以具有吸引力，是因为其不仅是在认识论上，而且是作为一个在错误风险分配中保障平等性的工具。通过坚持个别化的证明——所有可采的证据均受到具体个案化检验且可被对方使用这一事实认定要求——这一原则阻止了证据上的单方面性，并且促进了平等性。PMI 所致力于保障的风险分配中的平等性，是一个道德和政治上的优点；对此，认识论上的理由不置可否。同样的，认识论上的理由既不支持、也不反对采纳成本—收益理论。在这两种原则之间的选择，是一个政治道德问题。认识论上的考虑，不会要求最大个别化原则胜出；是那些支持平等的（而非粗糙功利主义的） 227
错误风险分配的道德和政治理由，赋予该原则以优先性。因此

〔25〕有时，法律制度需要提高证据和程序要求，来抵消由于责任规则泛化和（法律内外的）惩罚严苛化所造成的过分阻却效应。这些证据和程序要求，减少了追究责任的频率。结果，潜在违规者们对责任的预期概率降低了，他们对惩罚的预期也降低了。这些证据和程序机制在涉及不可避免的法律过分实施的案件中，是有必要的。本书第 20－25、153 页（本书页边码——译者注）进行了简要讨论。完整的讨论参见 Richard A. Bierschbach and Alex Stein，Overenforcement（2005）93 *Georgetown L. J.*（即出）。

PMI附属于（初级的和矫正的）平等原则。所以我接下来的讨论——包括对优先、补强和自由裁量的分析——将PMI作为一项平等原则来对待。

我对于促进矫正平等的排除机制的讨论，集中于那些规制采纳传闻[26]、品格[27]和意见[28]证据的规则。这些英美证据制度的主流规则，遵循着一个共同的原则：**不受诉讼双方和事实认定者的个别化检验，或者无法被对方当事人反利用（adverse utilization）的证据，不可采**。当一项证据与当前案件的关系无法个别化的时候，这种关系只是许多可能的关系中的一个。当一项证据不会受到详细审查的时候——通过这种详细审查，对方可以利用该证据，或者将该证据的影响个别化——使对方遭受该证据带来的任何不利结果，都是不平等的。因为这些原因，使用品格证据证明个性与行为之间因果关系的企图，几乎总是被禁止。[29] 建立这种联系的论证，可以适用于某些情况，但不能适用于其他情况。某些人的行为会与其品格一致，但另外一些人则不一致。关键的一点是，任何这类论证都处于不确定之中。为这种论证提供根据是不可能的，因为无法检验以下主张：在所审判的事件中，相关的个体作出的行为，与其品格是一致的。尽管存在说明他以此种方式行为的概括，但是这种涵盖的一致性只是众多的涵盖一致性中的一个，而且不会受到个别化检验。因为事实认定者采纳这个概括，而使这个概括的反对方遭受错误风险，是不平等的。当然，事实认定者可能采纳也可能不采纳这个概括。但是采纳它之后所带来的错误风险是单方面的。风险被以不利于该证据的对方当事人的方式分配，对方当事人既不能使该证据受到个别化检验，也不能使用该证据来促进他自己的审判目标。相比之下，该证据的

---

〔26〕 参见例如，《联邦证据规则》801－7。

〔27〕 参见例如，《联邦证据规则》404，405，608，609。

〔28〕 参见例如，《联邦证据规则》701－2。

〔29〕 参见《联邦证据规则》404（a）。

举证方不承担什么风险。对于他而言，最差的结果只是：事实认定者拒绝根据“一致性行为”概括认定事实。

然而，具体个案证据（即个别化的证据）与此不同。这样的证据除了偶尔会关注一个人的品格之外，倾向于个案具体化地证明人们的“动机、机会、意图、准备、计划、知识、身份、无错 228
误或者无意外事件”等。[30] 同样的道理，也适用于那些提供关于某个人或组织的特定习惯或操作规程的事实描述（而不是道德描述）的证据。[31] 这样的证据受到了个别化检验，因此是可采的。

传闻规则也是一个旨在确保矫正平等的排除机制。传闻规则区分了两类传闻陈述。可以宽泛地将传闻陈述界定为明示或暗示的庭外交流，它们被用来证明其内容的真实性。[32] 第一类传闻陈述包含那些绝对的传闻证据，它们的内容是单方面性的，不受当庭交叉询问和其他恰当方式的对抗式审查。第二类传闻陈述则包括那些要么受到对抗式审查、要么可被对方用作支持自己案件证据的传闻证据。根据排除传闻规则，属于第一类的陈述通常是不可采的。而根据传闻规则之例外，属于第二类的陈述通常是可采的。

在论证这种分类方式与美国的制定法一致之前[33]，我需要阐述另一个一般性观点。上述两类传闻陈述中的每一种，都具有证明价值。任何这样的陈述都会产生事实生成型论证，事实认定者可以理性地依赖该论证（但受制于无法铲除的错误风险）。任何此类陈述的证明价值，总是取决于每一个别案件的具体性。这两类传闻证据都会产生错误风险。与陈述的证明价值相似，这种风险也因个案而异。然而，有一个关于风险分配的特征保持不变：采纳了一个不受检验和单方面的传闻陈述，会给该陈述的对方当事

---

〔30〕 参见《联邦证据规则》404（b）。

〔31〕 参见《联邦证据规则》406。

〔32〕 参见《联邦证据规则》801（a－c）；*Wright v Doed. Tatham*（1837）7 A & E 313；*R v Kearley*［1992］2 All ER 345（HL）。

〔33〕 英国所适用的自由裁量模式，将在下文第六部分讨论。

人施加不对等的错误风险。产生于任何这种陈述的事实生成型论证，几乎总是会有利于该陈述的提出者（否则，他就不会提出该陈述作为证据了）。因为该陈述是不可检验的，它的反对者无法检查它的有效性以及它对于当前案件的适用性。反对者也无法通过引入会促进其审判目标的额外信息，而利用该陈述或者利用对它的当庭检验。所以，该陈述的提出者几乎不承担任何风险，而他的对方当事人承担着有悖于自身利益的错误认定风险。对于该陈
229 述的提出者而言，最坏的可能性（相应的，也就是对于反对方的最好可能性）就是，事实认定者不认为该陈述可信地证明了举证方的主张。对于反对方而言最坏的可能性（也就是对于举证方的最好可能性）是，事实认定者积极地认定该陈述为真。可见，若采纳任何此类陈述，就会使其反对方遭受非对等的、因此也是不平等的错误风险。

请考虑这样一个例子。有一位证人在一个合同违约案件中作证说：他的朋友希瑟告诉他，被告曾向她坦言自己不打算履行与原告之间的合同。这是证人唯一知悉和予以作证的相关信息。希瑟的陈述可能真实，也可能不真实：如果采纳了证人的证言，事实认定者就需要决定希瑟陈述的可信性。在这种情况下，被告人通过交叉询问证人（而不是希瑟），是无法推动自己的案件的。希瑟的陈述若被采纳为证明其内容真实性的证据，不会给举证一方（即原告）带来任何风险。对于原告来说，最坏的情况就是事实认定者拒绝认为该陈述证明了所诉的违约行为。最好的情况当然是，事实认定者认为该陈述充分地证明了违约。这种情况也是对于被告而言的最坏情况。因为希瑟的陈述是不可检验的，采纳了该陈述就给被告施加了不对等的错误风险。因此，根据矫正平等原则——排除传闻规则在目前讨论的案例中实施着该原则——该陈述应当被认定为不可采。

与上述结论相反，原告可以主张：采纳希瑟的陈述作为证据，同时允许被告按其所愿引入传闻证据，也能够维持平等。这种观

点指向了当事人在进行对抗式竞争上的机会平等。可以说，双方当事人的机会都是平等的，因为它是开放性的。正如前文已经解释过的那样，这种观点尽管乍看起来有吸引力，但最终是缺乏说服力的。这种观点注定会失败，因为它所指向的是一个完全形式化、空洞的“根据法律的平等”概念。[34] 这个概念忽略了个体社会条件和实际机会方面的不平等，因此禁止了“富人和穷人平等地睡在桥下、到街上乞讨和偷面包”[35]。不仅如此，这种观点注定会失败还有更平凡的原因，不同于宏大的社会经济政策。诉讼一方与另一方之间进行对抗式竞技的实际机会，总是取决于单个案件的偶然性。因为这种机会取决于每一方可获得的证据，它本 230
质上是偶然性的：有的当事人持有比别人更多的证据，有的当事人则相反。事实认定从来都无法完全摆脱这种偶然性。在任何法律制度中，某些证据会缺失，某些证据则不会。然而，使审判结果取决于一方能够获得、另一方却无法获得的大量证据（既包括可检验的证据也包括不可检验的证据），会在很多案件中产生显著的不平等错误风险分配。

为了满足平等要求，证据法应当设定这样一个明确的要求：事实认定者的证据基础总是要向双方的对抗式检验开放。为了实现这一目的，证据法需要对诉讼双方提交的证据实施管控。具体而言，它需要保证：事实认定者的证据基础的每一个部分，都应当允许每一方提出自己的事实生成型论证，或者至少是证伪对方的事实生成型论证。因此，裁判者应当排除任何未能满足该标准的证据。不能被对方证伪和利用的传闻陈述，是这些不可采证据中的显著一类。

需要注意的是，事实认定者不愿根据某个特定证据作出裁决这种可能性的存在，不意味着该证据是可检验的。对于事实主张

---

〔34〕 参见 Peter Westen，The Empty Idea of Equality (1982) 95 *Harv. L. Rev.* 537。

〔35〕 Anatole France，Le Lys Rouge，in *Five Works of Anatole France* (W. Stephens trans. 1924) (1896)，p. 91.

的提出者而言，事实认定者将该主张裁决为未证明，要比该主张被证伪好一些。相应的，对举证方主张的证伪，是对方当事人能够得到的更好情形。每一方当事人竭力赢得的案件，通常都包括多个事实主张。积极认定某个主张为假（而不仅仅是未证明），可能表达了对举证方整个案件的不信任。因此，反对方不仅可以直接地利用举证方的证据——当该证据或者对它的当庭检验提供了可推动反对方案件的信息的时候；而且可以间接地利用举证方的证据——当该证据被证伪以及当对它的证伪表达了对整个举证方案件的不信任的时候。具有这种**反利用前景**的证据，满足了对等风险要求。这种证据加入事实认定者的证据基础，不会破坏错误风险分配中的平等性。不具有反利用前景的证据则违背了平等要求。事实认定者最终不会认定该证据证明了相关事实假设这一前景（即“未证明”的情形），没有让反对方足够受益，以至于可以抵消举证方积极证明的前景。

现有证据规则之例外使其具有可采性的那些陈述，通常可以
231 被对方当事人反利用。因此这类陈述满足了错误风险分配中的平等要求，它们可以被采纳用以证明其内容的真实性。这一正当化理由补充了前一章提出的与刑事审判有关的传闻例外之理论基础。传统观点在论述现有传闻规则之例外的理论基础时，指向了它们的社会必要性，以及对例外可采的传闻陈述之可信性的环境保障(circumstantial guarantees)。[36] 正如第六章所论证的，这种理论基础未能指向正当的刑事审判错误风险分配（在美国，对传闻规则的宪法化改进很大程度上纠正了这一问题）。该理论基础对于错误风险要么降在原告身上、要么降在被告身上的民事诉讼也是同样不合适的。“社会必要性”理论无法证成向其中一个方向倾斜错误风险。至于对可信性的环境保障，该特征取决于每个案件的具体特点。它几乎无法运用到一般的证据种类上。所以本书提出的

〔36〕 参见 John H. Wigmore, *A Treatise on the Anglo-American System of Evidence in Trials at Common Law* Vol. 2 (3rd edn., 1940), §§1420-2。

传闻例外之理论基础，比传统的正当化理由更有说服力。

请再考虑根据传闻规则之既成事实（res gestae）例外而具有可采性的自发性陈述。[37] 根据该例外规则，如果一个传闻陈述是在陈述人形成知觉或经验的同时解释或描述一个事件或感觉，那么这个陈述可以采纳。证成这些例外的传统观点认为，陈述人的自发反应通常不会包含故意的或有意识的（相对于潜意识的）欺骗。[38] 这种正当化理论没有考虑到那些庭外证人在诚实心态下犯的错误。传闻的危险性不仅包括陈述人故意撒谎的情况，还包括证人在诚实心态下的误导性事件陈述，以及记忆错误和感知错误。[39] 我们可以认为，没有撒谎可能性而又表述清晰的传闻陈述应当是可采的；同样的，法庭通常应当采纳那些感知和记忆事件能力被证明不低于平均水平的陈述人所作出的任何传闻陈述。[40] 因此，当传闻的危险性有两个而不是四个的时候，传统路径看起来支持采纳该传闻陈述。[41] 尽管从描述性的角度看来，这种解释可能是合理的，但是它无法恰当地证成传闻规则的既成事实例外 232
（及其他例外[42]）。

平等原则所支持的反利用标准，提供了所需要的证成。为了使一项传闻陈述作为既成事实例外而具有可采性，举证方应当提出一名对该陈述的背景条件有一手知识的证人。该证人应当提供信息，说明陈述人是自发性地作出该陈述。因此，该陈述的反对方能够针对该信息或者其他关于陈述可信性的信息交叉询问证人。在考虑这类证人（即相关事件的知情者）需要直接知悉何种信息，才能有资格成为就既成事实陈述而作证的证人时，交叉询问有重

〔37〕 参见《联邦证据规则》803（1）－（3）；*McCormick On Evidence* Vol. 2（4th edn.，1992），pp. 206－45。

〔38〕 参见例如，Edmund Morgan，*Basic Problems of Evidence*（1962），pp. 340－1。

〔39〕 Edmund Morgan，Hearsay Dangers and the Application of the Hearsay Concept（1948）62 *Harv. L. Rev.* 177.

〔40〕 参见 Laurence Tribe，Triangulating Hearsay（1974）87 *Harv. L. Rev.* 957。

〔41〕 同前。

〔42〕 Tribe（同前）提出这种解释，作为对传闻规则例外的统一描述性理论。

要意义。首先，它可以证伪陈述人的陈述。其次，它可以从证人那里引出支持反对方案件的其他信息，尤其是当反对方被允许针对超出举证方询问范围的事项交叉询问证人的时候。〔43〕所以，该陈述对于举证方和反对方，都会带来优势和劣势。任何一种结果都可能符合真实的事实，也可能不符合（事实通常是不可知的）。因此，错误风险平等地落在双方当事人身上——绝对的传闻陈述无法做到这种分配方式。

基于类似的理由，法庭应当采纳为了医学诊断或治疗目的而作出的陈述，如果它们描述了陈述人的就医历史、感觉、症状和因果关系的话。〔44〕采纳这类陈述，通常需要一名医生、护士或其他医护人员作为支持性的证人。在交叉询问中，该证人一般能够提供关于陈述人的诊断和医疗以及陈述人可能做出的任何其他陈述的完整信息。这一因素使得对方当事人可以利用陈述人的陈述。

以反对方具有对陈述人直接进行交叉询问的能力和机会为条件的传闻规则例外，也保证了错误风险分配中的平等性。这些例外也扩展至：记录了证人过去（而非现在）的事件记忆的文
233 件〔45〕；与证人当前证言不一致的先前陈述〔46〕；当反对方主张当前证言是新近捏造的或不当动机影响的结果时，与该当前证言一致的先前陈述〔47〕；证人先前作出的对人物的庭外辨认。〔48〕这些例外也扩展至陈述人在其他法律程序或作证程序中作出的陈述，前提是该证据的反对方或者他所继受利益的主体具有机会和类似的动

---

〔43〕参见《联邦证据规则》611（b）。当对出庭证人的超范围询问，涉及陈述人的陈述可信性的时候，法庭通常会准许。参见《联邦证据规则》806；McCormick *on Evidence* Vol. 1 (4th edn., 1992)，pp. 85-90；McCormick Vol. 2，前注〔37〕，370-1。

〔44〕《联邦证据规则》803（4）。

〔45〕《联邦证据规则》803（5）。为了让这样的文件记录可以被采纳为关于其内容真实性的证据，通常要求证人对其鉴真，以及作证说明他对该事件记忆的不充分性使得自己不能完整和准确地就此作证。参见 McCormickVol. 2，前注〔37〕，254。

〔46〕参见《联邦证据规则》801（d）（A）。

〔47〕参见《联邦证据规则》801（d）（1）（B）；*Tome v United States*，513 U. S. 150 (1995)。

〔48〕《联邦证据规则》801（d）（1）（C）。

机去质询陈述人。[49] 其还扩展至那些对于已经作出的有罪判决是要件性的事实。[50] 最后，由学术性的或其他有良好声誉的出版物给出的陈述，若有一名专家证人当庭就其接受询问且认可其真实性，也是可以采纳的。[51] 在这些情况下，对于该证据的现在的或过去的反利用机会，确保了平等的错误风险分配。

另外一组传闻规则之例外，包括那些对正在进行的某种行为活动的文件记录，该行为活动是为了实现某种事务（包括公共的和宗教的事务，例如对所有权和个人身份的登记等）。[52] 这类例外也包括关于家庭历史的陈述[53]和记录[54]。当庭检验通常无法证伪属于这些例外中的证据。因此，这类证据所带来的反利用前景是很有限的。然而，由于这类证据所提供的信息，不是产生自以具体审判为导向的人为选择过程，它可以潜在地使民事诉讼中的双方都受益。更重要的一点是，既然这种证据会带来错误事实认定风险，产生该证据的方式保证了在原告和被告之间平等地分配错误风险。在产生此类证据的过程中出现的错误，完全是偶然性的。它们可能走向任何一个方向，但是没有系统的偏向性。

许多传闻规则之例外，扩展至实际上不会包含任何传闻危险性的陈述。这包括对方当事人的陈述（通常是庭外的坦白），不管是以个人身份还是以机构代表身份做出的。[55] 这类陈述的反对者 234
总是能够以自己的证言反驳它，而且无法提出任何有效的关于自己不能交叉询问陈述人的抱怨。这类证据不是单方面的或者不可

---

〔49〕《联邦证据规则》804（b）（1）。

〔50〕《联邦证据规则》803（22）。然而，该规则太宽泛。该规则不要求已经被定罪的人是后来民事程序中的一方当事人。在刑事诉讼中，对除被告人之外的其他人的判决，只能为弹劾目的而采纳。

〔51〕《联邦证据规则》803（18）。

〔52〕《联邦证据规则》803（6）-（12）；（14）-（17）和（23）。

〔53〕《联邦证据规则》804（b）（4）。

〔54〕《联邦证据规则》803（13）。

〔55〕《联邦证据规则》801（d）（2）（A）-（D）。根据规则801（d）（2）（E）而具有可采性的同谋者陈述，主要是关于刑事诉讼。

检验的。这类传闻例外也包括关于特定地区中的土地边界、风俗、历史、品格和婚姻的知识。[56] 从技术上说来，这类证据可以作为环境证据而发挥作用，而不是作为传闻证据，因为它们的存在本身就具有证明价值。这些例外使地区知识转化为可采的证据，要求一名具有个人知识的证人作证，该证人可以被反对方充分地交叉询问。因此，采纳这类证据不会导致不平等的错误风险分配。

传闻规则的濒死陈述例外[57]，不太容易契合这种制度设计。该例外规则使一个相信自己濒临死亡的人做出的“关于他所认为的死亡之原因和环境”的陈述具有可采性。在这一例外规则背后，是一个由来已久但是在心理学上有问题的原理：“人之将死，其言也善。”[58] 很显然，该命题不是完全准确的。符合濒死陈述例外的传闻陈述，不总是具有反利用可能性。不过，这种例外仅占据着相对狭窄的信息空间。根据该例外规则，只有那些声称是在解释陈述人主观预期的死亡之原因和环境的陈述，才具有可采性。更重要的是，该例外仅适用于陈述人无法出庭作证的情况。[59] 在这种情况下，陈述人的陈述一般是唯一能说明死亡原因和环境的证据。[60] 如果该证据的可采性被否定，陈述人的诉讼继受人所承担的错误风险就可能是失衡的。采纳陈述人的濒死陈述，允许事实认定者评价其证明价值，可能会实现更平等的风险分配。这种错误风险分配方式以及对濒死陈述例外的相应证成理由，是大致合理的；但是，也必须要承认，它们仍存在问题。

235 根据传闻规则的失权例外，如果一方当事人阻止了不利于自

〔56〕《联邦证据规则》803（19）、（20）、（21）。

〔57〕《联邦证据规则》804（b）（2）。

〔58〕参见 *Idaho v Wright*，497 U.S. 805，820（1990）。转引自 *Queen v Osman*，15 Cox Crim. Cas. 1，3（Eng. N. Wales Cir. 1881）（Lush L. J.）（“没有人，在即将回到造物者那里的时候，唇语之间还留着谎言”）。

〔59〕这种无法出庭的条件限制，适用于《联邦证据规则》804 中列举的所有传闻之例外。但是 804（a）对“无法作为证人”的界定非常宽泛。

〔60〕参见 McCormick Vol. 2，前注〔37〕，329－30。

己的陈述人作为证人出庭，该陈述人的庭外陈述就可以被采纳。[61] 这一例外能够很好地契合我的一般理论，但是与我正在讨论的机制不契合。正如下文所解释的，证据损害理论完全能够证成对这种例外的采纳，而证据损害理论也是源于平等原则。另一个本章稍后将讨论的传闻规则之例外，是裁量性保留。[62] 在美国，这种例外留存了下来。在英国，《1995 年民事证据法》废除了传闻规则，但是法官仍然享有宽泛的裁量权，可以拒绝根据传闻证据作出裁决。[63] 美国的裁量性保留和英国自由证明转向，将在下文关于自由裁量的部分予以讨论。

另一个保障矫正平等的重要排除机制，是控制科学和其他专家证言可采性的规则（这些规则构成了意见证据排除规则[64]的重要例外）。美国的法律制度和新的英国民事程序法表明，可以采用不同的规则实现同一目的。在美国，《联邦证据规则》702 以及最高法院的“多伯特三部曲”（即 *Daubert*[65]、*Joiner*[66]、*Kumho Tire*[67] 这三个判例）要求，专家证据的可采性取决于是否满足六个标准。[68] 第一，审判法院要确保，该专家据以提供证据的理论

〔61〕《联邦证据规则》804（b）（6）。

〔62〕《联邦证据规则》807。

〔63〕参见 Adrian A. S. Zuckerman，*Civil Procedure*（2003），pp. 669 - 70。在英国，几乎所有的民事案件都由法官独自审判（Zuckerman，同前，642n. 1）。

〔64〕如果非专家意见只是单纯的断言，没有证人可从其亲身知识中得到的具体个案事实支撑，则不可被采纳。参见 McCormick Vol. 1，前注〔43〕，41 - 7；Zuckerman，前注〔63〕，617 - 18。这种断言没有实际的意义，它们既不易受到个别化检验，也不会被反利用。所以矫正平等原则要求排除这种断言。

〔65〕*Daubert v Merrell Dow Pharmaceuticals*，*Inc.*，509 U. S. 579（1993）.

〔66〕*General Electric Co. v Joiner*，522 U. S. 136（1997）.

〔67〕*Kumho Tire Co. v Carmichael*，526 U. S. 137（1999）（将本来针对科学证据而设的多伯特门槛规则，扩展到所有类型的专家证言）。

〔68〕在英国，关于该可采性标准没有很具体的规定。当专家证据符合以下条件的时候，就可以采纳：它属于“一个得到普遍认可的专门知识领域，即一个被确定的原则和规则管控的领域；而且法庭认为该专家证据将有助于裁决争议”。Zuckerman，前注〔63〕，617 - 18。最近，在刑事证据法的领域，该原则经历了自由化发展。参见 *R v Robb*（1991）93 Cr. App. R. 161，164 - 6；*R v Dallagher* [2002] Crim. L. Rev. 821（CA）。尤其请参见 *R v Luttrell* [2004] 2 Cr. App. R. 31。

或方法原则上是**可验证的**；法院当然也应当考虑对该理论或方法已实际进行过的检验。第二，该专家的理论或方法，最好是（但不强制）经过同行评议后已在学术性或行业性文献中发表。第三，
236 该专家必须指出他的理论或方法的实际或潜在错误率。法院通常将高错误率作为排除专家证言的理由之一。第四，该专家的理论或方法，最好是（但仍然不强制）在相关科学共同体内得到了普遍接受。第五，法院要检验该专家从理论（或方法）到结论的推论过程，以此发现分析的空隙：严重的分析空隙将会构成排除专家证言的强制性理由。[69] 第六，法院要权衡该专家证言的潜在证明力与它可能具有的偏见或误导可能性。这一权衡由《联邦证据规则》403 所规定。

上述新的可采性标准，取代了弗赖伊案（*Frye v United States*[70]）所设定的标准。弗赖伊案是具有重要影响的先例，它要求专家证据的可采性取决于潜在理论或方法已得到“持续的和科学的认可”[71]。尽管完全可以将上述标准解释为反映了最高法院关于科学合理性的观点[72]，然后批评它们排除了好的科学证据[73]或者（反过来）允许法庭采纳坏的科学证据[74]，但是我

〔69〕 这个条件是在以下案例中提出的：*General Electric Co. v Joiner*，522 U. S. 136（1997）。

〔70〕 *Frye v United States*，293 F. 1013（D. C. Cir. 1923）.

〔71〕 对于弗赖伊规则及其影响的分析，参见 Paul C. Giannelli，The Admissibility of Novel Scientific Evidence. Frye v. United States：A Half-Century Later（1980）80 Colum. L. Rev. 1197。

〔72〕 最高法院看起来已经裁断了在科学哲学领域著名的波普尔—库恩争论［比较以下两者：Karl Popper，*Conjectures and Refutations*（5th edn.，1989）；Thomas Kuhn，*The Structure of Scientific Revolutions*（2nd edn.，1970）］，更偏向于卡尔·波普尔。参见 *Daubert*，前注〔65〕，593（采取了波普尔的对科学的证伪检验标准）。

〔73〕 参见 David L. Faigman，Is Science Different for Lawyers?（2002）297 *Science* 339；Ronald J. Allen，Expertise and the *Daubert* Decision（1994）84 *J. Crim. L. & Criminology* 1157；Margaret G. Farrell，*Daubert v Merrell Dow Pharmaceuticals Inc.*：Epistemology and Legal Process（1994）15 *Cardozo L. Rev.* 2183。

〔74〕 参见 David L. Faigman et al.，*Modern Scientific Evidence*：*The Law and Science of Expert Testimony*（2nd edn.，2002），pp. 10 - 13。

要提出一个不同的解释。正如本书自始至终所讨论的，司法事实认定最终涉及错误风险分配。这种分配需要反映诉讼双方的法律权利。具体而言，它需要反映诉讼双方针对各种错误风险的权利或者说豁免权。在目前的语境中，既然所适用的分配标准要求原告和被告对错误风险具有平等的利益关涉，设定将科学和其他专家意见采纳为证据之条件的规则，就应当符合平等标准。基于平等考虑而过滤专家证据的机制，应当致力于保证好的裁决，而不是好的科学。

从这个角度来看，用“多伯特三部曲”取代弗赖伊规则，对整个美国的民事司法制度（但不包括刑事司法制度〔75〕）带来了重 237
要改善。〔76〕根据弗赖伊规则，恰当的科学共同体的持续认可，可以使缺乏实证根据和无法受到任何检验的科学证据具有合法性。〔77〕采纳这样的证据违反了最大个别化原则。相应的，既然证据是单方面的，它强制性地给对方当事人分配了一个不平等的——因此也是不合法的——错误风险。弗赖伊规则也会使那些尽管可检验但是未能被相关科学共同体认可的科学证据变得不可采。〔78〕排除这样的证据，会分配给举证的一方不平等的错误风险。可检验的证据满足了 PMI 的要求，也就不能算作是单方面性质的，所以排除该证据缺乏足够的理由。

根据平等原则，当双方当事人聘请的专家意见冲突时，裁判

---

〔75〕 对于刑事诉讼而言，弗赖伊规则比“多伯特三部曲”规则更恰当。参见前文第六章的论述。

〔76〕 然而，大部分州仍未采用“多伯特三部曲”规则。参见 David E. Bernstein and Jeffrey D. Jackson，The *Daubert* Trilogy in the States (2004) 44 *Jurimetrics J*. 351。对于弗赖伊标准和多伯特标准的富有洞见的比较，参见 Edward K. Cheng and Albert H. Yoon，Does Frye or Daubert Matter? A Study of Scientific Admissibility Standards (2005) 91 *Virginia L. Rev*. 471（根据用以确定侵权被告人所显露的偏向性的司法排除标准，从弗赖伊规则转变为多伯特规则，在操作层面上是无关紧要的）。

〔77〕 参见 Michael J. Saks，The Aftermath of *Daubert*：An Evolving Jurisprudence of Expert Evidence (2000) 40 *Jurimetrics J*. 229，230。

〔78〕 同前。

者可以自己指定专家，而且通常更偏向采纳法庭指定的专家的意见。法庭自己指定的专家证言优先于对抗式专家的具有潜在偏向性的陈述，前者成为法律上的最佳证据。〔79〕《联邦证据规则》706规定，法庭不仅可以基于诉讼双方的请求指定专家，而且可以主动指定。法庭还可以根据《联邦民事诉讼规则》第53条指定特别
238 专家（special master），以此贯彻平等原则。〔80〕在英国，通过指定联合专家（joint expert），也可以实现同一目标。〔81〕这种指定方式“通过在一定程度上强化专家证言中的超然性和客观性——它们在对抗式专家意见中是难以获得的——能够实质性地促进事实认定程序的平等性”〔82〕。这一点也表明，优先机制是另一种可以服务于矫正平等的证据性机制。

四、平等和优先

作为一个维护错误风险分配平等性的工具，PMI确立了不同证据类型之间的比较等级。某些证据比其他证据更容易受到对抗式检验和向潜在的反利用开放。这些证据也比其他证据更符合最大个别化机制以及平等性要求。因此，这些证据应当被赋予优先

〔79〕参见McCormick Vol. 1，前注〔43〕，70－2；Margaret G. Farrell，Coping with Scientific Evidence：The Use of Special Masters (1994) 43 *Emory L. J.* 927。

〔80〕《联邦民事程序规则》第53条规定：“需要裁决任何案件的法庭，可以就此指定一个特别专家（special master）……‘专家’一词包括仲裁员（referee）、审计员（auditor）、审查员（examiner）和评审员（assessor）……任命专家的令状，可以具体规定或限制专家的权力；可以指示专家仅针对特定事项给出报告、做出或完成特定的行为、仅接收和报告证据；可以确定开始和结束听证、提出专家报告的时间和地点。在受到任命令状中列出的具体规定和限制的约束前提下，专家享有和应当行使权力，控制他所参与的听证中的所有程序事项，以及采取所有对于有效履行其被任命的职责来说必要或恰当的行为与措施。专家可以要求提交关于指定任务中包含的所有事项的证据，包括提交所有书籍、文章、凭据、文件和其他可用的书面资料。专家可以裁决证据的可采性，除非任命令状中有其他规定；有权传唤证人宣誓作证和询问证人；可以传唤当事人到庭，在其宣誓后对其进行询问。”

〔81〕《民事程序规则》35.7授权法庭可以主动指定一位联合专家。

〔82〕Zuckerman，前注〔63〕，623－4。

性。该原则不仅适用于在多个冲突证据之间的司法选择，而且适用于在多个竞争性的事实推论之间的选择。更符合风险分配平等性的推论，应当优先于其他的竞争性推论。

这种**优先策略**最直接的、或许也是最细微的例子，是最佳证据规则。根据这一规则，为了证明一份文件的争议内容，举证的一方应当提交原件。[83] 只有当举证方表明善意而且证明无法得到原件的情况下，才可以采纳复印件和其他形式的复制件。[84] 该规则促进了诉讼双方对文件证据的检查，以及对该证据的反利用机会。如果复制件可以被自由地采纳为证据，就会系统性地削弱反利用机会。对文件证据的对抗式检验，作为平等分配错误风险的工具，也会在很大程度上流于无效。

另一个优先策略的例子，是法律对具体个案证据相对于裸统计证据的一般性偏好。[85] *Smith v Rapid Transit*[86] 是这种偏好 239
性的一个传统美国权威案例。[87] 该案件的事实情境涉及两家运输公司，我们简称为蓝公交公司和红公交公司。两家公司在该地区的车辆数量不同。例如，蓝公交公司拥有该城镇80%的公交车，剩下的20%的公交车属于红公交公司。原告被一辆公交撞伤，但

---

〔83〕 根据规则1002，"为了证明一个文件、记录、照片的内容，应当提交原始的文件、记录或照片，除非国会法案中的规则有例外规定"。随后，规则1003又规定，"副本与原件有同等程度的可采性，除非：(1) 可以针对原件的鉴真而提出一个真正的问题；或 (2) 在本案环境下，采纳副本代替原件是不公正的"。

〔84〕《联邦证据规则》1004。

〔85〕"一般性"这个限定词为例外留出了空间。参见下文第239－240页（本书页边码——译者注）。

〔86〕 *Smith v Rapid Transit*, 58 N. E. 2d 754 (1945). 对该案裁决的（技术层面的）批评讨论，参见 Daniel Shaviro, Statistical-Probability Evidence and the Appearance of Justice (1988) 103 *Harv. L. Rev.* 530。

〔87〕 对其他案例的索引，参见 Mary Dant, Gambling on the Truth: The Use of Purely Statistical Evidence as a Basis for Civil Liability (1988) 22 Colum. J. Law & Social Probs. 31 at 31n. 1。也可参见 *United States v Shonubi*, 103 F. 3d 1085 (2nd Cir. 1997)（要求用具体个案证据证明裁判事实，反对使用裸统计证据）。但是，请参见波斯纳法官在以下案件中的裁决：*United States v Veysey*, 334 F. 3d 600 (7th Cir. 2003)（认为民事和刑事裁决都可以依赖裸统计证据）。

是因为她是色盲而无法认清车辆颜色。她打算向蓝公交公司索赔。她主张，自己起诉蓝公交公司的案件成立的可能性为 80%。在这种情况下，原告的诉讼应当被驳回，因为它依赖于一个由概率理论提供的非个别化的概括。根据这个概括，所有的情形构成了一个宽泛的集合（蓝色或红色公交危及和撞伤了行人），而最可能的事实版本是属于最大子集（蓝公交）者。这个概括将被告（蓝公交公司）与一个事故概率（被假定与车辆的相对数量一致）相连接，从而使被告对未经证明的事故负责。这一假设以显著不平等的方式在当事人之间分配错误风险。所以，为什么不援用其他的概括呢？例如：与本案原告处于类似情境的人，倾向于将责任归给最大的公交公司，而不管案件事实如何。的确，为什么前一个概括比后一个更好呢？这一问题是难以回答的。根据平等原则，需要具体个案证据以使事实认定者在互相冲突的概括之间做出正确选择。如果不存在这样的证据，选择一个可适用的概括总是会向某个方向倾斜错误风险。平等原则阻止了这种单方面的决定。

但是，当裸统计证据产生了一个有韧性（resilient）的概率数据时（严格说来，这样的证据不应被称为“裸统计”[88]），事实认定者可以依赖它。有一个英国的重大航海保险案例[89]（第四章分析了这个案例[90]）证明了这一点。该案中产生了一个从定义上来说不属于裸统计的证明。船主的一艘船在地中海沉没了，他向保险公司提出索赔。根据保险政策，船主的索赔权取决于其船只是
240 否因“海洋事故”而受损。船主的主张之一是：他们所无法确定

〔88〕 参见前文第 88 - 91 页（本书页边码——译者注）。

〔89〕 参见 *Edmunds et al.* (*The Popi M*) *v Rhesa Shipping Co.* [1983] 2 Lloy'd Rep. 235 (Commercial Court)；*Rhesa Shipping Co. v Edmunds et al.* (*The Popi M*) [1984] 2 Lloyd's Rep. 555 (CA)；*Rhesa Shipping Co. v Edmunds et al.* (*The Popi M*) [1985] 2 All ER 712 (HL)。

〔90〕 参见前文第 128 - 131 页（本书页边码——译者注）。

的某一种海洋事故，造成了被告所保险的损失。上议院的裁决支持了被告，终结了本案。上议院认为，说不出名字的海洋事故不能满足条件，只有确定相关海洋事故的具体个案证据才能使原告履行证明责任。〔91〕 正如前文已经解释过的，该裁决有深层次的问题。船主的论证指向了“$p1$ 或 $p2$ 或 $p3$ 或……pn”这一析取命题的概率，其中 $p1$、$p2$、$p3$、……pn 代表了所有海洋事故的集合，不管是已知的还是未知的。因此该论证认为“$p1$ 或 $p2$ 或 $p3$ 或……pn”的概率大于 0.5。法官认为该论证未能证明船主的主张，因此拒绝采信该论证。这种拒绝是错误的。既然船主有权基于对上述集合中任一要素的证明而胜诉，该论证看起来是合理的。〔92〕 船主所依赖的概率足够的高，也足够有韧性，能够证成索赔主张。〔93〕

在缺失了关键证据的案件中适用的规则，以更重要的方式例证了优先机制。根据其中的一个规则，若当事人拒绝向法庭提供证人（假设该证人能够作证，而且可以自然地期待该当事人传唤该证人），就可以正当地做出一个不利于被期待传唤证人的当事人的推论。〔94〕 根据另外一个规则，如果当事人被自然地期待传唤某关键证人作证，但是他没有提出该证人，这种情况下法官可以给陪审团一个聚焦于该当事人的“缺失的证人”指示。该指示敦促陪审团推论：缺失的证人可能会提供不利于该当事人的证言。〔95〕

---

〔91〕 具体而言，上议院认为：“船主不能……惯例性地念叨着‘海洋事故’这个一般性术语；为了成功地履行证明责任，他们必须……在这个问题上落脚于具体性。” *Rhesa Shipping Co. v Edmunds et al.*（*The Popi M*）[1985] 2 All ER 712，716.

〔92〕 请比较 D. H. Hodgson，The Scales of Justice：Probability and Proof in Legal Fact-finding (1995) 69 Aust. L. J. 731，750（支持上议院提出的具体性证明要求，认为其“不可反驳”；但同时认为：“可以将单个事件——原告可以根据这些事件之一而胜诉——统括为一体”）。

〔93〕 关于 *Rhesa* 案裁决的进一步讨论，参见前文第 128 - 131 页（本书页边码——译者注）。

〔94〕 参见例如，*State v Young*，779 A. 2d 112 (2001)；*Kersey v Rush Trucking*，*Inc.*，800 N. E. 2d 847 (2003)。

〔95〕 参见例如，*McPherson-Corder v Chinkhota*，835 A. 2d 1081 (2003)。

第三个关于证据缺失的规则，是广为人知的妨碍推论（spoliation inference）。与“缺失的证人”指示类似，该推论适用于具有以下
241 特征的案件：过失或者故意地隐藏、破坏证据〔96〕；违反了制作和保存记录或其他文件的义务〔97〕；篡改证据以及胁迫证人。〔98〕当一方当事人放弃了针对对方证人的先前不一致陈述而交叉询问该证人，随后又使用该陈述反驳证人证言的可信性，使得该证人无法予以解释回应时，也可以适用不利推论规则。为了使这种推论有效，法庭将该证人的先前陈述裁定为不具有可采性。〔99〕

上述规则源于一般的“证据损害”理论，该理论在被告错误地加剧了案件不确定性的情况下，将证明责任转移给被告。〔100〕本章前面描述了一个典型的证据损害案例。在这个案例中，被告（即医生）对原告有医疗过失行为，但是原告无法证明其病痛与该过失行为之间存在因果关系，因为他的病痛也很可能是他先前的医疗状况所导致的。证据损害理论仍然允许这种情况下的原告胜诉。根据该理论，被告需要证明自己与原告的损害无关。整个证明责任转移到被告身上，因为正是被告的过失行为导致了本案的

〔96〕 参见 *Destruction of Evidence*，前注〔22〕，5-7；2002 *Cumulative Supplement* 6-11（总结了那些将妨碍推论规则主要限制适用于故意而非仅仅过失的破坏证据案件的判例法）；*Battocchi v Wash. Hosp. Ctr.*，581 A. 2d 759，765-6（D. C. 1990）（对故意的和过失的妨碍证据行为，都可以适用不利推论）。从本书的规范性角度来看，被告的过失破坏证据行为，足以构成做出不利于被告的妨碍推论的理由。

〔97〕 参见例如，*Smith v United States*，128 F. Supp. 2d 1227（2000）（在医疗事故诉讼中，如果主治医生未能指示记录手术过程，很可能做出对该医生的不利推论）。

〔98〕 参见例如，*Wong v Swier*，267 F. 2d 749，761（9th Cir. 1959）（“因此，有必要做出一个恰当的指示，告知陪审员：如果他们发现存在修改证据的情况而且是被上诉人实施的，那么就可以做出一个篡改推论”）。也可参见《联邦证据规则》804（6）“因不当行为而失权”（forfeiture by wrongdoing）。据此，一项传闻陈述若符合下述情况，就可以被采纳：“该陈述所反对的当事人，实施或默许了不当行为，该行为有意而且成功地导致陈述人无法作为证人出庭”。

〔99〕 参见《联邦证据规则》613（b）（“关于一项证人先前不一致陈述的外部证据不可采，除非已给予该证人解释和反驳该陈述的机会，而且已给予对方当事人随后询问证人的机会，或者正义的利益有其他要求”）。

〔100〕 参见 *Tort Liability Under Uncertainty*，前注〔18〕，160-7。

不确定性，而且使原告无法完成证明。[101] 该理论优先于任何该信息空隙（被告对此负责）能够允许的、有益于被告的事实推论。不允许被告从他错误地创造或加剧的不确定性中受益，这种错误风险分配方式贯彻了矫正平等。[102] 242

五、作为矫正平等的补强

矫正平等也会要求以个别化的方式消除那些基于经验的概括投射到特定证据种类上的怀疑和猜测。这种策略指向了那些基于经验的概括使之潜在不可信的证据种类。属于该类别的证据，具有统计学上的不可靠性。任何此类证据都会被视为不可信，除非有个别化的具体个案理由将该证据具体化，而且移除招致怀疑的概括。当然，此类理由必须源于具体个案证据。产生这类理由的证据被称为补强证据。

这种规制策略适用于当事人的自我利益导向的证言（或者被

---

〔101〕 同前。

〔102〕 一些古老的案件，强调了这种方式的公平性。在 *Armory v Delamirie* 案件中，被告是一名金匠，他错误地改造了原告戒指上的一颗宝石，这个行为导致原告无法证明这枚戒指的真正价值。基于公平理由，陪审团被指示：做出对被告最不利的假定，以最可能高的价值评估原有宝石。参见 *Armory v Delamirie*，93 Eng. Rep. 664 (K. B. 1722)。在 *Pomeroy v Benton* 案件中，密苏里州最高法院以更精细的方式传达了同样的态度。法院认为："我们没有看到任何应改变已有结论的理由，相反，所有的理由都支持和确证了该结论：被告在诉讼被提起后，毁坏了那个文件，其明知和唯一目的是，阻断对他操纵威士忌的数量的调查。那么，既然被告做了这些事情；既然他使用这些方法阻挠和切断调查；既然因此而使得无法确定他对合伙人的欺诈程度——对于该合伙人，正如他在一封信件中所说的，他怀有感激之情和受此约束，因为这位合伙人给了他生活的开端——所以我们别无选择，只能对被告人适用平等原则和'破坏证据者承担不利推定'(*omniapraesumuntur in odium spoliatoris*) 这句法谚都认可的严厉规则……正是因为原告的证据（即对其主张或权利凭据的证明方式）已经被破坏这一事实，法律出于对破坏证据者的憎恶，而挫败了破坏者。通过采取一个填补所缺失的证明的推定，法律否定了他的不正当目的。因此，法律正是通过以彼之道、还施彼身的方式，来处罚不当行为者。"参见 *Pomeroy v Benton*，77 Mo. 64，86 (1882)。

告人为了履行对积极抗辩事由的证明责任而作出的证言）。[103] 在“原告证词对抗被告证词”的案件中，仅仅基于这样的证据优势而允许原告从被告那里获得赔偿，会引发有问题的错误风险分配。任何此类裁决，都需要在两个概括之间做选择。一个概括认为，“呈现出最多真实性特征（一般经验认为这些特征表征了真实性）
243 的证言（例如原告的证言），最可能是真实的”。另一个概括认为，“在缺乏支持原告或被告的事件陈述的客观证据时，每一方当事人，都会力图在其证言中展现尽可能多的真实性特征，而不管真相究竟如何”。最大个别化原则坚持要求引入具体个案证据，以此为某一个概括夯实基础。当不存在此类证据的时候，将原告证言优于被告证言，就是不平等地分配错误风险。因此，应当适用补强规则。

在那些将责任归给已死亡的人以从他们的遗产中获赔的案件中，这种补强策略也是恰当的。因为在任何此类案件中，“幸存者能够作证而对方当事人已被死亡禁言”[104]，允许原告仅基于优势证据获得赔偿，会造成错误风险分配的不平等。设置恰当的补强要求，能够解决该不平等。这一原理可以解释和证成许

---

〔103〕 参见例如，Louisiana Civil Code，Art. 1846（“在法律不要求书面形式的情况下，非书面形式的合同，如果其中的对价或者（若无对价时的）价值不超过 500 美元，就可以通过有资格的证据予以证明。如果其中的对价或价值超过了 500 美元，该合同必须由至少一名证人和其他补强环境证据来证明”）；*Finnigan Corp. v Int. Trade Comm.*，180 F. 3d 1354，1367－69（1999）（为了使一项专利无效，单一证人的证言需要补强）；*American Ambassador Casualty Comp. v Cash*，445 S. E. 2nd 364（Ga.，1994）（在索赔被未保险车辆碰撞险的案件中——由未知车辆引发的事故也可获赔——原告的证言需要伴之以对未知车辆与原告人身或财物之间物理接触的证明；如果缺乏该证据，原告的证言需要被一名目击事故发生过程的、原告之外的证人补强）；*Moore v Davidson*，145 S. W. 3d 833（Ark. App.，2004）（提出关于婚姻不当行为的主张来支持离婚诉讼，除了原告证言以外，还需要补强证据）。

〔104〕 参见 McCormick Vol. 1，前注〔43〕，250。

多法律规则。[105]

六、平等和自由裁量

司法事实认定中包含了许多自由裁量。自由裁量应当促进错误风险分配的公平性和平等性。另外，自由裁量还应当遵循第五章提出的成本—收益理论。它不能既违背公平性考虑，又违背收益性考虑，因为这是无法得以证成的。此处，我简要讨论矫正平等原则应如何规制关于司法事实认定的自由裁量。

在英国，排除传闻规则不再适用于民事审判中。[106] 但是裁判者享有一般性的裁量权，可以决定排除传闻证据和拒绝根据传闻认定事实——如果这样做符合正义要求，尤其是，如果该证据的反对方无法反驳该证据的话。[107] 使用本章的术语来说，如果一项 244
传闻陈述不会受到个别化检验，而且不会带来反利用机会，裁判者就应当排除它。该观点也适用于美国《联邦证据规则》807 以及相应州立法中规定的关于传闻规则的裁量性保留例外。根据该例外条款，如果一项传闻陈述具有“同等的对可信性的环境保障”而且采纳它符合正义的利益，那么，即使没有任何具体的传闻例外规则允许采纳该证据，它也仍然可以被采纳。该例外条款应当仅适用于那些满足了个别化检验标准或反利用机会要求的证据。没有满足任何一个标准的证据，不能被视为具有恰当的可信性保

---

〔105〕 参见（1952）21 A. L. R. 2d 1013－43。尤其参见 Va. Code Ann. § 8.01－397（“如果一方当事人因为某种原因无法作证，或者其委员会、托管人、执行人、管理人、继承人或其他代表人无法作证，那么在由他们提起的或者针对他们提起的案件中，不应当仅仅基于未经补强的对方当事人或有利害关系的第三人的证言，而做出有利于对方当事人或第三人的裁决”）；*Williams v Condit*，265 Va. 249（2003）（将弗吉尼亚的成文法解释为：“旨在阻止一方当事人，在代表另一方当事人的人因为死亡或无能力而无法作证的情况下，从自己的证言中获益”）。笔者在此感谢 James Duane 教授提醒注意弗吉尼亚的法律及其权威理论基础。

〔106〕 参见 Zuckerman，前注〔63〕，669－70。

〔107〕 Zuckerman，前注〔63〕，671－2。

障。对于这样的证据，矫正平等要求所表达的正义利益，支持排除而不是采纳。

另一个重要的自由裁量情况，是证人在法庭宣誓后或者在直接询问程序中作证后，拒绝在交叉询问中回答问题。基于显而易见的理由，此类证据没有遵循个别化检验和反利用机会的要求。这样的证言很显然是单方面性质的。主流的理论认为，如果该证言所针对的是审判中的重要争点，法官就必须完全排除该证言。但是，如果该证言只是关于附属性的事项，法官就可以自由裁量，保留该证言的证据地位；在合适的情况下，排除该证言中的一部分，可能是一个恰当的自由裁量救济方式。[108] 但是，矫正平等原则抨击**任何的**证据单方面性，包括关于附属性事项的错误风险分配中的单方面性。因此，如果证人拒绝回答交叉询问中的问题的话，他的所有宣誓和证言都应当被完全排除。[109]

最后，《联邦证据规则》611（c）以及相应的州立法规定，当诉讼一方传唤敌意证人或不利证人作证时，“可以使用诱导性问题发问”，从而使敌意证人或不利证人能够在主询问环节即被有效地交叉询问。既然这种意义上的交叉询问能够抵消与该证人有关联的当事人的不公正优势，法官就应当允许该交叉询问。矫正平等原则要求法官在几乎所有案件中都给予这种许可。

---

〔108〕 对该理论的完整论述，和对相关权威先例的概述，参见 *Burke v Harman*，574 N. W. 2d 156 (1998)。

〔109〕 受制于失权规则，参见前注〔98〕和文中相应部分。

索　引*

共犯证言　208，212
被告
以先前罪行弹劾　158，164－5，187－9，192
免受错误定罪的保护　参见“无罪的”
沉默权　参见“沉默权”
放弃辩诉谈判特免权　165－6
裁判
事实认定　参见“事实认定”
证成要求，正当化要求　参见“证成，正当化”
使国家强制力生效　34－5
可采性　104－5，113，123，131，134－5，154－6，183－98，225－38
排除规则　26，28－9，110，112
不利推论　39－40，154，159－64，168，177，198－200，240－1
分配错误风险　参见“错误风险”
权威，权力　114－15
自主，自治　114－15

培根概率　参见“概率”
概率权衡　参见“优势证据”
贝叶斯定理　41－2
行为经济学　60－3，140，145

* 本部分所注页码均为本书页边码。——译者注

最佳证据原则 39－40，154－6，198，200，237
最佳证据规则 39，105，135，136，198，238
排除合理怀疑 78－9，86－7，122，148－51，172－83，199，207
证明责任 101，103，104，117，122，124－33，154，169，219－25
积极抗辩 149－51，180－3，222，242
概率权衡 参见“优势证据”
清晰和令人信服的证据 参见“清晰和令人信服的证据”
经济学 参见“经济分析”“积极错误与消极错误”
平等原理 219－25
排除合理怀疑的证明 参见“排除合理怀疑”
“赢者通吃” 51－3，145，219－21
品格 32，104－5，107，109，117，156，183－9，211－12
民事证据 105，143－53
清晰和令人信服的证据 152－3
常识 43，117
常识性世界观 57－60
供述 208，212
对质，质证 189－91，199
补强 18－25，105，107，109，135－6，137，208，209，212，242－3
成本—收益 1－2，106，136－7，141 及以下，212，214－18
反事实 97－8，99
刑事证据 148－51
交叉询问 参见“证人”
自由裁量 10－11，105，107，109，116，125，182，208－13，218，243－4
文件

文件证据 参见“证据”“最佳证据规则”
自证其罪 202-4

经济分析
行为 参见“行为经济学”
民事证明责任 50-5，143-53
成本—收益 参见“成本—收益”
刑事证明责任 148-51，172
积极错误和消极错误 106，143-57
传闻 156-7
私人利益和社会利益不重合 142
沉默权（不强迫自证其罪特权） 8-9，154，158-64，200-4
收益 参见“成本—收益”“经济分析”
经验主义 参见“认识论”
认识论（及其限制） 11-18，39-40，48-9，55-6，64-5，72-3，91，112，116-17，118，122，124-33
信念与接受 37-9
经验主义者 59，65，96，98，102，111-12
证成的真信念 58-60
自然主义者 60
怀疑 参见“怀疑主义”
平等
矫正 139，217-18，223 及以下
初级 139，217-18，223 及以下
“平等最优”原则 139，172-8
（风险分配中的）平等原则 105，131，175，216
证据
充足性，充分性 133-40

可采性　参见“可采性”
证据的定义　35，93
文件证据
鉴真　136
最佳证据规则　参见“最佳证据规则”
自证其罪　参见“文件”“沉默权”
推论的　93
基础的　93，123
规则　参见“证据规则”
妨碍　240－1
统计的　参见“概率”“分量”
言词的，证言　参见“言词证据”“证人”
证据法
证成，正当化　108－40
目标　1－12，25－31
规则　参见“证据规则”
证据（或证据法）规则　参见“证据规则”
证据学　参见“新证据学”
证据损害　167－71，199－200，223－5，235，240－1
合同中的（不利于起草者的）　170－1
侵权中的　168－70，223－5
证据的分量　参见“分量”
排除规则　参见“可采性”
专家
可采性　107
多伯特标准　166－7，196－7，235－8
弗赖伊标准　196－7，236－7
医学的　5－8
溯及既往的　参见“追溯效力”

事实认定
司法的 34-9
回溯性的 34-5
自由裁量 参见“自由裁量”
自由的 参见“自由证明”
自然的 113-16
实践推理 34，93，103
受规制的 10-11，110，116-18，212
隐性知识 参见“证成，正当化”
事实生成型论证 35，92-100，119-20，230，也参见“分量”
公平 214-15
自由证明（证明的自由、自由证据评价） 107-32，225

博弈论（应用） 157-67
昂贵信号 165-7，188-9
混同均衡 160-5，188-9，200-4
分离均衡 160-5，188-9，200-4
概括 35，46，65-7，74-6，79，92-100，119-20，239，242-3

传闻 31，104-5，107，109，117，156，189-96，198，209-11，227-35，243-4
定义 193-6
事件陈述和程序陈述 190-6

辨认证据 208，212
无差别原则 参见“概率”
个别化，个别化证据 参见“最大个别化原则”
归纳概率 参见“培根概率”

推论 65 及以下，119－21，132，177－8，194，238
无罪推定 参见“排除合理怀疑的证明”
无罪的，无辜的
对无辜者定罪 142，172－8，212－13
免受错误定罪的保护 87，105，131，142，157，172－83，198 及以下

法官 112，115－16，119，139－40，212
司法裁量 参见“自由裁量”
司法认知 109
陪审团 38，109，119，139－40
证成，正当化 214，218
司法裁决 36－9，212－13，216－17
信念与接受 37－9
证成的真信念 参见“认识论”
隐性知识 37－9

证据法律 参见“证据法”

数学概率 参见“概率”
最大个别化 参见“最大个别化原则”
道德理论 参见“政治道德”

裸统计证据 参见“概率”
自然化法庭 参见“事实认定”
新证据学 111

意见 104－5，109，117，227，235，也参见“专家”
过度实施范式 20－5，153

悖论
　蓝色公交悖论　61－2，70，78，85
　合取悖论　49－56
　逃票者悖论　69－70，77－8，84－5
　说谎者悖论　21
　抽彩悖论　67－70，73－5，90－1，100，101－2
　前言悖论　67－70，73－5，80，91，100，101－2
　院中囚犯悖论　69－70，79－80，85－6
口头证据规则　4－5
帕斯卡概率　参见“概率”
伪证　20－5，167，209
多元主义　112－16，217－18
政治道德　11－18，65，72－3，91，103－6，111－12，116－33，172－83，226－7
实用主义　194，212－13
优势证据　49，78，90－1，101，122，124－33，144－5，150，169，181－2，221－3
推定，假定　26－7，222－3
　无罪推定　参见“无罪的，无辜的”“排除合理怀疑的证明”
平等原则　参见“平等”
最大个别化原则　40，72－3，91－106，177－8，183－213，226－7，237－9，243－4
原则与规则　参见“规则”
特免权，特权　110，112，165－6
　激励有经济效益的行为　25－30，165－6
　社会福利的工具　25－6
　免受披露损害的保护　30－1
　自证其罪　参见“沉默权”

概率 40，69，81，120
培根（归纳）概率 41－9，62，206
贝叶斯定理 参见“贝叶斯定理”
互补原则 41，43，45，47
概率论辩 49，79
析取规则 41，80，81，85－6，129
频率论概率 41
无差别原则（不充分理由原则） 44，75－7，219
乘法原则（乘积规则） 41，44，45－6，47，49，53，55－6
裸统计证据 43，79，184，204－7，238－40
帕斯卡（射幸、数学）概率 41－9，206
个人化概率 41
概率演绎 66－9
乘积规则 参见“乘法原则”
程序 8
程序价值 参见“证据规则”“独立的”
证明
证明责任 参见“证明责任”
事实生成型论证 参见“事实生成型论证”
概括 参见“概括”
错误风险 参见“错误风险”
证明标准 参见“证明标准”
挑衅 3－4

理性主义 56－63
追溯效力 18－25，35
沉默权 8－9，154，158－64，200－4
风险 参见“错误风险”
错误风险

分配 1，48－9，64－5，72－3，103－8，113，118－40，143 及以下，172 及以下，214 及以下

确定的 64－5，99，141

单边的与非单边的 217，224－6，228－30，239

规则

证据规则 参见“证据规则”

规则与标准 212

证据规则

从属性的 31－3，219－21

排除性情和品格 参见“品格”

排除传闻 参见“传闻”

排除意见 参见“意见”“专家”

补强的 参见“补强”

成本—收益 参见“成本—收益”

可信性规则 157－67

决策规则 143－54

关涉证据的规则 1－3，27

排除规则 参见“可采性”

外部的，外在的 3，25－7

独立的 31－3，219－21

真正属于证据法的 1－2，3－9

优先 134－40，198－207，237－41

程序规则 154－7

怀疑主义

认识论的 58－60，123

形而上学的 57－8

道德的 112，114－15

妨碍 参见“证据”

标准

证明标准

标准与规则 参见“规则”

统计证据 参见“概率”

言词证据

确定与证人对质的权利 190－2

确定沉默权 201－4

真相

无法获得真相 35－6，66

不确定性 66－8，73－106，123

功利主义 1－2，105－6，112，116，136－7，144，172－83，214－18，226－7

声音、退出和忠诚 215

分量

证据的分量 77

事实生成型论证的分量 70－2，77，120－2，183及以下，207

有分量的和没有分量的概率 44，47－9，81－4，87－93，120－2，132－3，176，183，207，239

证人

交叉询问 100－1，189－90，198－9，244

弹劾 100－1，187，192

未提出证人 240

伪证 参见“伪证”

不强迫自证其罪特权 参见“沉默权”

译后记

2013 年我访学期间，在辛辛那提大学法学院的图书馆里读了《证据法的根基》一书，后来有机会到卡多佐法学院拜访了作者亚历克斯·斯坦教授。从对本书的阅读和与斯坦教授的交谈中，我收获了许多关于证据法融贯性原理的洞见。一方面出于进一步深入阅读的考虑，另一方面也为了将斯坦教授的理论引介给中国的证据法学研究者，我向张保生教授提出申请，将翻译本书列入他主持的证据科学译丛。获得张老师的应允与妥当安排后，我与同在中国政法大学证据科学研究院攻读博士学位的几位同学，组成了一个工作坊性质的翻译小组。

直至 2017 年才形成现有译稿，几位译者也实现了从博士研究生到高校老师的身份转变。这种拖延除了“译事维艰”的惯用托词之外，还因为：一方面，负责统稿的我是拖延症患者；另一方面，我们主要将翻译作为一种阅读和讨论方式，没有打算以此迎合学术考评目标——当然，目前的考评机制也没有给学术译介重要位置。现在译稿付梓，我们希望翻译工作在让译者受益的同时，也能够（采用本书作者偏好的经济分析术语）给读者带来一些“正外部性”。如果由于我们的能力和疏忽等因素使这种“外部性”为负，则向读者（及原书作者）致以歉意。

本书的具体翻译分工如下：樊传明（华东师范大学法学院）：翻译第一章、第七章、致谢、序言、索引，校改第二章、第三章、第四章、第五章、第六章，对全书统稿；郑飞（北京交通大学法学院）：翻译第四章，校改第一章、第七章，对全书统稿；张伟（西藏民族大学法学院）：翻译第二章；李吟（中国政法大学证据科学研究院）：翻译第三章；巩寒冰（河南财经政法大学刑事司法学院）：翻译第五章；强卉（南京师范大学法学院）：翻译第六章。

我们所有译者共同感谢斯坦教授对翻译工作的支持，以及为中文版撰写序言；感谢张保生教授、王进喜教授同意将本书列入他们主持的译丛，解决了版权购买等诸多事宜；感谢中国人民大学出版社编辑老师的辛苦编校工作。我个人还要感谢参与本书翻译的几位同窗好友：谢谢你们的参与热情以及对我统稿工作的理解、宽容与支持！

樊传明

2018 年秋，丽娃河

FOUNDATIONS OF EVIDENCE LAW, FIRST EDITION by Alex Stein

9780198257363

图书在版编目（CIP）数据

证据法的根基 /（美）亚历克斯·斯坦（Alex Stein）著；樊传明等译．—北京：中国人民大学出版社，2018．10
（法学译丛．证据科学译丛）
书名原文：Foundations of Evidence Law
ISBN 978-7-300-26343-4

Ⅰ．①证… Ⅱ．①亚… ②樊… Ⅲ．①证据-法学-研究 Ⅳ．①D915．130．1

中国版本图书馆 CIP 数据核字（2018）第 234768 号

"十三五"国家重点出版物出版规划项目
法学译丛·证据科学译丛
丛书主编 张保生 王进喜
证据法的根基
[美] 亚历克斯·斯坦（Alex Stein） 著
樊传明 郑 飞 等 译
Zhengjufa de Genji

出版发行	中国人民大学出版社		
社 址	北京中关村大街 31 号	邮政编码	100080
电 话	010－62511242（总编室）		010－62511770（质管部）
	010－82501766（邮购部）		010－62514148（门市部）
	010－62515195（发行公司）		010－62515275（盗版举报）
网 址	http://www.crup.com.cn		
	http://www.ttrnet.com(人大教研网)		
经 销	新华书店		
印 刷	北京宏伟双华印刷有限公司		
规 格	155 mm×235 mm 16 开本	版 次	2018 年 10 月第 1 版
印 张	20 插页 2	印 次	2022 年 11 月第 3 次印刷
字 数	195 000	定 价	65.00 元